高等职业院校财经类专业“十三五”规划教材

统计信息化实务

主　编　王玲玲　牛欣然
副主编　刘　琳　易　伦　李　雯

上海财经大学出版社

图书在版编目(CIP)数据

统计信息化实务 / 王玲玲，牛欣然主编. —上海：上海财经大学出版社，2018.8
（高等职业院校财经类专业“十三五”规划教材）
ISBN 978-7-5642-3077-7/F · 3077

Ⅰ. ①统… Ⅱ. ①王… ②牛… Ⅲ. ①表处理软件-应用-统计学-高等职业教育-教材 Ⅳ. ①C819

中国版本图书馆 CIP 数据核字(2018)第 162487 号

□ 责任编辑 徐 超
□ 联系信箱 1050102606@qq.com
□ 封面设计 张克瑶

TONGJI XINXIHUA SHIWU
统计信息化实务

主 编 王玲玲 牛欣然
副主编 刘 琳 易 伦 李 雯

上海财经大学出版社出版发行
（上海市中山北一路 369 号 邮编 200083）
网 址：http://www.sufep.com
电子邮箱：webmaster @ sufep.com
全国新华书店经销
江苏省句容市排印厂印刷装订
2018 年 8 月第 1 版 2018 年 8 月第 1 次印刷

787mm×1092mm 1/16 12.25 印张 314 千字
印数：0 001—3 000 定价：42.00 元

前　言

统计是一种重要的应用工具，既是国家宏观经济调控和管理的重要工具，也是企业管理与决策的依据。随着大数据时代的到来，数据科学赋予统计学新的任务，本书是“大数据背景下信息化技术与高职统计学教学深度融合”和“高职院校财经类‘统计实务’信息化教学研究”课题的研究成果之一，较好地体现了如何通过计算机、互联网、相关统计分析软件等信息化手段系统地整理分析真实的大数据，更好地为社会经济发展服务。

本书是针对财经类的高职学生，以“任务为导向，能力为本位”的一本项目化统计学教材，围绕“提高学生统计素养”这一主线，将统计岗位所需要的统计理论知识和能力相结合，通过课内教学与实务训练的融合，体现专业建设和课程改革的思路，实现教师从主导者向引导者转变，体现学生主动参与性学习、自主性学习的思想。内容编写力求与时俱进，贴近统计业务实际，突出实用性、针对性和可操作性。本课程主要培养学生对统计数据进行搜集、整理、分析的能力，使学生能够进行初步的社会调查，在定性分析的基础上，进行定量分析，为更好地解决社会经济现象中的实际问题提供有效的研究工具。

本教材主要有如下特点：

1. 强调时效性与实用性。为尽可能全面反映社会统计领域的最新发展，本书引用了大量由国家统计局发布的最新数据与资料，力求利用真实的大数据来阐明统计方法的基本思路和原理，努力做到深入浅出、通俗易懂。

2. 本书采用模块式教学，模块的设计基于统计工作的完整流程步骤。每个模块增加阅读材料，结合每个模块的内容，引入相关的反映当前最新动向和社会焦点的阅读材料，体现了统计学理论对统计工作的指导作用，增强了统计学课程的实践性，以更好地培养学生的实际分析能力。

3. 以 Excel 为统计操作平台强化统计技能训练，实现信息技术与课程有机结合，引导学生主动探索、主动发现，培养学生的实际操作能力。

本书由王玲玲和牛欣然担任主编，负责全书的策划、编写及审稿；刘琳、易伦、李雯担任副主编，负责本书中部分模块的编写。由于编者水平有限，本书难免存在不足和疏漏之处，敬请各位读者批评指正。

编　者

2018 年 3 月

目　录

模 块 一

统计概述

【知识目标】

1. 理解统计学的含义、研究对象与特点;
2. 了解统计学的研究方法和职能;
3. 掌握统计的工作过程;
4. 理解和掌握统计学的基本概念及其相互关系。

【能力目标】

1. 熟练运用统计语言描述社会经济现象;
2. 树立用统计方法观察和分析问题的理念。

【小资料】

结绳计数这种方法,不但在远古时候使用,而且一直在某些民族中沿用下来。

宋朝人在一本书中说:"鞑靼无文字,每调发军马,即结草为约,使人传达,急于星火。"这是用结草来调发军马,传达要调的人数呢!其他如藏族、彝族等,虽都有文字,但在一般不识字的人中间都还长期使用这种方法。中央民族大学就收藏着一副高山族的结绳,由两条绳组成:每条上有两个结,再把两条绳结在一起。有趣的是,不但我们东方有过结绳,西方也有过结绳。看起来,咱们这个星球早就像个地球村了,只不过那时还没有电报电话。传说古波斯王有一次打仗,命令手下兵马守一座桥,要守 60 天。为了让将士们不少守一天也不多守一天,波斯王用一根长长的皮条,在上面系了 60 个扣。他对守桥的官兵们说:"我走后你们一天解一个扣,什么时候解完了,你们就可以回家了。"

任务一 认识统计

一、统计的含义

"统计"有合计、总计的意思，是指对某一现象有关的数据的搜集、整理、计算、分析、解释、表述等的活动。一般来说，统计包括三个要素：统计工作、统计资料和统计科学。三者之间的关系是：统计工作的成果是统计资料；统计资料和统计科学的基础是统计工作；统计科学既是统计工作经验的理论概括，又是指导统计工作的原理、原则和方法。

（一）统计工作

统计工作，是指利用科学的方法搜集、整理、分析和提供关于社会经济现象数量资料的工作的总称，是统计的基础。也称统计实践，或统计活动，是在一定统计理论指导下，采用科学的方法，搜集、整理、分析统计资料的一系列活动过程。现实生活中，统计工作作为一种认识社会经济现象总体和自然现象总体的实践过程，一般包括统计设计、统计调查、统计整理和统计分析四个环节。

（二）统计资料

统计资料，是通过统计工作取得的、用来反映社会经济现象的数据资料的总称。统计工作所取得的各项数字资料及有关文字资料，一般反映在统计表、统计图、统计手册、统计年鉴、统计资料汇编和统计分析报告中。也称统计信息，是反映一定社会经济现象总体或自然现象总体的特征或规律的数字资料、文字资料、图表资料及其他相关资料的总称。包括刚刚调查取得的原始资料和经过一定程度整理、加工的次级资料，其形式有：统计表、统计图、统计年鉴、统计公报、统计报告和其他有关统计信息的载体。

（三）统计科学

统计科学，也称统计学，是统计工作经验的总结和理论概括，是系统化的知识体系，即研究如何搜集、整理和分析统计资料的理论与方法。统计学是应用数学的一个分支，主要通过利用概率论建立数学模型，收集所观察系统的数据，进行量化的分析、总结，并进而进行推断和预测，为相关决策提供依据和参考。它广泛地应用于自然和社会的各门学科之中。

总体来说，"统计"一词的三方面含义是紧密联系的，统计资料是统计工作的成果，统计工作与统计科学之间是实践与理论的关系。

二、统计的研究对象及其特点

（一）统计学的研究对象

统计学的研究对象是社会经济现象总体的数量方面，即以统计资料为依据具体说明社会经济现象总体的数量特征、数量关系及其数量界限。

（二）统计学的特点

1. 数量性

由于统计学的研究对象是社会经济现象的数量方面，因此，数量性就成为社会经济统计的基本特点。具体包含三个方面的内容：

(1) 数量的多少。数量的多少主要是指现象在数量方面的绝对数量值的多少，如某企业职工人数为 2 000 人，某月工资总额为 340 万元，某年销售收入为 9 600 万元等。数量的多少可以使我们了解现象的规模或水平。

(2) 现象之间的数量的关系。社会经济现象之间并不是孤立的，而是相互依存、相互制约、相互影响地存在和发展着，如产量与成本的关系、价格与销售的关系、流动资金与利润的关系等。

(3) 质变的数量界限。统计学所研究的数量方面，绝不是纯数量上的分析，而是在质与量的密切结合中的数量。即必须在质与量的统一中，研究社会经济现象的数量方面，才能正确反映经济现象的数量规律。

例如，要了解武汉市重工业产值，首先要明确什么是重工业。所谓重工业，是指为国民经济各部门提供技术装备、动力和原材料的工业，包括采掘工业、原材料工业和制造工业。然后要确定重工业产值的含义和统计口径以及武汉市哪些企业属于重工业企业，这些都是质的规定。在此基础上，还要解决怎样搜集、整理和汇总重工业产值资料，最后才能得到武汉市重工业产值的具体数值。

2. 总体性

统计通过对某一个或若干个性质相同的许多个体组成的总体进行大量观察和综合分析，来反映现象总体的数量特征，揭示社会经济现象的一般状况。由于主体由许多的个体组成，因而“总体性”也可以称为“大量性”。在社会领域里，个别现象往往存在着特殊性或偶然性，通过大量观察就可以消除个别现象受到某些环境、条件的影响而存在着的特殊性或偶然性，呈现事物整体所具有的普遍性或稳定性，以利于我们全面正确地认识事物。值得注意的是，统计活动以总体为认识的对象，并不排斥对个别现象的调查研究。一方面，个别现象是构成总体的基础，无个别则无总体；另一方面，对那些具有代表性的事物进行典型调查和深入细致的分析，有助于补充总体资料的不足，丰富总体研究的内容，更加生动地说明量的形成和量的变化。例如，2017 年武汉市全年居民消费价格总水平比上年上涨 1.9%，这个数量反映的是根据数百种有代表性的消费商品及服务项目的价格变化计算的物价总水平，而不是指哪一种具体消费商品的升降情况。这就必须先对每一种个别消费商品及服务项目的价格情况进行调查，从而达到对消费商品及服务项目价格的总体认识。

3. 具体性

统计认识的对象是社会经济现象中具体事物的数量方面，而不是像数学那样研究抽象的数量及其相互关系。社会经济现象中的具体事物，都是在一定地点、一定时间、一定条件下发生的，其量的表现都带有特定场合和特定历史条件的痕迹，离开具体地点、具体时间和具体条件，是无法说明社会经济现象的本质及其运行规律的。例如，各种股票的价格和成交量每天都不同，这才需要对其进行统计，编制股票指数等指标，如果不存在差异，也就无需进行统计。如果说，总体各单位的变异表现出个别现象的特殊性和偶然性，而对现象总体的数量研究则是通过大量观察，从各单位的变异归纳概括出它们的共同特性，显示现象的普遍性和必然性。

4. 社会性

由于统计活动的主体是人，统计活动的对象是社会经济现象，又是通过社会实践的方法实现的，因此，统计学的研究对象具有社会性的特点。

三、统计学的研究方法

统计学作为一门方法论科学，其基本研究方法主要有以下几种。

（一）大量观察法

大量观察法是指统计研究社会经济现象的特征及其发展变化过程中，要从总体上加以观察，即对现象总体的全部或足够多数的个体进行调查研究并综合分析，从而反映现象总体的数量特征。为什么要采用大量观察法？这是由现象的复杂性及其联系的普遍性决定的。现象总体是在诸多因素的综合作用下形成的，总体内各个个体既受主要因素的影响，又受次要因素的影响；既受必然因素的影响，又受偶然因素的影响，因此各个个体的数量表现差别较大，不能任意抽取某个个体进行观察。只有观察现象总体的全部或抽取足够多的个体进行观察，才能使次要因素、偶然因素的影响相互抵消，从而揭示现象的本质和规律。在实际统计工作中，广泛采用大量观察法，例如统计报表、普查、重点调查和抽样调查等。

（二）统计分组法

统计分组法是根据统计研究的需要和现象的内在特点，按一定标志把总体划分为若干个不同部分或组的一种统计的方法。通过统计分组，可以揭示现象的不同类型。在分组的基础上，可以研究现象总体内部构成及内部的数量关系。统计分组与统计指标是结合运用的，对于统计分组来说，需要有一定的指标来反映分组的内容，才能揭示现象总体内在的本质特征和内在的数量关系；对于统计指标来说，有了科学的分组，才能计算出实在的而非虚构的统计指标，才不至于掩盖现象内容的矛盾和差异。

（三）综合指标法

将大量观察所得的资料进行加工、汇总，就可以得到反映现象总体一般数量特征的综合指标。运用各种综合指标对现象总体的数量方面进行分析，这种分析方法叫综合指标法。常用的综合指标有三类：总量指标、相对指标和平均指标。在这三类指标的基础上展开统计分析的具体形式有：对比分析、平均分析、变异分析、动态分析、指数分析、经济模型分析（包括相关回归分析、平衡分析和预测分析）等。

（四）统计推断法

统计研究中，某些现象所包括的个体是有限的，另一些现象所包括的个体的量则非常大或无限。对于前者可用综合指标进行分析，而对于后者则采用统计推断法进行分析。统计推断法是根据局部样本资料，按一定的置信标准，用样本数据来推断总体数量特征的统计分析方法。统计推断法广泛用于对总体数量特征的估计和对总体某些假设的检验。

四、统计的职能

按照现代管理科学的理论，政府管理系统应由科学的决策系统、高效的执行系统、灵敏的信息系统、完备的咨询系统和严密的监督系统所组成。统计作为政府管理系统启动、运用所不可缺少的条件和重要的组成部分，同时兼有信息、咨询和监督三大职能。

（一）信息职能

统计的信息职能，是指根据科学的统计指标和统计调查方法，灵敏、系统地采集、处理、传递、存储和提供大量的以数量描述为基本特征的社会经济信息的职能。统计资料本身就是一种经济信息，统计是重要的信息资源，统计信息是社会经济信息的主体。统计信息以数量性和总体性为特征，运用总量、速度、结构、比例关系等特有的方法反映国民经济和社会发展情况，包括反映国家和地区国民经济和社会发展的总体情况，以及国民经济中单个行业发展的总体情况。

（二）咨询职能

统计的咨询职能是指利用已掌握的丰富的统计信息资源，运用科学的分析方法和先进的技术，深入开展综合分析和各种专题研究，为科学决策和经济管理提供选择的咨询建议和决策方案。统计所提供的统计资料，所反馈的经济信息，所进行的统计预测，是各级政府部门和经济决策者了解情况、指导工作、决策政策、确定战略目标、制定长远规划和经济计划的重要依据。

（三）监督职能

统计的监督职能，是指根据统计调查和统计分析，及时、准确地从总体上反映社会、经济在一定时间、地点、条件下的运行状态，对其进行全面、系统的定量检查、检测和预警，以发现运行过程中的反常现象及其原因，并在发出预警信号的同时，提出相应的对策和措施，以促进社会经济按照客观规律的要求持续、稳定、协调地发展。

五、统计的工作过程

统计工作过程是指统计工作的步骤。统计工作的步骤有：统计设计、统计调查、统计整理和统计分析。

（一）统计设计

统计设计是根据研究对象的特点和研究的目的、任务，对统计工作的各个方面和各个环节的通盘考虑和安排，是统计工作过程中定性认识的阶段。统计设计之所以必要，是因为统计是一项需要集中统一的工作，没有预先的科学设计、没有具体的工作规范，就难以达到预期的目的。因此，在一项大规模的统计活动开始前，必须进行统计设计。统计设计的结果表现为各种统计设计方案，如统计指标体系、统计分类目录、统计表制度、统计调查方案、资料汇总或整理方案、统计分析提纲等。统计设计是统计工作的第一阶段，是整个统计工作协调、有序、顺利进行的必要条件，是保证统计工作质量的重要前提。

（二）统计调查

统计调查是根据统计设计的要求，采用科学的方法，针对调查对象有计划、有系统地收集资料的过程。统计用数字说话，而各种统计数字都直接来自统计调查，管理者和决策者都需要根据大量详实的统计信息进行管理和决策，科研工作者也需要根据统计得到的资料进行科学研究。统计调查是统计工作的基础阶段，没有调查，就没有发言权。该阶段工作担负着收集基础资料的任务，其所收集的资料是否准确，关系统计工作的质量。

（三）统计整理

统计整理是根据统计的目的，采用科学的方法，对调查资料进行分组汇总，使之系统化、条理化的过程。统计整理是统计工作的第三阶段，这个阶段的主要任务就是为统计分析阶段准备能在一定程度上说明总体特征的统计资料。在实际工作中，统计整理与统计调查、统计分析并非截然分开，而是相互交织在一起的。它是统计调查的继续，统计调查和统计整理都是一种定量认识活动。

（四）统计分析

统计分析是在统计整理的基础上，根据研究目的和任务，利用科学的统计分析方法，对统计研究对象的数量方面进行计算和分析，揭示现象的数量特征和内在联系，阐明现象的发展趋势和规律，并根据分析研究作出科学结论的过程。统计认识的结论要从分析中得出，因此，统计分析是统计工作最后阶段。这一阶段虽然是对统计资料的计算分析，但其目的却是要揭示统计研究对象的状况、特点、问题、规律性等，所以，这是统计研究中定性认识和定量认识相结合的阶段，也是统计工作获取成果的阶段。

从认识的顺序来看，统计设计、统计调查、统计整理和统计分析这四个阶段，是定性认识的开始，经过定量认识，再到定性认识与定量认识相结合的循环往复的过程，即定性认识(统计设计)—定量认识(统计调查和统计整理)—定性认识与定量认识相结合(统计分析)的过程。虽然每个阶段有各自的独立性，但它们又是相互连接的统一过程，缺少哪个环节都会出现偏差。

任务二　统计学的基本概念

一、总体和总体单位

(一) 总体和总体单位的概念

总体是由客观存在的、具有某种共同性质的许多个别事物组成的整体，而构成总体的每个个别事物就是总体单位。例如，我们要研究全国私营企业的发展状况，全国所有的私营企业就是总体，而每个私营企业就是总体单位。这些企业的基本的共同性有两个，即不但是企业，而且是私营企业。又如，研究某校学生出勤状况时，全校学生是总体，每名学生是总体单位。

(二) 总体的特征

1. 大量性

大量性是指总体应包括足够的单位数，这是由统计的研究对象决定的。统计的研究对象是大量单位的数量方面，这就要求总体不是由一两个单位或少数单位构成，而是由足够多的单位组成，这样才能综合计算出反映总体的一般数量特征的综合指标，才能反映出统计总体的规律性。

2. 同质性

同质性是指构成统计总体的每一个个体必须至少在某一方面具有共同性质，就是这个共同性质使这些个体结合成一个整体。同质性是构成总体的基础。

3. 变异性

变异性是指构成总体的个体除了至少在某一方面具有共同性质外，在其他方面还应存在差异。例如，全国的私营企业总体，除了都是中国的私营企业这一共同点外，在注册资本、投资规模、净利润、职工人数等方面都会存在差异。变异性是统计研究的主要内容。

(三) 总体的种类

按总体单位是否可数，总体分为有限总体和无限总体。有限总体指总体所包括的总体单位是有限的，是可以计数的。例如，全国私营企业、全国人口、全国商场等。统计研究的绝大部分总体都是有限总体。无限总体指总体所包括的单位是无限的，是不可以计数的。例如，生产线上大量连续不断生产出的某种小件产品、海水养殖的鱼苗等。

(四) 总体与总体单位的关系

总体与总体单位不是固定不变的，随着研究目的和范围的改变，它们在一定条件之下是可以相互转化的。例如，要研究全国钢铁企业的生产情况时，武钢就是其中的一个总体单位；而当研究武钢的经济效益状况时，它又成为统计总体了。

【思考】

在对 2017 年 5 月份某市中小学老师的收入情况进行调查时，总体和总体单位是什么？同质性是什么？变异性又是什么？

二、标志和指标

（一）标志

1. 标志的概念

每个总体单位都具有许多属性和特征，标志就是说明总体单位属性和特征的名称。例如，每个学生作为总体单位，表示每个学生特征的名称包括性别、籍贯、民族、年龄、身高、体重、学习成绩等都是标志。

2. 标志的种类

标志按性质不同可以分为品质标志和数量标志。反映总体单位属性的标志，称为品质标志。上述例子中，学生的性别、籍贯、民族等都是属于品质标志，是用文字表示其属性的。反映总体单位数量特征的标志，称为数量标志。学生的年龄、身高、体重、学习成绩都属于数量标志，是用数值表示其数量特征的。

3. 标志表现

标志表现是指标志在各个总体单位中的具体表现。标志表现分为品质标志表现和数量标志表现。例如，性别是品质标志，其特征只能用文字来表现，表现为男或女。男或女是品质标志表现。年龄是数量标志，具体表现为 18 岁、19 岁、20 岁等，这些数值都是数量标志表现。数量标志表现是用数值来表现的，故又称为标志值。

4. 不变标志和可变标志

标志按变异情况不同可分为不变标志和可变标志。在一个总体中，对于某一个标志来说，如果总体各单位具有相同的标志，则该标志叫不变标志。例如，在全国私营企业这一总体中，所有制是不变标志。因为标志的具体表现在总体各单位相同，都表现为私营。每个总体必须至少有一个不变标志，正是这个不变标志使总体具有同质性。在一个总体中，对于一个标志来说，如果总体各单位具有不同的标志表现，则该标志叫可变标志。在全国私营企业总体中，职工人数、工资总额、注册资本、投资总额、利润等均是可变标志，因为其具体表现在总体单位中不完全相同，有的数值大，有的数值小。又例如，在男性人口总体中，性别是不变标志，而年龄、民族、籍贯等则为可变标志；在 40 岁教师总体中，年龄、职业是不变标志，而性别、专业、工资等则为可变标志。不变标志是个别事物（单位）得以结合起来形成总体的条件，可变标志则是进行分组，研究总体的数量特征、数量关系及数量界限的基础。

【思考】

如果对全国大学生的身体状况进行调查，请填写以下表格：

总体	总体单位	品质标志	数量标志	不变标志	可变标志

（二）指标

1. 指标的概念

统计的研究对象是社会经济现象总体的数量方面，而指标就是反映总体数量特征的概念和具体数值。它是利用科学的统计方法，对总体各单位标志数值进行综合汇总后计量形成的。例如，2017 年末全国大陆人口总数（指标名称）为 139 008 万人（指标数值）。这个指标既表明所指的总体是全国大陆人口，又表明数量特征，通过这个指标对我国人口规模就有了确切的认识。可见，统计指标规定了总体范围与性质，又反映了总体的数量特征。一项完整的统计指标，应该由时间、地点、指标名称、指标数值和计量单位等构成。在实际工作中，有时也将一个单独的指标名称理解为指标，例如人口总数、企业总数、国内生产总值等。

2. 指标的种类

指标按反映的数量特点不同分为数量指标和质量指标。数量指标是反映总体总规模、总水平的绝对数量多少的指标，又称总量指标，用绝对数表示。例如，人口总数、国民生产总值、工业总产值、工资总额、职工总数等均是数量指标，其特点是指标数值随总体范围的增减而增减。质量指标是反映总体相对水平或平均水平的指标，表明现象的对比关系，用相对数或平均数表示。例如，平均工资、人均工资、人均收入、人口密度、出勤率、设备利用系数、利润等均是质量指标。其特点是指标数值的大小不会随总体范围的增减而增减。

（三）指标与标志的关系

标志和指标都是反映现象特征的概念，它们之间既有联系又有区别。

1. 标志与指标的区别

标志是说明总体单位的特征的名称，而指标是说明总体的数量特征的名称和数值。标志可用数值表示其特征，如数量标志，也可以不用数值表示其特征，如品质标志；而所有的指标都可用数值表示其特征。

2. 标志与指标的联系

数量指标的数值是根据数量标志的标志汇总而来的。例如，对某企业全部职工这一总体，每个职工是总体单位，每个职工工资是数量标志。工资总额是数量指标。工资总额是对每个职工的工资额进行汇总而得到的。指标与标志之间存在变换关系。随着研究目的的改变，原来的总体变为总体单位，原来的指标相应的变为数量标志；反之，原来的总体单位变为总体，原来的数量标志相应的变为指标。

统计学中上述基本概念之间的关系如图 1－1 所示。

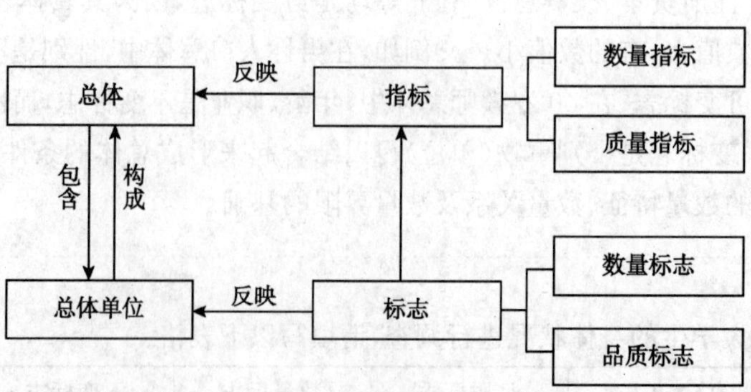

图 1－1　统计学中基本概念之间的关系

（四）指标体系

一个统计指标只能反映社会经济现象某一方面的数量特征。社会经济现象是一个复杂的有机整体，现象之间存在着各种复杂的联系。要全面反映客观经济现象整体，描述事物发展的全过程，只用一个统计指标是不够的，需要采用统计指标体系。

统计指标体系是由若干个相互联系、相互补充的统计指标组成的整体，用以说明社会经济现象各方面相互联系和相互制约的关系。例如，为了反映公司的经营状况，只设立利润这一指标是不够的，还必须设立由产量、产值、增加值、工人劳动生产率、职工人数、工资总额、利润、产值利税率、资金成本利润率等构成的指标体系，才能反映公司的经营全貌。又如，为了反映商品流转情况，必须设立由商品购进总额、商品销售总额、期末库存额等构成的指标体系；为了反映全国工业经济运行情况，必须设立由产品销售收入、利润总额、税金总额、亏损企业亏损额、应收账净额、产成品数量等构成的指标体系。

【思考】

如果对全国人口状况进行调查，请填写以下表格：

总体	总体单位	品质标志	数量标志	数量指标	质量指标

三、变量与变异

（一）变异

变异是指标志的具体表现在总体各单位间的差异，包括品质变异和数量变异。例如在人口总体中，性别是个标志。男、女是标志的表现。在这个总体中，性别这个标志的具体表现在总体各单位间是有差异的，这就是品质变异。同样，在人口总体中，年龄是标志。年龄在总体各单位间表现是不同的，有 0 岁、1 岁、2 岁等，这就是数量变异。

（二）变量

变量是指可变的数字标志。比如，某公司每个职员的工资不可能都一样，那么，工资这一数量标志就是一个变量，变量的具体数值叫作变量值，又称标志值。比如，某公司职工的月工资有 820 元、1 030 元、1 200 元等几种，这些数字就是变量值。

变量按其取值的连续性分为离散型变量和连续型变量两种。离散型变量是指变量值通常是整数而不会出现小数，即当取小数的时候，变量就失去了经济含义。例如，各企业职工人数、机器设备台数，其取值是不会有小数的，这类变量属于离散型变量。离散型变量可以用计数的方法取得变量值。连续型变量是指变量在整数之间可以无限地取值，取整数和取小数都具有经济意义。例如，人的身高、体重、粮食亩产量、银行存款额，它们的取值可以是小数，也可以是整数，这类变量属于连续型变量。连续型变量的取值要利用计量工具，通过测量或度量的方法取得。

实训　开展统计调查

一、实训目标

通过实训，使学生理解和掌握统计的基本概念，培养学生根据实际问题进行统计分析的能力，并能开展统计工作。

二、实训内容

自选课题确定调查目的并展开统计调查,列出此目的下的统计总体、总体单位、统计标志、统计指标、变量等,并尝试列出一套指标体系。

三、实训要求

全班按6～8人划分学习小组,小组成员进行角色分工及工作分工,讨论分析明确本次统计的目的和对象的特点,完成该项统计工作。

四、实训评价

每个小组形成一份实训报告并进行汇报交流,通过自评、互评和教师评价综合评定成绩。

模　块　二

统计调查

【知识目标】

1. 了解统计数据的概念及特征；
2. 掌握统计数据搜集的概念、方法和种类；
3. 了解统计调查的意义和要求；
4. 掌握设计统计调查方案的内容。

【能力目标】

1. 掌握统计报表的编制；
2. 学会设计调查问卷；
3. 能设计完整的统计调查方案；
4. 应用 Excel 处理统计数据。

【小资料】

2017 年，各地区各部门在以习近平同志为核心的党中央坚强领导下，不断增强政治意识、大局意识、核心意识、看齐意识，深入贯彻落实党的十八大和十八届三中、四中、五中、六中、七中全会精神，认真学习贯彻党的十九大精神，以习近平新时代中国特色社会主义思想为指导，按照中央经济工作会议和《政府工作报告》部署，坚持稳中求进工作总基调，坚定不移贯彻新发展理念，坚持以提高发展质量和效益为中心，统筹推进“五位一体”总体布局和协调推进“四个全面”战略布局，以供给侧结构性改革为主线，统筹推进稳增长、促改革、调结构、惠民生、防风险各项工作，经济运行稳中有进、稳中向好、好于预期，经济社会保持平稳健康发展。

初步核算，全年国内生产总值827 122亿元，比上年增长6.9%。其中，第一产业增加值65 468亿元，增长3.9%；第二产业增加值334 623亿元，增长6.1%；第三产业增加值427 032亿元，增长8.0%。第一产业增加值占国内生产总值的比重为7.9%，第二产业增加值比重为

40.5%，第三产业增加值比重为51.6%。全年最终消费支出对国内生产总值增长的贡献率为58.8%，资本形成总额贡献率为32.1%，货物和服务净出口贡献率为9.1%。全年人均国内生产总值59 660元，比上年增长6.3%。全年国民总收入825 016亿元，比上年增长7.0%。

摘自国家统计局发布的《2017 年国民经济和社会发展统计公报》

任务一　统计数据

一、统计数据的概念及特征

所谓数据，是指对研究对象的某种特征进行测量的结果。正确理解统计数据，应注意以下两个特征：

(1) 统计数据的表现形式多样，既可以是数字，也可以是文字。而且研究者根据需要，在对同一个对象进行测量时，可以灵活选择数据的形式。例如，对某人的身高进行测量，其结果既可以表现为具体的数字，如 178 厘米；也可以是身高水平的一个文字刻画，如高、中等、矮等。

(2) 统计数据具有随机性，而不是确定的。所谓随机性，是指数据可以通过某种概率分布规律来描述。这就是统计学与其他处理数据的学科(如数值分析)的区别。需要注意的是，数据的随机性是针对样本的理论取值而言的，而不是针对样本的具体取值，后者一经测量，便可作为确定的数值。例如，抽取某地区一部分住户进行观察，以研究该地区住户的平均收入。由于事先不能确定会抽取哪些住户，所以从理论上讲，样本数据是随机的；然而一旦抽出一个具体的样本，则被抽取的住户的收入数据就是确定的。

二、统计数据的收集

统计数据收集是指根据统计研究的目的和要求，运用科学的统计调查方法，有组织、有计划地收集反映客观事物实际资料的过程。例如，要研究某地区人口的发展情况，就要收集该地区人口的总量、年龄结构、地域分布、人口素质、出生率和死亡率等实际资料；要研究某地区经济发展情况，就要收集该地区各行各业生产经营情况、生产能力、能源消耗、财务状况、从业人员等反映经济发展水平的客观资料。

三、统计数据收集的种类

统计数据收集的种类主要有两种：

(1) 收集原始资料(一手数据)，即直接向调查对象了解调查单位的统计资料，如直接到企业向有关人员询问企业的生产、销售等信息。

(2) 收集次级资料(二手数据)，即根据调查研究的目的和任务，收集加工、整理过的说明总体特征的资料，与原始数据相比，二手数据收集起来更快、更容易，所需的费用和时间也相对节约得多。如中国统计年鉴，我国统计部门每年收集的经过初步整理、加工的各行各业 GDP 的汇总数据；专业统计网站；搜索引擎等。

四、统计数据收集的方法

统计研究的对象即客观事物的复杂性和统计研究目的的多样性，决定了统计调查方法的多样性。进行统计调查，必须根据统计研究目的和调查对象的特点，选择合适的调查方法。统计调查的方法，可以从不同的角度，按不同的标准进行分类。

（一）按调查对象所包括的范围不同，分为全面调查和非全面调查

全面调查是指对构成调查对象的所有总体单位全部进行调查登记的一种调查法。全面统计报表和普查都是全面调查。例如，为了研究我国人口数量、性别比例、年龄构成、民族构成、受教育程度等人口问题而进行的第五次全国人口普查，就属于全面调查。

非全面调查是指对构成调查对象的一部分总体单位进行调查登记的一种调查方法。重点调查、典型调查和抽样调查都是非全面调查。例如，为了了解某地区居民的消费水平情况，并不需要对该地区所有的居民进行调查，只需要搜集各个收入层次的一部分居民消费水平方面的实际资料，对某批产品进行质量鉴定，也不需要对所有产品逐个进行质量检验，只需要抽出一部分产品进行检验即可。这些调查都属于非全面调查。

（二）按调查登记时间是否连续，分为经常性调查和一次性调查

经常性调查是指随着调查对象的发展变化，连续不断地进行调查登记的方法。例如，要对某个工程的质量水平进行调查，就需要随着工程进度的延伸，连续不断地调查登记此项工程的质量情况和相关情况，直至工程全面竣工、验收。这种调查就属于经常性调查。又如，对社会商品零售价格的调查和监控，是长年累月地进行的，也属于经常性调查。

一次性调查是指间隔一定时间的不连续调查。例如，人口数、学校数、固定资产原值等指标，因为短时间内的变化不会太大，所以没有必要进行经常性调查。只需要间隔一定时间了解现象在一定时点上的状况，可采用一次性调查。

（三）按调查的组织方式不同，分为统计报表制度和专门调查

统计报表制度是按一定的表式和要求，自上而下统一布置、自下而上逐级提供和报送统计资料的一种统计调查方式。我国建立了规范的统计报表制度，所有的企业、事业单位和基层行政机关，都要遵守《统计法》，按照上级部门规定的表式、项目、日期和程序向上级部门提交统计报表。统计报表包括国家的政治、经济、文化生活等各方面的基本统计指标。这种调查组织方式在我国的统计工作中占有重要的地位。负责编制和报送统计报表的组织机构是常设或固定的。统计报表制度属于经常性调查。

专门调查是指为了研究某些专门的目的和任务而组织的统计调查。这种调查的组织机构不是常设的，而是根据研究目的和任务临时设置的。专门调查多属于一次性调查，包括普查、重点调查、典型调查和抽样调查等。

（四）按搜集资料的方法不同，分为直接观察法、报告法、采访法、问卷法和网络调查法

直接观察法是指由调查人员亲自到现场进行实地测定计量，并将结果记录下来的方法。如对农作物的产量进行调查一般都采用此方法，可以准确地获得统计资料，但需耗费较多的时间和人力、物力、财力；同时有些社会经济现象还不能通过直接观察法获得资料，如居民家庭年收入状况调查一般不适宜用此法。

报告法是指报告单位根据统一要求填写统计表格并在规定时间内，按照行政隶属关系逐级向上提供统计资料的方法。报告法的特点是统一表式、统一项目、统一要求和统一上报程序。统计报表制度就采用此种方法，节省了调查机构的人力。若报告系统健全，报告单位的原始记录和核算工作真实、完整，采用此法可以取得比较准确的统计资料。

采访法是指由调查员询问被调查者，并根据答复做记录的一种收集资料的方法。例如，个别访问、开专题调查会。采用此方法调查双方面对面直接接触，逐项询问、相互核实，搜集的资

料比较真实可靠。

问卷法是指以发放问卷并回收来收集统计调查资料的方法。通常随机或有意识地选择若干调查单位,发放问卷,要求在规定时间内提供相关信息,对信息进行统计整理分析后推断出总体的基本情况。对于一些人们感兴趣的社会问题进行民意调查时经常采用此法。

随着现代信息网络的迅速发展,越来越多的统计资料都可以通过网络调查法取得,它是通过网络向被调查单位和个人发出调查提纲、表格或问卷,被调查者通过网络向调查者反馈信息。网络调查法有其独特的优点:需要的经费较少、能在较大的范围内进行调查、传播快速且具有多媒体性、调查结果客观性高、信息质量易检验和控制。

统计调查还可以从其他的角度分类,并且各种分类也不是相互排斥的。如普查,从调查对象所包括的范围来看,属于全面调查;从调查时间的连续性来看,属于一次性调查;从组织方式上看,又属于专门调查。

【思考】

我国人口普查从调查范围、登记时间、组织方式、搜集资料的方法这几个方面看分别属于哪种调查类型?

任务二　统计调查方案

统计调查方案是指统计调查前所制定的实施计划,是全部调查过程的指导性文件,是调查工作有计划、有组织、有系统进行的保证。不同调查任务的调查方案在具体内容和形式上会有一定的差别,但包括的主要内容大体上是一致的。统计调查方案应确定的主要内容有:调查目的和任务、调查对象和调查单位、调查项目和调查表、调查时间和调查时限,以及调查工作的组织实施计划。

一、明确调查任务和目的

统计调查方案首先要解决的问题就是确定调查任务和目的。只有这样,才能确定搜集资料的范围和方法,才能有效地组织统计调查工作。

调查的任务和目的,主要是根据统计研究的实际需要并结合调查对象的特点来确定。例如,对某城市工业企业的机械设备利用情况进行调查,任务是准确掌握各个企业拥有的机械设备的数量、价值和使用情况,其目的是分析和探求机械设备在使用过程中其价值、技术性能、工作能力等变化的规律,为合理配置机械设备、提高利用率、加强设备及时管理和固定资产管理等提供依据。

二、确定调查对象和调查单位

明确了调查任务和调查目的后,就可以确定调查对象和调查单位。确定调查对象和调查单位,是为了解决向谁调查、由谁来提供统计资料的问题。调查对象就是根据调查目的所确定的统计总体,是由所要被调查的全部单位组成的整体。调查单位就是调查对象中所包含的每个具体单位,即总体单位,调查单位是进行调查登记的标志的承担者。明确调查单位,还要与填制单位区别开来。填报单位是填写调查内容、提供调查资料的单位。调查单位与填制单位有时一致，有时不一致，这要根据调查对象的特点和调查任务的要求来确定。比如，对某企业员工经济收入情况进行调查，调查对象就是企业所有员工，调查单位是每一个员工。如果调查表要求每个员工自己填写，则填报单位就是每个员工，这时的调查单位和填制单位是一致的；如果以车间为单位进行填报，填报单位就是车间，这时的填报单位和调查单位是不一致的。

以上述的机械设备利用情况调查为例，确定的调查对象是该市工业企业所有机械设备，调查单位是每一台设备。这个调查是由各工业企业进行登记来完成的，填报单位就是每一个工业企业，这里调查单位与填制单位是不一致的。

三、确定调查项目和调查表

调查项目是调查单位所承担的基本标志，它是由调查目的、任务和调查对象的性质所决定的，包括一系列数量标志和品质标志。调查项目确定得正确与否，决定了整个调查工作的成败。选择的调查项目是调查目的和任务所需要，并且确实能够取得资料的项目。每一个项目应该有确切的含义和统一的解释，不应该设置那些不必要或虽然需要但无法取得资料的项目。对那些逻辑不完善、含义模糊、回答笼统的项目，也应避免使用。例如，在机械设备利用情况调查中，根据调查目的和任务，设备购置价值、出厂日期、日均工作时间、生产能力等标志就应作为调查项目。

调查项目确定之后，就要拟定调查表，将调查项目排列在调查表中，以便于登记调查资料。调查表的内容一般包括三部分，即表头、表体和表脚。表头在调查表的上方，主要有调查表名称、填报单位名称等；表体是调查表的主要部分，由表格、调查项目等组成；表脚包括调查人员或填表人员签名、审核人员签名、填报日期等。

调查表的表格形式有两种：单一表和一览表。单一表是指只登记一个调查单位的调查表，一般可以容纳较多的调查项目；一览表是指可以登记多个调查单位的调查表，一般不宜设置太多调查项目。调查表的设计可以多种多样，以达到调查目的为原则，应尽可能简洁、便于填写，同一调查任务必须统一格式，以便下一步的汇总和整理。

根据调查目的，机械设备利用情况调查表适宜选用单一表，以每一台设备为单位，把相应调查项目设置在表格上。

四、调查时间和调查期限

调查时间是调查资料所属的时间。调查时间可以是时期，也可以是时点。如果所要调查的是时期现象，调查时间就是资料所反映的起讫日期；如果所要调查的是时点现象，调查时间就是规定的标准时点。调查期限是进行调查工作所要经历的时间，包括搜集资料、登记调查表和报送资料等整个工作过程所需的时间。调查期限的长短根据任务量的大小以及人力、物力和财力等情况进行确定，应尽可能缩短调查期限，保证统计信息的时效性。如对某市 2017 年机械设备利用情况进行调查，这里的调查时间就是时期，即 2017 年这一年。从 2017 年 1 月 1 日起开始调查，截至本年 1 月 31 日将资料搜集、整理完毕，则调查期限为一个月。

五、制定调查工作的组织实施计划

严密细致的组织工作，是调查工作能够顺利进行的保证。调查的组织工作包括：调查工作领导机构的组建和调查人员的组织、调查方法的确定、人员业务培训等准备工作、调查资料的报送方式、调查经费的预算和筹集、工作进度的安排等。

以上述机械设备利用情况调查为例：某市主管工业企业部门首先成立调查工作领导小组，给各个企业布置调查任务，要求各个企业指派专人负责此项调查工作，并要求各企业主管领导对此项工作负领导责任；组织各企业调查人员进行业务培训，规定调查方式和方法，印制统一的调查表，要求对每一台机械设备的利用情况进行如实登记。进行此次调查的经费预算为2 000元，主要用于调查表的印制、人员培训等，经费列入本年业务经费。各企业首先调查登记有关资料，对资料进行核对无误后报送到相关部门，材料报送时间为2018年1月31日。

附:统计调查方案设计

大学生职业规划调查方案设计

社会上有些人说，大学也是一个让人伤心的地方。我相信，在这里，有人伤心，但更多的人是在为将来、为梦想奋斗着。伤心者，是因为其没有明确的目标和切实的职业规划。因此，我想调查一下，在我的身边，我所在的大学里，他们正处在一个什么样的状况。这对学校是一个实施教育的指导，对大学生也是一个警醒和借鉴。

一、调查任务和目的

详细了解当今大学生是否有职业规划，如果有，又是什么，以便学校能有的放矢地帮助学生实现其人生目标；同时，人生目标不明确的学生也会得到提醒，见贤思齐，从而使他们早日认清自己，早日开始为之奋斗，促进就业。

二、调查对象和单位

综合各个方面考虑，决定选择吉林大学的本科专业大二学生作为调查对象，吉林大学本科专业有122个，每个专业按照其学生人数随机抽取70%的同学作为调查单位，大约有6 649份问卷。

三、调查项目

(1) 调查当今大学生是否了解什么是职业规划，是否知道其意义。

(2) 学生是否有明确的职业规划，如果有，是什么。

(3) 对自己的职业规划，是否有详细的计划，计划是否实施。

(4) 觉得职业规划对自己的学习生活是否有指导作用。

四、设计调查问卷

设计一份大学生职业规划调查问卷。

五、调查时间和期限

调查时间设为2017年9月1日～2017年10月25日，法定节假日除外。

六、调查方式和方法

(1) 抽样调查。

(2) 问卷调查。

七、调查工作的组织实施计划

将调查问卷进行分类处理，运用统计知识和统计软件对数据进行分析处理，得出结果：(1)得出当今大学生，有明确详细的职业规划的学生比例；(2)归类统计出大学生的职业方向和类型。

1. 市场调查的进度安排

第一阶段：初步的市场调查　　2天

第二阶段：计划阶段

制定计划	2天
审定计划	1天
确认修正计划	1天

第三阶段：问卷阶段

问卷设计	3天
问卷调整，确认	1天
问卷印刷	1天

第四阶段：实施阶段

选派调查人员及简单培训	3天
实施执行	15天

第五阶段：研究分析

数据输入处理	5天
数据研究分析	3天

第六阶段：报告阶段

报告书写	3天
报告打印	1天

2. 市场调查的经费预算

单位：元

项目序号	项目名称	项目经费	备注
1	问卷设计	100	设计人员报酬
2	问卷印刷	700	6 649份×0.1+打印错误
3	调查人员培训费	100	培训人员报酬
4	调查人员劳务支出	200	调查人员车费及当日伙食费
5	问卷回收处理	100	
6	数据处理	500	数据处理人员报酬
7	调研报告撰写	100	
8	报告打印与装订	90	文字排版，3份装订
	合　计	1 890	

问卷

大学生职业规划调查问卷

您好，我们是吉大物流系学生，应学校领导要求，也为了响应关注学生成长的呼吁，今对大二各专业学生做职业规划市场调查，以便学校、老师们因材施教，帮助学生实现自己的人生梦想。为了您的利益，希望您配合，我们承诺对您的相关信息保密，并且对于每一份问卷的回复，我们都会重视与珍惜，谢谢您的合作！

1. 你是：A. GG　B. MM

2. 您对所学专业有了解吗？

A. 有深入的了解
B. 有一些了解
C. 一点都不了解

3. 在这之前您知道“职业生涯规划”吗?
A. 非常了解
B. 听说过
C. 从未听说过

4. 您有没有对自己的将来进行过规划?
A. 有,有分为远期(人生奋斗方向)、中期(人生职业规划)、近期(3～5 年的阶段性目标)的规划
B. 有,还比较清晰,但只有近期的,并没有长期的
C. 有,只有一点,没有仔细考虑
D. 从来没有想过

5. 如果您有自己的职业规划,那么,您打算毕业后干什么?
A. 考研或保研
B. 找工作
C. 考公务员
D. 出国
E. 支援西部建设
F. 自己创业
G. 其他

6. 如果您没有自己的职业规划而有专业人士告诉你什么叫职业规划并且帮你规划你的职业,你愿意抽出时间和精力并支付一些费用吗?
A. 我愿意,我不想再迷茫了,每天不知道在为什么工作和学习
B. 我愿意,只要费用合理,付出的时间和精力不用很多就行
C. 我不懂职业规划我也不想知道是怎么回事

7. 您认为求职过程中明确清晰的职业规划是否重要?
A. 非常重要
B. 比较重要
C. 一般重要
D. 一点都不重要

8. 您对目前的就业形势和自己未来就业的前景如何看待,最担心哪些问题?(可以多选)
A. 就业压力大,担心找不到工作
B. 缺乏清晰的职业规划,导致找不到合适的工作
C. 自身的能力、技能水平不符合企业用人的标准
D. 对自己很有信心,相信凭自己的能力能找到合适的工作

9. 您认为大学生活应该怎样过:____
____
____

问卷附注：

填写人姓名：

填写人联系方式（手机号码）：

填写地点：

填写时间：

任务三　统计调查的组织形式

一、统计报表

（一）统计报表的含义

统计报表是按统一规定的表格形式、统一的报送程序和报表时间，自下而上提供基础统计资料，是一种具有法律性质的报表。统计报表是一种以单项调查为主的调查方式。它是由政府主管部门根据统计法规，以统计表格形式和行政手段自上而下布置，尔后由企事业单位自下而上层层汇总上报逐级提供基本统计数据的一种调查方式。统计报表制度是一种自上而下布置，自下而上通过填制统计报表搜集数据的制度。

统计报表是我国取得国民经济和社会发展情况基本统计资料的一种重要手段，是各级业务部门了解本系统内所有单位的生产技术水平和经营管理发展情况的重要途径，也是企业获得实现资源合理有效配置的经营管理信息的重要手段。

（二）统计报表的种类

统计报表从不同的角度，可以有不同的分类。

1. 按调查范围，分为全面统计报表和非全面统计报表

全面统计报表是调查对象的全部单位填报获得全面统计资料的报表。非全面统计报表是调查对象的部分单位填报获得非全面资料的报表。

2. 按填报单位，分为基层报表和综合报表

基层报表是由基层企事业单位根据原始资料填报的统计报表。综合报表是由上级主管部门根据基层报表逐级汇总填报的统计报表。

3. 按内容和实施范围，分为国家统计报表、部门统计报表和地方统计报表

国家统计报表也称国民经济基本统计报表，由国家统计部门统一制发，用以搜集全国性的经济和社会基本情况，包括农业、工业、基建、物资、商业、外贸、劳动工资、财政等方面最基本的统计资料。部门统计报表是为了适应各部门业务管理需要而制定的专业技术报表。地方统计报表是针对地区特点而补充制定的地区性统计报表，是为本地区的计划和管理服务的。

4. 按统计报表报送周期的长短，分为日报表、旬报表、月报表、季报表、半年报表和年报表

周期短的，要求资料上报迅速，填报的项目比较少；周期长的，内容要求全面一些；年报具有年末总结的性质，反映当年中央政府的方针、政策和计划贯彻执行情况，内容要求更全面和详尽。

日报和旬报称为进度报表，主要用来反映生产、工作的进展情况。月报、季报和半年报主要用来掌握国民经济发展的基本情况，检查各月、季、年的生产工作情况。年报是每年上报一次，主要用来全面总结全年经济活动的成果，检查年度国民经济计划的执行情况等。

（三）统计报表制度的内容

1. 报表表式

这是指统计报表的具体格式。不同的调查任务有不同的格式，但基本上都由三部分组成，即表头（报表标题、表号、报表期别、填报单位、制表单位、计量单位等）、表身（具体填报数据和资料）和表脚（备注、填表人签章、审核人或负责人签章等）。

2. 填表说明

这包括调查目的、要求和办法、统计范围、分组体系、各种统计目录、指标解释、报送日期、报送方式等，它可使填报单位明确填报任务和填报方法。

（四）统计报表的资料来源

统计报表制度的一大特点是它有可靠的资料来源。统计报表资料来源于基层单位的原始记录和统计台账。原始记录和统计台账是各种经济核算的基础，也是填制统计报表的重要依据。没有健全的、规范的原始记录和统计台账制度，要做好统计报表的填报工作是不可能的。

原始记录是基层单位通过一定的表格形式对生产经营活动所作的最初记载。原始记录的范围广泛、种类繁多，如发货单、材料入库验收单、领料单、设备维修单等。统计台账是基层单位根据核算和填制统计报表的需要，为了积累和整理资料而设置的，按时间顺序登记原始记录的一种账册。它是从原始记录到统计报表的中间环节。如工业企业统计台账有产品产量台账、半成品台账、设备利用台账等。

二、专门调查

专门调查主要有以下几种调查方式。

（一）普查

普查是为了某一特定目的而专门组织的一次性全面调查，如全国人口普查、农业普查、经济普查等。普查具有以下几个特点：

(1) 普查是一次性或周期性调查。普查涉及面广，调查内容多，工作量大，需要大量的人力、物力和财力才能完成，所以一般间隔若干年进行一次。

(2) 普查需要规定统一的标准调查时点。为了避免调查数据的重复或遗漏，普查一般需要规定统一的标准调查时间，一般定在调查对象比较集中，变动相对较小的时间上。

(3) 普查比其他调查方式所获得的资料更准确、更全面、更系统。

（二）抽样调查

抽样调查是一种非全面调查，是从总体中随机抽取一部分单位进行调查，根据这部分单位的调查结果推断总体数量特征的一种调查方法。

抽样调查在社会经济生活中被广泛应用，对于需要了解总体情况，但在实际上不可能或时间、人力、物力等方面不允许进行全面调查的情况下，都可采用抽样调查的方法。

抽样调查方法在本教材中由专门的模块描述，故此不再赘述。

（三）重点调查

重点调查是一种非全面调查，是在调查研究总体的全部单位中，选择少数重点单位进行调查，以了解总体的基本情况的一种调查方式。

凡是在统计研究的对象中，存在重点单位，同时统计研究的目的又只需要大致了解统计总体的基本情况时，就可采用重点调查。如选取东北和甘肃、陕西等几个重点粮食生产基地进行调查，就可获得我国粮食生产的基本情况。

重点单位的选择一般应尽可能少，但这些重点单位的标志值在总体标志总量中所占比重应尽可能大。

（四）典型调查

典型调查是一种非全面调查，是从统计研究总体的全部单位中选取一个或几个具有代表性的单位进行全面深入的调查，以了解总体的本质规律性的一种调查方式。

凡在统计研究的总体中，存在具有较大代表性的典型单位，希望达到以点带面，那么均可采用典型调查方式。例如，要研究某地区的国有企业的经济效益问题，可以在该地区选择一个或几个经济效益突出的国有企业作为典型单位进行调查，总结经济效益好的原因和经验，并加以推广。

【阅读】

第六次全国人口普查方案

为科学有效地组织实施第六次全国人口普查，根据《全国人口普查条例》，制定本方案。

一、总则

（一）第六次全国人口普查的目的是清查2000年以来我国人口数量、结构、分布和居住环境等方面的变化情况，为科学制定国民经济和社会发展规划，统筹安排人民的物质和文化生活，实现可持续发展战略，构建社会主义和谐社会，提供真实准确、完整、及时的人口统计信息支持。

（二）人口普查工作，按照"全国统一领导，部门分工协作，地方分级负责，各方共同参与"的原则组织实施。

国务院和地方各级人民政府设立第六次全国人口普查领导小组及其办公室，领导和组织实施全国和本区域内的人口普查工作。

村民委员会和居民委员会设立人口普查小组，做好本区域内的人口普查工作。

领导小组各成员按照各自职能，各负其责，通力协作，密切配合。

（三）人口调查所需经费，由国务院和地方各级人民政府共同负担，并列入相应年度的财务预算，按时拨付，确保足额到位。

人口普查经费应当统一管理，专款专用，从严控制支出。

（四）各级宣传部门和人口普查机构应采取多种方式，积极做好人口普查的宣传工作，为人口普查工作的开展营造良好的社会氛围。

（五）人口普查实行严格的质量控制制度，地方各级人口普查机构主要负责人对本行政区域人口普查数据质量负总责，确保人口普查数据真实、准确、完整、及时。

二、人口普查的标准时点、对象和内容

（六）人口普查的标准时点是2010年11月1日零时。

（七）人口普查对象是指普查标准时点在中华人民共和国境内的自然人以及在中华人民共和国境外但未定居的中国公民，不包括在中华人民共和国境内短期停留的境外人员。

（八）人口普查采用按现住地登记的原则。每个人必须在现住地进行登记。普查对象不在户口登记地居住的，户口登记地要登记相应信息。

（九）人口普查以户为单位进行登记，分为家庭户和集体户。

以家庭成员关系为主，居住一处共同生活的人口，作为一个家庭户；单身居住独自生活的，也作为一个家庭户。

相互之间没有家庭成员关系、集体居住共同生活的人口，作为集体户。

（十）人口普查登记的主要内容包括：姓名、性别、年龄、民族、国籍、受教育程度、行业、职业、迁徙流动、社会保障、婚姻、生育、死亡、住房情况等。

（十一）人口普查表分为《第六次全国人口普查表短表》和《第六次全国人口普查表长表》。普查表长表抽取10%的户填报，普查表短表由其余的户填报。

在境内居住的港澳台和外籍人员，在现住地进行登记，填写供港澳台和外籍人员使用的普查表短表。

（十二）2009年11月1日至2010年10月31日期间有死亡人口的户，同时填报《第六次全国人口普查死亡人口调查表》。

（十三）人口普查表由国务院第六次全国人口普查领导小组办公室（以下简称国务院人口普查办公室）和国家统计局统一制定，各省、自治区、直辖市人口普查办公室负责印发。

（十四）中国人民解放军现役军人及军队管理的离退休人员，由军队领导机关统一进行普查、汇总。

军队各类单位中服务的职工、文职人员、非现役工勤人员以及家属、保姆等，在军队营院内居住的，由军队机关负责普查，普查表移交当地人民政府指定的人口普查机构；不在军队营院内居住的，由地方人口普查机构负责普查。

（十五）中国人民武装警察部队，由武警机关负责普查登记，普查表移交当地人民政府指定的人口普查机构。

武警部队各类单位中服务的职工、非现役工勤人员以及家属、保姆等，在武警部队营院内居住的，由武警机关负责普查，普查表移交当地人民政府指定的人口普查机构；不在武警部队营院内居住的，由地方人口普查机构负责普查。

（十六）驻外外交机构人员、驻港澳机构人员、其他各驻外机构人员以及派往境外的专家、职工、劳务人员、留学生、实习生、进修人员等，由其出国前居住的家庭户或者集体户申报登记。

（十七）依法被判处徒刑、劳动教养的人员，由当地公安机关和监狱、劳教机关进行普查，普查表移交县、市人口普查办公室。

三、人口普查的宣传工作

（十八）各级宣传部门和人口普查机构应制定宣传工作方案，深入开展普查宣传。

（十九）各级宣传部门应组织协调新闻媒体，通过报刊、广播、电视、互联网和户外广告等多种渠道，宣传人口普查的重大意义、政策规定和工作要求，积极营造良好的人口普查氛围。

（二十）各级人口普查机构要组织开展形式多样的宣传活动，动员社会各界支持，参与人口普查工作。

四、普查指导员、普查员的借调、招聘和培训

（二十一）每个普查小区至少配备1名普查员，每个普查区至少配备1名普查指导员，原则上4至5个普查小区配备1名普查指导员。

普查员负责人口普查的入户登记等工作，普查指导员负责安排、指导、督促和检查普查员的工作，也可以直接进行入户登记。

（二十二）普查指导员和普查员应当由具有初中以上文化水平、身体健康、认真负责、能够胜任人口普查工作的人员担任。

（二十三）普查指导员和普查员可以从党政机关、社会团体、企业事业单位借调，也可以从村民委员会、居民委员会或者社会招聘。借调和招聘工作由县级人民政府负责。

借调的普查指导员和普查员在普查任务完成以前，不得随意更换。

（二十四）借调的普查指导员和普查员的工资由原单位支付，其福利待遇保持不变，并保留其原有的工作岗位。

招聘的普查指导员和普查员的劳动报酬，在人口普查经费中予以安排，由聘用单位支付。

（二十五）普查指导员和普查员的借调和招聘工作应于2010年8月底前完成。

（二十六）普查指导员和普查员的培训工作由县级人口普查机构统一组织进行。普查指导员和普查员经过培训并考核合格后，由县级以上人口普查机构颁发全国统一的证件。培训工作应于2010年10月15日前完成。

普查指导员和普查员执行直接面对普查对象的人口普查任务时，应当出示普查指导员证或者普查员证。

任何单位和个人不得冒充人口普查机构、普查人员进行社会调查或者进行欺诈活动。

五、人口普查登记前的现场准备工作

（二十七）人口普查按照划分的普查区域进行。普查区域的划分要坚持地域原则，做到不重不漏，完整覆盖全国。

（二十八）普查区划分以村民委员会和居民委员会所辖区域为基础。每个普查区按照一个普查员所能承担的工作量，划分成若干个普查小区。

普查小区划分工作应于2010年8月底前完成。

（二十九）在人口普查机构统一领导下，公安部门应按照《中华人民共和国户口登记条例》和《第六次全国人口普查户口整顿工作方案》的要求进行户口整顿。户口整顿应按照普查区域的范围，摸清常住人口、流动人口、无户口和应销未销户口等情况。户口整顿有关资料应当提交同级人口普查机构，供普查登记时参考。

户口整顿工作应于2010年8月底前完成。

（三十）人口普查登记前，普查员要做好摸底工作，明确普查小区的地域范围、绘制普查小区图、摸清人口和居住情况、编制普查小区各户户主姓名底册。

摸底工作应于2010年10月底前完成。

六、人口普查的登记和复查工作

（三十一）人口普查的登记工作，从2010年11月1日开始，到11月10日结束。

（三十二）人口普查登记，采用普查员入户查点询问、当场填报的方式进行。普查员应当按照普查表列出的项目逐户逐人询问清楚，逐项进行填写，做到不重不漏、准确无误。

普查表填写完成后，普查员应将填写的内容，向申报人当面宣读，核对无误后，由申报人签字或盖章确认。

（三十三）普查登记时，申报人应当依法履行普查义务，如实回答普查员的询问，不得谎报、瞒报、拒报。

（三十四）普查登记结束后，普查指导员应当组织普查员按照规定的方法进行全面复查，发现差错，应重新入户核对，经确认后予以更正。

复查工作应于 2010 年 11 月 15 日前完成。

（三十五）复查工作完成后，国务院人口普查办公室统一组织事后质量抽查。

事后质量抽查工作应于 2010 年 11 月底前完成。

（三十六）人口普查对象提供的资料，应当依法予以保密。

人口普查中获得的能够识别或者推断单个普查对象身份的资料，任何单位和个人不得对外提供、泄露，不得作为对人口普查对象做出具体行政行为的依据，不得用于人口普查以外的目的。

人口普查数据不得作为对地方人民政府进行政绩考核和责任追究的依据。

七、人口普查数据的汇总、发布和管理

（三十七）人口普查表经复查后，按照统一规定的标准进行编码。

编码后的普查表经复核、检查验收合格后，方可交付录入。

（三十八）《第六次全国人口普查表短表》、《第六次全国人口普查表长表》，以普查小区为单位分别装入不同的包装袋。《死亡人口调查表》以普查区为单位装入相应的包装袋。

普查资料在运送过程中，必须妥善包装，专人护送，保证完整无缺。运送单位和接收单位应当按规定的程序办理交接手续。

（三十九）人口普查数据由人口普查机构负责进行数据处理。录入采用光电录入的方式，数据录入、编辑、审核、汇总程序由国务院人口普查办公室统一下发。

（四十）人口普查机构对普查登记的主要数据，先进行快速汇总。国家统计局和国务院人口普查办公室对数据进行审核后发布主要数据公报。各省、自治区、直辖市的主要数据应于国家公报之后发布。

（四十一）国务院人口普查办公室应于 2010 年 12 月 31 日前完成人口普查全部数据的汇总工作。

（四十二）人口普查数据处理工作结束后，原始普查表按国务院人口普查办公室的统一规定销毁。

（四十三）数据处理形成的单个普查对象的资料，由国务院人口普查办公室和各省、自治区、直辖市人口普查办公室负责管理。

（四十四）国务院人口普查办公室和各省、自治区、直辖市人口普查办公室应编制普查报告书，分别向国务院和各省、自治区、直辖市人民政府报告工作。

（四十五）各级人口普查机构应做好人口普查资料的开发和应用，为社会公众提供查询、咨询等服务。

八、人口普查的质量控制

（四十六）人口普查实行质量控制岗位责任制，普查人员应认真履行职责，严格执行岗位工作规范，保证各自的工作质量达到规定的标准。

（四十七）各级人口普查办公室应对人口普查实施中的每个环节进行监督检查，收集、整理、分析工作质量情况，对发现的问题，要及时研究解决。

（四十八）在人口普查登记、快速汇总、编码、数据处理各环节实行质量验收制度。验收不合格的必须返工，直至达到规定的质量验收标准方可转入下一工作环节。

九、其他

（四十九）对认真执行本方案，忠于职守，坚持原则，在人口普查工作中做出显著成绩的单位和个人，按照国家有关规定给予表彰奖励。

（五十）违反本规定的，依据《中华人民共和国统计法》、《全国人口普查条例》等追究法律责任。

（五十一）香港特别行政区、澳门特别行政区的人口数，按照香港特别行政区政府、澳门特别行政区政府公布的资料计算。

（五十二）交通极为不便的地区，需采用其他登记时间和方法的，需报请国务院人口普查领导小组批准。

（五十三）国务院人口普查办公室可以根据本方案制定各项具体工作实施细则。

（五十四）本方案由国务院人口普查办公室负责解释。

【思考】

根据《第六次全国人口普查方案》，确定此次调查的调查任务和目的、调查对象、调查单位、调查项目和调查表、调查时间和调查时限，以及调查工作的组织实施计划。

【任务实施】

Excel 在统计调查中的应用

统计工作从收集数据开始。收集数据可以采用统计报表制度，也可以采用专门调查，如普查、抽样调查、重点调查和典型调查。其中抽样调查是广泛应用的一种专门调查。进行抽样调查，首先要从调查对象中抽取部分单位作为样本，然后对样本单位进行调查，再根据调查取得的样本数据推断总体的数量特征。在抽取样本单位时，可以采用 Excel 数据分析工具中的“抽样”工具，简便迅捷地完成抽样工作。下面说明其操作方法。

第一步，安装“数据分析”。如果在“数据”菜单中没有数据分析命令，必须在 Microsoft Excel 中安装分析数据库。方法是：

(1)进入 Microsoft Excel，点左上角的“文件”，在“Excel 选项”的“加载项”中，将“非活动应用程序加载项”下的“分析工具库”选中，通过下面的“转到”Excel 加载项，确定。如图 2 - 1所示。

(2)在“数据”选项下的“分析”中，找到新添加的“数据分析”，点击后，会出现“分析工具”，根据需要选择相应的分析工具即可。

第二步，输入编号。在总体单位中抽取部分单位组成样本，需要对总体各单位进行编号，然后将编号输入单元格中。如某班有学生 100 人，从中随机抽取 50 名学生的作业进行检查。首先将 100 名学生进行编号，然后将编号输入单元格中。输入编号的方法可以按以下方法进行：首先在 A1～A10 单元格中输入 1～10 号，然后单击单元格 B1，输入“＝A1＋10”，回车得出单元格 B1 编号 11 号；再将鼠标指针移至 B1 单元格右下角的小方块(填充柄)上,当指针变成“+”形时,按住鼠标左键向下拖曳,至B10单元格放开鼠标,即完成第二列的编号输入;再利用填充柄功能将鼠标指针向右拖曳,至J10单元格放开鼠标,即完成1～100号的输入。如图2-2所示。

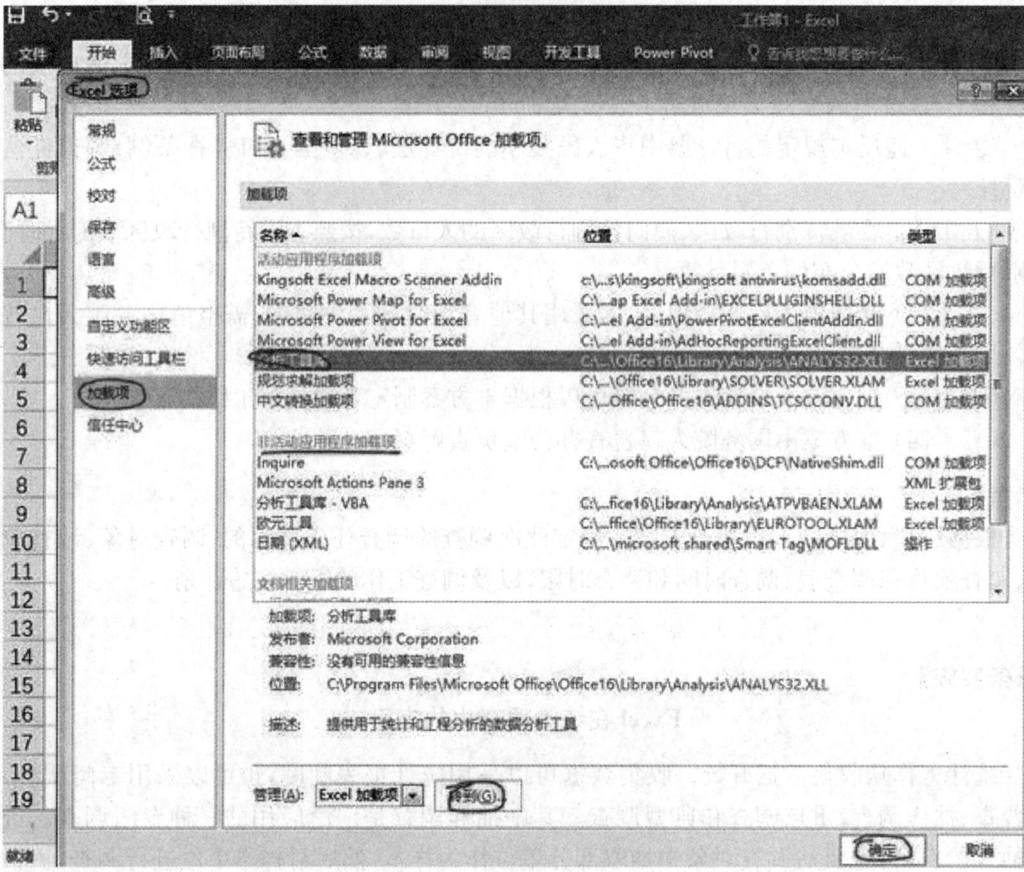

图2-1 安装分析数据库

	A	B	C	D	E	F	G	H	I	J
1	1	11	21	31	41	51	61	71	81	91
2	2	12	22	32	42	52	62	72	82	92
3	3	13	23	33	43	53	63	73	83	93
4	4	14	24	34	44	54	64	74	84	94
5	5	15	25	35	45	55	65	75	85	95
6	6	16	26	36	46	56	66	76	86	96
7	7	17	27	37	47	57	67	77	87	97
8	8	18	28	38	48	58	68	78	88	98
9	9	19	29	39	49	59	69	79	89	99
10	10	20	30	40	50	60	70	80	90	100

图2-2 总体各单位编号

第三步,打开“抽样”对话框。在“数据”菜单中单击“数据分析”选项,从打开对话框的“分析工具”列表框中选择“抽样”,如图2-3所示,单击“确定”后打开“抽样”对话框。

第四步,在“抽样”对话框中输入信息。如图2-4所示,在“抽样”对话框的“输入区域”

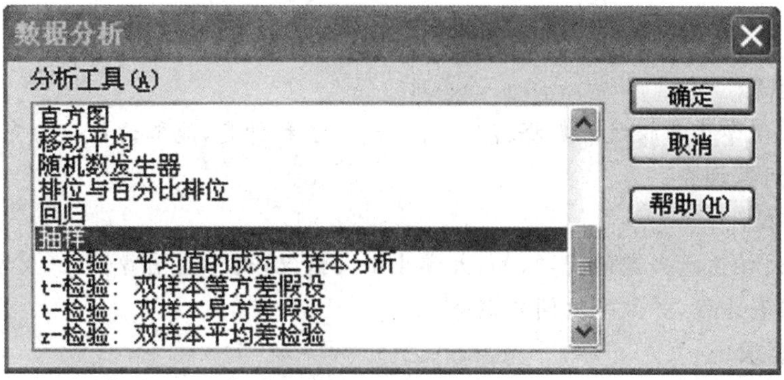

图 2-3　数据分析对话框

框中输入总体单位编号的单元格区域，本例可输入＄A＄1：＄J＄10。如果输入区域的第一行或第一列为标志项，可单击“标志”复选框；如果输入区域的第一行或第一列没有标志项，可不选此项。在“抽样方法”项下有“周期”和“随机”两种抽样模式。“周期”模式适用于等距抽样，需要将取样的周期间隔输入；“随机”模式适用于简单随机抽样、分类抽样、整群抽样和多阶段抽样。本例采用随机抽样方式，所以在抽样方法中选择“随机”模式。选择该模式需要在“样本数”框中输入本例选择的样本数“50”，在“输出选项”中可以选择“输出区域”或“新工作表” 或“新工作簿”三种方式来存放抽样结果。如本例选择在“输出区域”中输入“K1”作为存放抽样结果的位置，最后点击“确定”，则在指定位置上给出随机抽取的总体单位的编号。

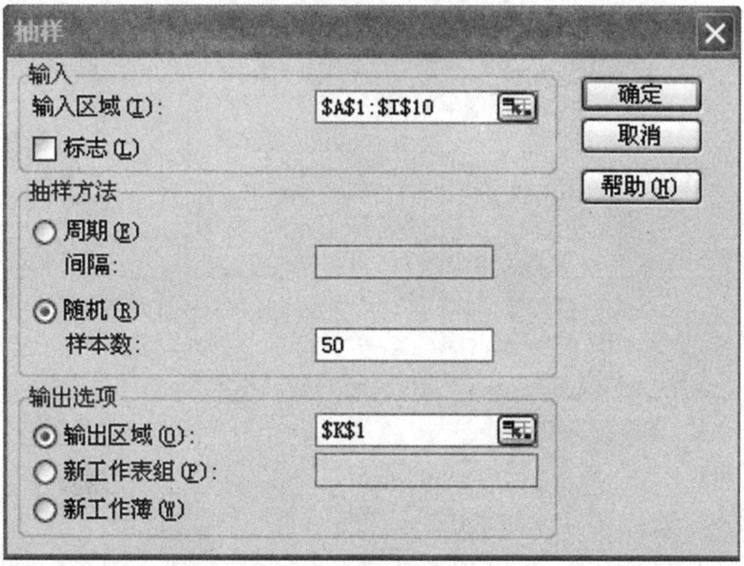

图 2-4　抽样对话框

完成抽样本的工作后，根据样本编号对所抽取的样本资料进行调查，取得原始资料。

实训　设计调查方案

一、实训目标

通过实训，使学生掌握统计数据搜集的概念、方法和种类，能够设计一份完整的调查方案，并能开展一次问卷调查。

二、实训内容

可以选取大学生感兴趣的问题，如：大学生上网情况，大学生消费情况，大学食堂的满意度等，设计一份调查方案，并做一次问卷调查。

三、实训要求

全班按6～8人划分学习小组，小组成员进行角色分工及工作分工，讨论分析明确本次统计的目的和对象的特点，完成该项统计工作。

四、实训评价

每个小组形成一份实训报告并进行汇报交流，通过自评、互评和教师评价综合评定成绩。

模块三

统计整理

【知识目标】

1. 了解统计整理的含义、意义和内容；
2. 掌握统计分组的方法和种类；
3. 熟悉分布数列的编制方法；
4. 掌握统计表的结构和统计图的种类。

【能力目标】

1. 具有对不同的社会经济现象进行统计分组的能力；
2. 具有编制统计分布数列的能力；
3. 能够应用 Excel 工具编制频数分布数列。

【小资料】

2017 年，我国 GDP 达到827 122亿元，首次超过 80 万亿元。GDP 同比增长 6.9%，比上年加快 0.2 个百分点，实现了 2010 年以来经济增长首次提速。2017 年全年，我国固定资产投资增速与消费增速与上年相比都有所下降，只有出口增速是由上年的负增长转为正增长。出口对经济增长的拉动作用也由 2016 年负 0.5 个百分点转为 2017 年前三季度的正拉动 0.3 个百分点。2017 年，全国规模以上工业增加值比上年实际增长 6.6%，增速比上年加快 0.6 个百分点，创 2014 年以来新高。12 月份，规模以上工业增加值同比增长 6.2%，环比增长 0.52%。2017 年，全国固定资产投资比上年增长 7.2%，增速比上年回落 0.9 个百分点。社会消费品零售总额比上年增长 10.2%，增速比上年回落 0.2 个百分点。12 月份，社会消费品零售总额同比增长 9.4%。一方面，汽车消费大幅下滑对 12 月社会消费品数据有一定影响，当月汽车消费同比增速仅为 2.2%；另一方面，社会消费品统计口径基本不涵盖服务消费，有可能低估了居民消费的实际水平。

2017年,创新发展持续发力,新动能继续较快增长。全年全国新登记企业607.4万户,比上年增长9.9%,日均新登记企业1.66万户。新产业新产品蓬勃发展,工业战略性新兴产业增加值比上年增长11.0%,增速比规模以上工业快4.4个百分点;工业机器人产量比上年增长68.1%,新能源汽车增长51.1%。经济结构继续优化。全年第三产业增加值对GDP增长的贡献率为58.8%,比上年提高1.3个百分点;消费是经济增长主动力,最终消费支出对GDP增长的贡献率为58.8%,高于资本形成总额26.7个百分点。恩格尔系数从2016年的30.1%降到2017年的29.3%,反映出居民消费结构在改善。

摘自《2017年宏观经济形势分析》

任务一 统计资料的整理

一、统计整理的含义

统计整理就是根据统计研究目的和任务的要求,对统计调查所搜集到的原始资料进行分组、汇总,使其条理化、系统化,从而得到表现总体特征的综合统计资料的工作过程。对于已整理过的初级资料进行再整理,也属于统计整理。

二、统计整理的意义

统计调查取得的是总体各单位的原始资料,是分散的、不系统的感性材料,只能表明各个被调查单位的具体情况,反映事物的表面现象或一个侧面,不能说明事物的总体情况与全貌。因此,只有对这些资料进行加工、整理,才能认识事物的总体及其内部联系。例如工业企业普查中,所调查的每个工业企业资料,只能说明每个工业企业的经济类型、注册资本、职工人数、工业总产值、工业增加值、实现利税等具体情况。因此,必须通过对所有资料进行分组、汇总等加工处理后,才能得到全国工业企业的综合情况,从而分析工业企业的构成、经营状况等,达到对全国工业企业的全面、系统的认识。

统计整理是统计调查的继续,也是统计分析的前提,它在统计研究中起着承前启后的作用。因此,资料整理得是否正确,直接决定着整个统计研究任务的完成。不恰当的加工处理,不完善的整理方法,往往使调查得来的丰富、完备的资料失去价值。因此,必须十分重视统计整理工作。

三、统计整理的内容与步骤

(一) 统计整理的内容

统计整理内容主要有以下几个方面:

(1) 根据研究任务的要求,选择应整理的指标,并根据分析的需要确定具体的分组。

(2) 对统计资料进行汇总、计算。

(3) 通过统计表描述汇总结果。在统计整理中,抓住最基本的、最能说明问题本质特征的统计分组和统计指标对统计资料进行加工整理,这是进行统计整理必须遵循的原则。

(二) 统计整理的步骤

统计整理既有理论性的问题,又有综合汇总的技术问题,是一项细致的工作。为保证统计整理有计划、有组织的进行，统计资料通常按以下步骤进行：

1. 设计整理方案

整理方案与调查方案应紧密衔接。整理方案中的指标体系与调查项目要一致，或者是其中的一部分，绝不能矛盾、脱节或超越调查项目的范围。整理方案是否科学，对于统计整理乃至统计分析的质量都至关重要。

2. 对调查资料的审核

为了确保统计工作的质量，在统计整理过程中首先要做好原始资料的审核工作，资料的审核是统计整理的前提，主要包括以下几点：

(1) 准确性审核。准确性审核主要包括两种方法：计算检查和逻辑检查。计算检查就是审核资料的统计口径和范围、计算方法和计量单位等是否符合要求，计算结果是否准确，是否符合实际情况。逻辑检查就是从理论上或根据常识来判断调查资料内容是否合情合理，各个项目之间是否有矛盾等。如在人口调查表中，"与户主关系"一栏中填"父子"，而在"性别"一栏中却填"女"，这其中必有一栏填错了。

(2) 完整性审核。完整性审核就是审核调查中应调查的单位是否有遗漏或重复，调查表中应填的项目是否填写齐全等。如果调查单位不全，调查项目缺报，据此整理出的资料就会不正确。

(3) 及时性审核。及时性审核就是审核资料是否按规定的时间上报，如果迟报，则需要分析迟报的原因。

3. 统计分组

只有进行统计分组和依据相应的统计指标对统计资料进行加工整理，才能对被研究的社会经济现象进行准确的数量描述和数量分析。因此，统计分组是统计整理的基础，是统计整理的关键环节。统计分组科学与否直接影响到统计整理工作的质量。

4. 统计汇总

统计汇总是选择适当的汇总组织形式和技术方法，按分组要求对原始资料进行汇总，计算各组及总体单位数和标志总量。统计汇总是统计整理的中心内容。

5. 编制统计表和统计图

编制统计表和统计图是指以简明扼要的表格和图形形式表示统计汇总的结果，反映社会经济现象在数量方面的具体表现和有关联系。统计表和统计图是统计整理的结果。

6. 统计资料的保管与积累

统计资料通过上面的步骤已经形成相应的结果，这些数据为下一步的统计分析提供帮助，更多的时候这些数据对于其他的统计研究具有一定的意义。例如，农业普查，必须对这些统计资料进行妥善保存，形成系统积累。

任务二　统计分组

统计研究的目的，在于反映所研究总体的状况和特征。统计为了认识总体，不仅要研究总体的一般特征，还需要对总体内所有单位在质量与数量上存在的差异进行分析。统计分组就是基于这种需要而产生的。

一、统计分组的含义

统计分组就是根据统计研究的需要,按照一定的标志,将统计总体划分为若干个组成部分的一种统计方法。总体的这些组成部分,称为“组”。也就是大总体中的小总体。通过统计分组,使同一组内的各单位在分组标志上的性质相同,不同组之间的性质相异。例如,在我国人口普查中,作为个体的每个人,在年龄、性别、民族、文化程度以及住址等诸多调查标志上完全相同,为反映我国人口总体内部的差异,就需要按照不同的标志进行分组,如性别可分为男、女两组,按年龄、民族可分为若干组等。

二、统计分组的意义

统计分组实质上是对统计总体内部进行结构分类。它是统计特有的方法,在统计工作中发挥着重要作用。只有对总体进行科学分组,才能对社会经济现象进行分门别类的研究,通过对现象各个局部的了解,可以更加深刻地认识事物的本质。对于统计总体中的各个单位,一方面,在某一个或几个标志上具有相同的性质,可以被结合在同一性质的总体中;另一方面,又在其他标志上具有彼此相异的性质,从而又可以被区分为性质不同的若干个组成部分。例如,在全部国有工业企业这个总体中,我们可以按照企业生产规模将企业划分为大型企业、中型企业和小型企业三个组,每一组内各企业生产规模相同,而组与组之间的企业生产规模不同。

三、统计分组的原则

在统计分组中,必须遵循两大原则:完备原则和互斥原则。完备原则是指要使总体中的每一个单位都应有组可归,或者说每个分组的空间能够容纳所有的总体单位。例如,我们将从业人员按文化程度分组时,分为研究生教育、高等教育和中等教育三组,那么,那些文盲或小学初中毕业的人就无组可归,所以在按这个标志分组时须加入“初等教育”这一组。互斥原则是指在一定的分组标志下,总体中的一个单位只能归属于某一组,不能同时归属于几个组。例如,商场把服装分为男装、女装和童装三类,这不符合互斥原则,因为童装也有男装、女装之分。如先把服装分为成人和儿童两类,然后每类再分为男装、女装两组,这就符合互斥原则了。

四、统计分组的种类

(一)根据分组标志的性质不同,分为品质标志分组和数量标志分组

1. 品质标志分组

品质标志分组就是根据统计研究的目的,选择反映事物性质、属性差异的品质标志作为分组标志,在品质标志变异的范围内划定各组的界限,将总体区分为若干个性质不同的部分或组。如人口总体按性别、民族、文化程度分组,企业按所有制形式分组等。

按品质标志分组有时比较简单,这时因为在按一个品质标志进行分组的条件下,组数较少,而且有少数品质标志所表现的差异比较明确和稳定,组与组之间的性质界限比较容易确定,如上述人口按性别分组,企业按所有制形式分组等;但在多数情况下,这类分组相当复杂,因为涉及的组数较多,而且组与组之间性质界限不宜划分,如人口按职业分组,职工按行业分组等。

2. 数量标志分组

数量标志分组就是根据统计研究的目的，选择反映事物数量差异的数量标志作为分组标志，在数量标志变异范围内划定各组的数量界限，将总体划分为性质不同的若干部分或组。如人口按年龄分组，企业按产值分组等。

可变的数量标志具体表现就是许多不等的变量值。在少数情况下根据变量值的大小不等来确定分组的数量界限是比较容易的，如家庭按家庭人口数分组，工人按日产量分组，学生按成绩分组等。而在多数情况下，按数量标志分组的分组界限往往不易确定，要使分组的数量界限能够确切地反映各组的差别比较困难，即使同一资料，也会产生多种分组形式。因此，对于数量标志分组，应当根据统计研究目的，选定数量标志，进行科学分析，先确定总体有多少种性质不同的组别，然后按实际情况研究确定各组之间的数量界限。

总之，按数量标志进行分组，要从各组的量的变化中研究，确定各组的质的特征，其中涉及变量的类型、变量值的多少、变化范围大小等问题，以及如何相应地确定组数、组距和组限等问题。

（二）根据分组标志的个数以及分组之间的关系不同，分为简单分组、平行分组和复合分组

1. 简单分组

简单分组是指按一个标志进行分组，只反映总体某一方面的数量状况和结构特征，比如职工按年龄分组、企业按经济类型分组等。简单分组的划分比较简单、方便，但只能反映现象在某一标志特征方面的差异，而不能反映现象在其他标志方面的差异。

2. 平行分组

平行分组是对同一总体选择两个或两个以上的标志分别进行简单分组形成的分组体系，平行分组中每一个分组只能反映各总体单位在一个标志上的差异，所有分组都是独立进行的，各分组之间是平行并列的关系。例如，对人口按年龄、性别和文化程度分组形成的平行分组体系。

3. 复合分组

复合分组是指按两个或两个以上的标志重叠分组形成的分组体系，即先按一个主体标志分组，然后再按另一个从属标志在已分好的各组中再分组。复合分组应根据统计分析的要求，在选择分组标志的同时，确定它们的主次顺序。首先要按照主要标志对总体单位进行第一次分组，然后按次要标志在第一次分组的基础上进行第二次分组，依次按所有标志至最后一层为止。复合分组能对总体作出更加深入的分析，反映其内部类型和结构特征。但复合分组的组数将随着分组标志个数的增加而成倍地增加。因此，在进行复合分组时，分组标志个数不宜过多，要适当加以控制。例如，对某高校在校学生按学科、学历和性别分组形成的复合分组体系。

任务三　分配数列

一、分配数列的种类

分配数列是将总体按某一标志进行分组，并按一定顺序排列出每组的总体单位数，用来反映总体单位在各组中的分布状况的数列，又称为分布数列。在分配数列中，分布在各组的总体

单位数叫作次数，又称频数，用 f 表示。各组单位数与总体单位数之比称为比重，又称频率，用 $\frac{f}{\sum f}$ 表示。由此可见，分配数列有两个组成要素：一个是分组，另一个是次数或频率。任何一个频率的分布都必须满足：各组的频率≥0 和各组的频率总和=1(或 100%)两个条件。

分配数列是统计整理的结果，是进行统计描述和统计分析的基础，它可以表明总体分布特征及内部结构情况，并可据此研究总体单位某一标志的平均水平及其变动的规律性。分配数列根据分组标志的性质不同，可以分为品质数列和变量数列。

(一) 品质数列

品质数列是按品质标志分组形成的分组的分配数列，用来观察总体单位中不同属性的单位的分布情况。例如，我国 2010 年第六次人口普查中，全国人口按民族、性别、户口所在地等分组形成的数列都属于品质数列。如表 3-1 就是人口按性别分组形成的品质数列。

表 3-1　2017 年我国人口性别构成情况

人口按性别分组	人口数 f(万人)	比重 $\frac{f}{\sum f}$(%)
男	71 137	51.17
女	67 871	48.83
合　计	139 008	100

资料来源：国家统计局网站。

品质数列的编制比较简单，但要注意在分组时，应包括分组标志的所有表现，不能有遗漏，各种表现要互相独立，不得相融。

(二) 变量数列

变量数列是按数量标志分组形成的分配数列，用来观察总体中不同变量值在各组的分布情况。如表 3-2 和表 3-3，变量分为离散型变量和连续型变量。在编制变量数列时，其方法是不同的。变量数列按各组表现形式不同又可分为单项式数列和组距式数列。

1. 单项式数列

单项式数列是指数列中每组中的分组只用一个数值表示的变量数列，即一个变量值就代表一组。单项式数列一般在按离散型变量分组且变量值变动幅度小、个数不多时采用，如表 3-2 所示。

表 3-2　某小区 500 户家庭按家庭人口数分组情况

按家庭人口数分组(人)	家庭数 f(户)	比重 $\frac{f}{\sum f}$(%)
1	10	2
2	50	10
3	200	40
4	150	30

续表

按家庭人口数分组(人)	家庭数 f(户)	比重 $\frac{f}{\sum f}$(%)
5	50	10
6 以上	40	8
合　计	500	100

2. 组距式数列

组距式数列是指数列中每一组由两个变量值所确定的一个数值范围来表示的变量数列。在实际应用时，如按离散型变量分组且变量变动幅度很大、个数很多时采用；而按连续型变量分组时由于不能一一列举它的变量值，所以只能采用组距式数列，如表 3 - 3 所示。

表 3 - 3　　某企业工人按月工资分组情况

按月工资分组(元)	工人数(人)	比重(%)
2 500 以下	50	10
2 500～3 000	125	25
3 000～3 500	225	45
3 500～4 000	75	15
4 000 以上	25	5
合　计	500	100

在组距式变量数列中，需要明确以下要素：

(1) 组限。组距式变量数列中，各组的界限称为组限。如表 3 - 3 中的“2 500”、“3 000”、“3 500”、“4 000”均为各组的组限。组限分为上限和下限。下限是每组最小的标志值，上限是每组最大的标志值。如在“2 500～3 000”这一组中，2 500 为该组的下限，3 000 为该组的上限。如果该组的组限都齐全，称为闭口组；组限不齐全，即最小组缺下限或最大组缺上限的组，称为开口组。当变量出现极大值或极小值时，可采用开口组，即用“××以下”或“××以上”表示。如“2 500 以下”和“4 000 以上”这两组。

划分连续型变量的组限时，采用“重叠分组”和“上限不在内”的原则。即在划分相邻两组的组限时，前一组的上限与后一组的下限采用同一数字，而且将该数字归到其为下限的组中。

划分离散型变量的组限时，相邻的上下限应当间断，但在实际中为求简便也可采用“重叠分组”。

(2) 组距。每组下限与上限之间的距离称为组距，即：

$$组距=上限-下限$$

按照每组的组距是否相等，组距式变量数列有等距数列和不等距数列两种。等距数列是指各组的组距都相等，适用于现象的变动比较均匀的情况。如某企业职工按收入水平分组、播种面积按单位农产品产量分组等。但在现象的变动不均匀或者为了特定的研究目的时，常常采用不等距数列。如人口的年龄分组常采用不等距分组。

(3) 组数。组数是指某个变量数列共有多少组。在所有研究总体一定的情况下，组数的多少和组距的大小是紧密联系的。一般来说，组数和组距成反比例，即组数少，则组距大；组数多，则组距小。但如果组数太多，组距过小，会使分组资料繁琐，难以体现总体现象的特征和分布规律；如果组数太少，组距过大，可能会失去分组的意义，达不到正确反映客观事实的目的。因此，在确定组距和组数时，既要保证各组有足够的单位数，又要使得组数不多不少，准确地体现现象的分布特征。

(4) 组中值。每组上限与下限之间的中点称为组中值。计算公式为：

$$组中值=\frac{上限+下限}{2}$$

在开口组中计算组中值的公式：

$$缺下限组的组中值=该组上限-\frac{相邻组组距}{2}$$

$$缺上限组的组中值=该组下限+\frac{相邻组组距}{2}$$

组距式分组掩盖了各组标志值的分布情况。为了反映各组标志值的一般水平，通常用组中值作为各组的代表值。利用组中值的前提是：假定各组变量值的分布是均匀的或对称的。但在实际工作中大多数资料并非如此，因此，组中值作为各组的代表值只是一个近似值。

【思考】

请计算表 3 - 3 中各组的组距、组数和组中值。

二、变量数列的编制

数列的编制首先应弄清变量的性质是离散变量还是连续变量。由于离散变量只表现为整数，可以一一列举，如果变量值的项数不多，可以采用单项式变量数列的形式编制；如果变量值的项数很多，可以采用组距式变量数列的形式编制。对于连续型变量，其变量值可表现为任何小数，无法一一列举，只能采用组距式的方法来编制。

(一) 单项式数列的编制

单项式数列的编制步骤如下：

(1) 将变量值由小到大依次排列；

(2) 按变量值分组；

(3) 整理各组出现的次数和计算频率；

(4) 以表格形式表现出来，如表 3 - 4 所示。

表 3 - 4　　某小区家庭面积分组情况

按家庭面积分组(平方米)	家庭数(户)	比重(%)
45	20	5.56
95	90	25.00
112	130	36.10

续表

按家庭面积分组(平方米)	家庭数(户)	比重(%)
145	100	27.78
173	20	5.56
合　计	360	100.0

(二) 组距式数列的编制

离散型变量,若变动幅度较大,变量值的种类较多,则宜编制成组距式数列。由于连续型变量取值不能一一列举,只能编制成组距式数列。编制过程如下:

1. 数据排序

将原始数据按大小顺序排列,并确定最大值、最小值和全距 R。

2. 确定组距数列的类型

在组距分组时,如果各组的组距相等则称为等距分组。对于某些特殊现象或为了特定研究的需要,各组的组距也可以是不相等的,称为不等距分组。例如,对人口年龄的分组,可根据人口成长的生理特点分成 0～6 岁(婴幼儿组)、7～17 岁(少年儿童组)、18～35 岁(青年组)、36～60 岁(中年组)、60 岁以上(老年组)。

3. 确定组数和组距

组数的多少和组距的大小是相互制约的。组数越多,组距越小;组数越少,组距越大。等距数列组距=全距/组数。确定组数和组距时,一般遵循以下几条原则:

(1) 考虑到组距内的同质性;

(2) 要能反映总体分布规律,即要体现原始数据分布的集中趋势或离中趋势;

(3) 组距不能太大或太小,一般组数应在 5～7 组内,组距最好是 5 的整数倍数;

(4) 在等距数列情况下,如果总体单位数不是很多,变量变动范围不是太大时,可用斯特吉斯经验公式计算出一个参考组距。公式为:

$$K=1+\frac{\lg n}{\lg 2}$$

式中,K 为组数,n 为总体单位数。

4. 确定组限

组距、组数确定后,需进一步确定组限。组限应根据变量的性质来确定,要有利于反映出总体各单位的实际分布特征,具体应考虑以下几个方面:第一,组限最好用整数表示,如果组距是 5,10,…,100,则每组的下限最好是它的倍数;第二,应使第一组下限略小于资料中的最小值,最末组上限略大于资料中的最大变量值;第三,对于连续型变量,应采用重叠组限,而对于离散型变量,两种方法都可以采用。

5. 计算频数和频率

在分组的基础上,从最小组起依次排列,并分别计算各组频数和其他有关指标,形成分组统计表。

6. 计算累计频数和累计频率

为了更详细地认识变量分布特征,我们常常还需要计算累计频数和累计频率,编制累计频数数列和累计频率数列。

计算累计频数(累计频率)的方法有两种:一种叫向上累计,一种叫向下累计。所谓的上或下是以变量值小的组为下,变量值大的值为上。向上累计是从变量值最小一组的频数或频率起逐项累计,包括累计频数及频率,各累计数的意义是各组上限以下的累计频数或累计频率。当我们所关心的是标志值比较低的现象的次数分布情况时,通常采用向上累计,以表明在这些数值以下的单位数所占的比重。向下累计是从变量最大一组的频数或频率起逐项累计,各累计数的意义是各组下限以上的累计频数和累计频率。当我们所关心的是标志值比较高的现象的次数分布情况时,通常采用向下累计,以表明在这些数值以上的单位数所占的比重。

【任务实施】

某班 40 名学生的"统计学基础"课程期中测试成绩如下,要求编制变量数列。

65	82	75	60	90	100	68	78	83	84
81	89	76	85	74	79	63	99	56	77
74	77	80	86	95	76	84	68	63	52
84	89	75	80	69	89	88	97	76	86

第一步,输入数据。

将学生成绩的原始数据输入 Excel 的单元格中 A 列(A2∶A41)。

第二步,数据排列。

应用"数据"中的排列选项,找出数据中的最大值和最小值,计算全距,确定数据项数、组数、组距和组限,

全距=A41-A2=100-52=48,数据项数 40,可分 5 组,组距=全距/组数=48/5≈10,组限依次为 60 以下、60~70、70~80、80~90、90~100。

第三步,确定分段点。

分段点即为每组的上限,FREQUENCY 函数要求按上限分组,其统计结果是包括上限不包括下限,为了与常用的分组办法协调,应处理为:以数组形式输入中间 5 个组限,且每个组限小半个单位,即输入"59、69、79、89、99"。

第四步,确定频数放置区域。

即选取结果存放的区域,本例中选取结果存放的单元格区域 D3∶D7,并同时将该区域全部选中。

第五步,计算频数。

从"插入"菜单中选择"函数",在弹出的"插入函数"对话框中单击"选择类别"栏中的下拉箭头,选择"统计",再在"选择函数"栏中选择"FREQUENCY"函数,单击"确定"按钮,弹出"FREQUENCY"函数参数设置对话框。

在函数参数对话框中的数据区域 Data_array 文本栏中输入待分组的原始数据区域,本例应输入"A2∶A41";在数据接收区间 Bins_array 栏中输入组限 C3∶C7,如图 3-1 所示。最后按 Shift+Ctrl+Enter 组合键,即可得到各组相应的频数,如图 3-2 所示。

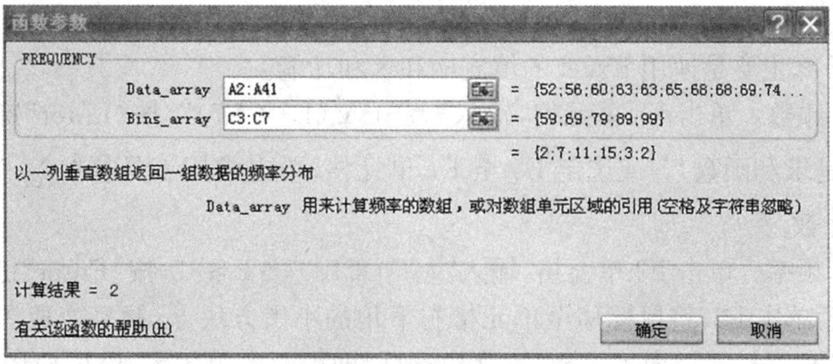

图 3-1　FREQUENCY 函数参数设置对话框

	A	B	C	D
1	成绩		分段点	频数
2	52			
3	56		59	2
4	60		69	7
5	63		79	11
6	63		89	15
7	65		99	5
8	68			
9	68			
10	69			
11	74			
12	74			

图 3-2　频数分布

第六步，频数分布表的文字输入。

为了使计算出的分布表更清晰，需要输入相应的文字，具体处理方式为在 D 列前插入一列，在 D1 单元格输入“按成绩分组”，E1 单元格中输入“学生人数(人)”，D3～D7 单元格中分别输入各组组限，即 60 以下，60～70，…，90 以上，此时完整的频数分布表编制完成，如图 3-3 所示。

	A	B	C	D	E
1	成绩		分段点	按成绩分组	学生人数
2	52				
3	56		59	60以下	2
4	60		69	60~70	7
5	63		79	70~80	11
6	63		89	80~90	15
7	65		99	90以上	5
8	68				
9	68				

图 3-3　频数分布表

第七步，计算频率。

频率的计算主要是使用 Excel 的填充柄和求和功能。

(1) 合计频数。单击 E8 单元格，输入“＝SUM(E3：E7)”，按“Enter”键，得到结果为 40 人(SUM 是求和函数)。或选定 E3 至 E7 单元格，单击常用工具栏“ $\sum$ ”按钮，即得到这一栏的合计数。

(2) 计算频率。单击 F3 单元格，输入“＝E3＊100/＄E＄8”，按“Enter”键，得出本组频率为 5%；然后单击 F3，将鼠标移至单元格右下角的小黑方块上，鼠标变成黑十字形，利用填充柄功能按住鼠标左键向下拖至 F7，松开鼠标即得到各组频率；最后使用 SUM 函数或按“ $\sum$ ”按钮得到 F8 的频率总和为 100%或 1。结果如图 3－4 所示。

	A	B	C	D	E	F
1	成绩		分段点	按成绩分组	学生人数	频率 (%)
2	52					
3	56		59	60以下	2	5
4	60		69	60~70	7	17.5
5	63		79	70~80	11	27.5
6	63		89	80~90	15	37.5
7	65		99	90以上	5	12.5
8	68				40	100
9	68					
10	69					

图 3－4　某班学生成绩频数分布表

从图 3－4 可以看出，该班的统计学成绩分布比较集中，大多数人都是中等以上，说明学生的统计学成绩普遍不错。成绩主要集中在 70～80 分和 80～90 分，其中 70～80 分的学生共 11 人，占全班人数的 27.5%；80～90 分的学生共 15 人，占全班人数的 37.5%。该班统计学的考试成绩有 5 人在 90 分以上，占班级人数的 12.5%。

任务四　统计表和统计图

一、统计表

统计调查得来的大量原始资料，经过汇总整理之后，按照规定的要求填在相应的表格内，这种填有统计资料的表格叫作统计表。统计表对表现统计资料具有重要的作用：第一，它能够把说明总体单位特征的原始资料过渡为综合反映总体数量特征的表格资料，使统计资料的表现条理化、系统化和标准化；第二，它能够科学合理地组织统计资料，便于比较对照、分析研究现象的规模、速度和比例关系。

(一) 统计表的结构

(1) 从统计表的形式看，统计表由四部分组成，如表 3－5 所示。

① 总标题：它是统计表的名称，用以概括表中统计资料的主要内容。

② 横行标题：它是各组的名称，反映总体单位的分组情况。

③ 纵栏标题：它是统计指标的名称，说明纵栏所列资料的内容。

④ 数字资料：也称指标数值，它是统计表的具体内容，每一项指标数值都由相应的横行标题和纵栏标题加以限定。

（2）从统计表的内容看，统计表包括主词和宾词两个部分。主词是统计表所要说明的总体以及总体的各单位、各组的名称，或者各个时期。宾词是统计表用来说明主词的各个指标，包括指标名称、指标数值和计算单位。

总标题

表 3-5　　2017 年中国文化贸易主要指标一栏表

纵栏标题

指标	数额（亿美元）	比上年增长（%）
进出口总额	1 265.1	11.1
文化产品进出口总额	971.2	10.2
文化产品出口额	881.9	12.4
文化产品进口额	89.3	-7.6
文化服务进出口总额	293.9	14.4
文化服务出口额	61.7	-3.9
文化服务进口额	232.2	20.5

横行标题　数字资料

主词　宾词

（二）统计表的种类

统计表的种类可根据主词的结构来决定，按照主词是否分组和分组的程度，分为简单表、分组表和复合表。

1. 简单表

简单表是主词未经任何分组的统计表。例如，主词是由总体单位名称组成的一览表；主词是由地区、国家、城市等目录组成的区域表；主词是按时间顺序组成的编年表等等。表 3－5 就是简单表的一个例子。

2. 分组表

表的主词按一个标志进行分组的统计表，利用分组揭示现象的不同特征，研究总体的内部构成，分析现象之间的依存关系。表 3－3 就是分组表的一个例子。

3. 复合表

复合表是主词按两个或两个以上标志进行复合分组的统计表，如表 3－6 所示。复合表能更深刻、更详细地反映客观现象，但使用复合表应恰如其分，并不是分组越细越好。因为复合表中多进行一次分组，组数将成倍增加，分组太细反而不利于研究现象的特征。

表 3－6　　2017 年我国主要农产品产量

产品名称	产量（万吨）	比上年增长（%）
粮食	61 791	0.3
夏粮	14 031	0.8

续表

产品名称	产量(万吨)	比上年增长(%)
早稻	3 174	−3.2
秋粮	44 585	0.4
谷物	56 455	−0.1
棉花	549	3.5
猪牛羊禽肉	8 431	0.8
猪	5 340	0.8
禽蛋	3 070	−0.8
牛奶	3 545	−1.6

资料来源:《2017 年中国统计年鉴》。

(三) 统计表的编制规则

为使统计表的设计合理、科学、实用、简明、美观,在编制统计表时,必须遵循以下规则:

(1) 要合理安排统计表的结构。例如,行标题、列标题、数字资料的位置应安排合理。当然,由于强调的问题不同,行标题和列标题可以互换,但应使统计表的横竖长度适当,避免出现过高过长的表格形式。

(2) 表头一般应包括表号、总标题和表中数据的单位等内容。总标题应简明地概括出统计表的内容,一般需要表明统计数据的时间(When)、地点(Where)以及何种数据(What),即标题内容应满足"3W"要求。

(3) 如果表中的全部数据都是同一计量单位,可放在表的右上角标明,若各指标的计量单位不同,则应放在每个指标后或单列出一列标明。

(4) 表中的上下两条线一般用粗线,中间的其他线要用细线,看起来清楚、醒目。通常情况统计表的左右两边不封口,列标题之间一般用竖线隔开,而行标题之间通常不必用横线隔开。总之,表中尽量少用横竖线。表中的数据一般是右对齐,有小数点时应以小数点对齐,而且小数点的位数应统一。对于没有数字的表格单元,一般用"—"表示,填好的统计表不应出现空白单元格。

(5) 在使用统计表时,必要时可在表的下方加上注释,特别要注意应注明资料来源,便于读者查阅使用。

二、统计图

(一) 统计图的概念

统计图是利用几何图形或具体形象表现统计资料的一种形式。用统计图表现统计资料,具体鲜明醒目,富于表现,易于理解的特点,因而绘制统计图是统计整理的重要内容之一。

统计图可以表明现象的规模、水平、结构、对比关系、依存关系、发展趋势和分布状况,有利于进行统计分析和研究。目前主要利用 Excel 绘制统计图。

(二) 统计图的种类

常用的统计图主要有直方图、条形图、折线图、曲线图、饼图和环形图等。

1. 直方图和条形图

直方图是用矩形的宽度和高度来表示频数分布的图形。在平面直角坐标系中,横轴表示数据分组，纵轴表示频数或频率，这样各组与相应的频数就形成了一个矩形，即直方图。图 3－5 即为根据表 3－7 数据绘制的直方图。

表 3－7　　某村人口按年龄分组统计

按年龄分组(岁)	2 以下	2～4	4～6	6～8	8～10	10～12	12～14	14～16	16～18	18～20
各组人数(人)	50	70	100	110	140	150	165	170	185	200
按年龄分组(岁)	20～22	22～24	24～26	26～28	28～30	30～32	32～34	34～36	36～38	38～40
各组人数(人)	210	225	235	240	250	265	270	275	283	295
按年龄分组(岁)	40～42	42～44	44～46	46～48	48～50	50～52	52～54	54～56	56～58	58～60
各组人数(人)	300	294	285	270	260	250	240	230	215	200
按年龄分组(岁)	60～62	62～64	64～66	66～68	68～70	70～72	72～74	74～76	76～78	78 以上
各组人数(人)	190	185	170	160	150	145	120	105	80	45

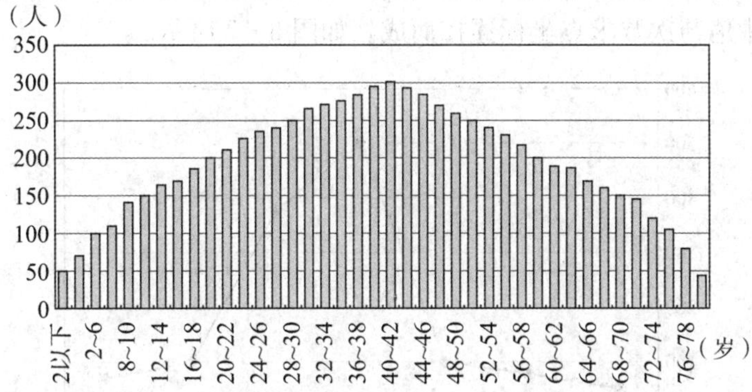

图 3－5　某村居民年龄分布直方图

条形图是用宽度相等，高度或长度不同的条形来表示现象之间对比关系的统计图。条形图可以横置和纵置，纵置时也称为柱形图。图 3－6 即为根据表 3－8 数据绘制的条形图。

表 3－8　　某学院职工按工作岗位分组资料

按劳动岗位分组	人数(人)	比重(%)
专职教师	600	40.00
教辅人员	150	10.00
管理人员	100	6.67
服务人员	200	13.33
其他人员	50	3.33
附属机构人员	400	26.67
合　计	1 500	100.00

条形图和直方图不同，条形图用条形的长度(横置时)表示各类别数量的多少，其宽度(表示类别)是固定的，直方图是用面积表示数量的多少；直方图各矩形通常是连续排列，而条形图则是分开排列。

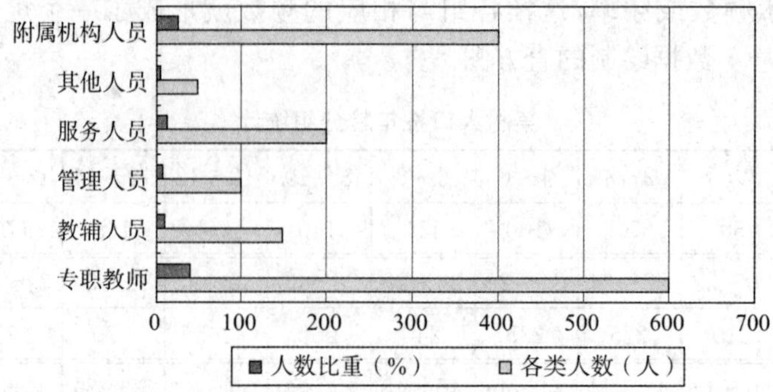

图 3-6　某学院职工岗位分布条形图

2. 折线图和曲线图

折线图是在直方图的基础上把相邻直方形的顶边中点连接成一条折线，再把折线两端与横轴上直方形两侧延伸的假象组中点相连，就形成了频数分布折线图，也称为频数多边图。折线图也可以用组中值与次数求点坐标连接而成。如图 3-7 所示。

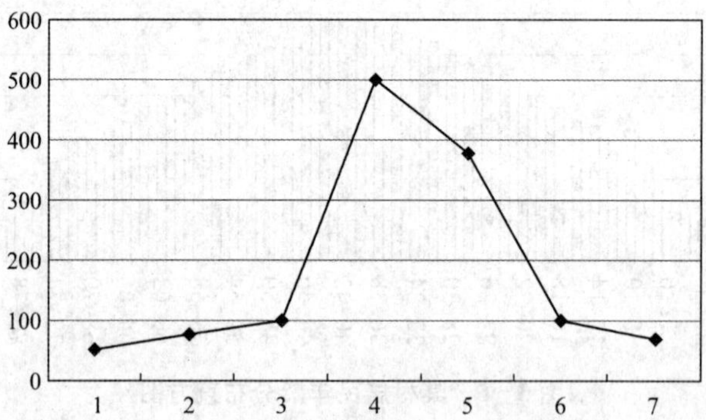

图 3-7　折线图

曲线图是用曲线的升降起伏来表示被研究现象的变动情况以及其趋势的图形。曲线图根据所示数据的性质和作用不同，可分为频数分布曲线图、动态曲线图和依存关系曲线图。

在频数分布折线图的基础上，当变量数列的组数无限增多时，折线图便近似地表现为一条平滑的曲线，折线图就变成了频数分布曲线图。例如，根据表 3-7 的资料，可绘制出下列频数分布曲线图，如图 3-8 所示。

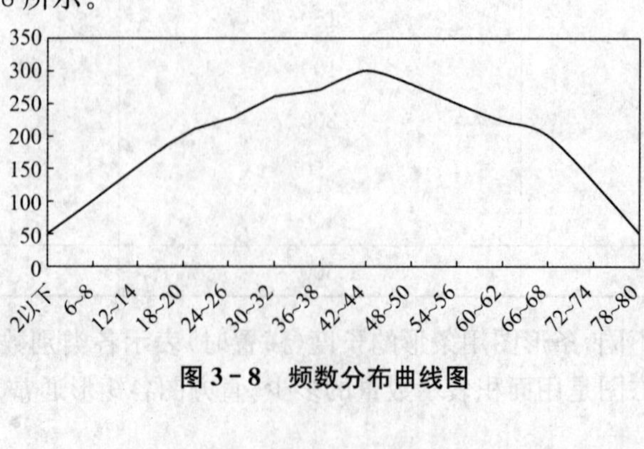

图 3-8　频数分布曲线图

3. 圆形图和环形图

圆形图是以圆的面积或圆内各扇形的面积来表示数值大小或总结内部结构的一种图形，也称饼图。根据圆形图的作用不同，可分为圆形比较图、圆形结构图和圆形结构比较图。这里主要介绍圆形结构图。

圆形结构图通过圆内各扇形的面积来反映总体中各组成部分所占的比例，对于研究结构性问题十分有用。绘制圆形结构图的关键是正确计算各扇形的面积。由于在相同半径条件下，扇形面积与圆心角成正比，且圆心角度数为 360 度，故各扇形的中心角度为 360 度×各组频率。例如，在表 3－8 中，专职教师占 40%，那么扇形的中心角度数应为 360°×40%，其余类推。根据表 3－8 绘制圆形结构图如图 3－9 所示。

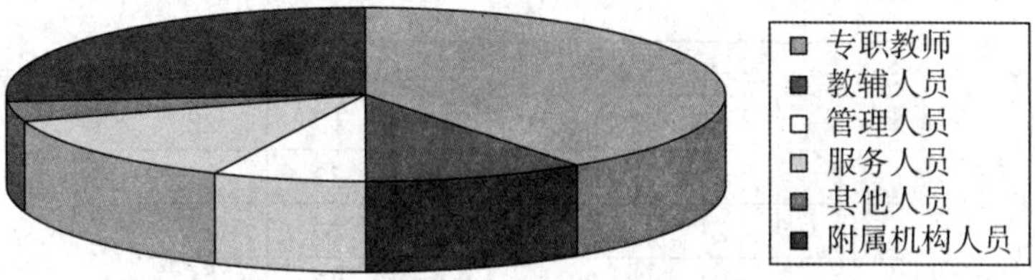

图 3－9　某学院职工岗位圆形结构图

环形图中间有一个“空洞”，总体中的每一个部分数据用环中的一段表示。环形图可以同时绘制多个总体的数据系列，每一个数据系列为一个环，可以显示多个总体各部分所占的相应比例，从而有利于进行比较研究。例如，设甲、乙两个班学生对某门课程教学情况评价资料表见表 3－9，据此资料作环形图如图 3－10 所示。

表 3－9　　课堂教学情况评价

班别	很不满意	不满意	一般	满意	很满意
甲班	2%	5%	20%	50%	23%
乙班	5%	10%	30%	40%	15%

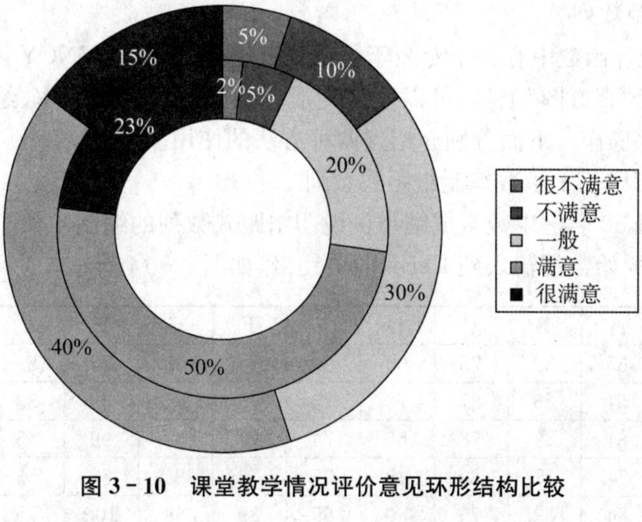

图 3－10　课堂教学情况评价意见环形结构比较

【任务实施】

Excel 在统计整理中的应用

一、编制统计分配数列

(一) 编制品质数列和单项式数列

分配数列可分为品质数列和变量数列,变量数列可分为单项式数列和组距式数列。如果编制品质数列和单项式数列,可以用 Excel 中的 COUNTIF 函数,用来计算区域中满足给定条件的单元格的个数。以下就具体介绍 COUNTIF 函数的操作步骤。

例如,调查某班 20 名学生的年龄,然后编制分配数列分析其分布情况。

第一步,首先将调查资料输入 Excel 的单元格中,如图 3-11 所示。

	A	B	C	D	E
1	20	21	21	19	22
2	22	20	19	20	20
3	21	21	20	20	21
4	21	22	20	21	21

图 3-11 20 名学生的年龄资料

第二步,将以上资料中变量值不同的数据类型输入 A 列空白单元格,如图 3-12 所示。

第三步,点击存放第一组结果的单元格,如 B6 单元格中输入公式"=COUNTIF($A$1:$E$4,A6)",回车得第一组次数 2。

第四步,选择单元格 B6,拖拽鼠标将公式复制到 B7:B9,得出各组次数,如图 3-13 所示。

6	19	
7	20	
8	21	
9	22	

图 3-12 年龄分组资料

6	19	2
7	20	7
8	21	8
9	22	3

图 3-13 年龄分布资料

(二) 编制组距数列

在 Excel 的统计函数中有一个专用于组距式分组的 FREQUENCY 函数。另外在数据分析工具中有一个"直方图"工具,可以一次完成分组、计算频数、频率、绘制直方图和累计频率折线图等全部操作。下面分别介绍这两种方法的使用。

1. 用 FREQUENCY 函数编制组距式数列

下面利用某班 50 名学生数学成绩举例说明组距式数列的编制步骤。

第一步,先将原始数据输入到 Excel 的单元格,如图 3-14 所示。

	A	B	C	D	E	F	G	H	I	J
1	65	82	75	60	90	100	68	78	83	84
2	51	86	87	72	75	76	94	82	83	86
3	81	89	78	85	74	79	63	99	65	77
4	74	77	80	85	95	76	84	68	53	52
5	84	89	75	80	69	89	88	100	75	86

图 3-14 成绩原始数据

第二步，确定每一组的上限值，确定上限值是编制频数表的关键，确定了上限值实际就确定了每一组的组距和组限。本例输入的上限值分别为 59，69，79，89，100，把这些上限值输入到 A7：A11 中。

第三步，选取结果存放的单元格区域 B7：B11。

第四步，在工具栏“ ”编辑栏输入公式“＝frequency(A1：J5，A7：A11)”，按 Ctrl＋Shift＋Enter 组合键，即可获得各组相应的频数，结果如图 3－15 所示。

取得频数分布后，可使用公式输入与函数相结合的方法继续计算频率，方法是：

(1)首先合计频数。单击 B12 单元格，输入“＝SUM(B7：B11)”。回车确认，得出的结果为 50 人(SUM 为求和函数)。或选定 B7 至 B11 单元格，点击常用工具栏“∑”按钮，即得到这一栏的合计数。

(2)计算频率。单击 C7 单元格，输入“＝B7/＄B＄12”，回车得出本组频率 6%；然后，点击 C7，将鼠标移植单元格右下角的小黑方块上，鼠标变成黑十字形，按住鼠标左键向下拖至 C11，松开鼠标即得各组的频率；最后，使用 SUM 函数或按“∑”按钮，得到 C12 的频率综合 100%或 1。结果如图 3－16 所示。

7	59	3
8	69	7
9	79	14
10	89	20
11	100	6

图 3－15　频数分布

6	变量	频数	频率
7	59	3	0.06
8	69	7	0.14
9	79	14	0.28
10	89	20	0.4
11	100	6	0.12
12	合计	50	1

图 3－16　频率分布

2. 采用数据分析工具编制组距式数列

第一步，如果在“工具”菜单中没有“数据分析”命令，必须在 Microsoft Excel 中安装“分析工具库”。方法是：进入 Microsoft Excel，单击“工具”菜单中的“加载宏”，在弹出“加载宏”对话框中勾选“分析数据库”，单击“确定”按钮，即完成了 Excel 数据分析程序的安装。在 Excel 的“工具”菜单里将出现“数据分析”的命令。

第二步，在“工具”菜单中单击“数据分析”选项，从打开对话框的“分析工具”列表框中选择“直方图”，打开“直方图”对话框，如图 3－17 所示。

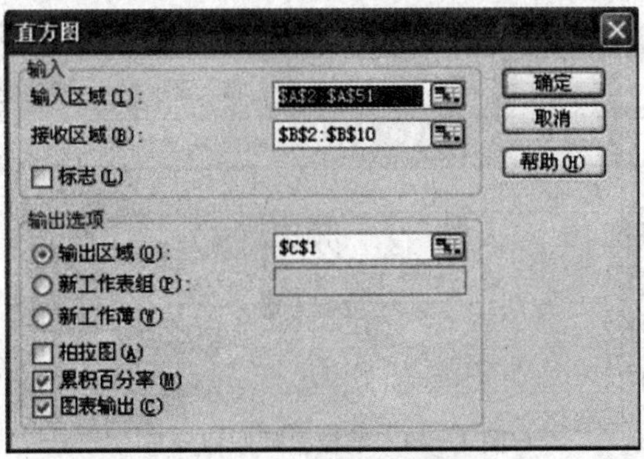

图 3－17　直方图对话框

第三步，在“输入区域”输入“＄A＄1：＄J＄5”，在“接收区域”输入“＄A＄7：＄A＄11”。接收区域指的是分组标志所在的区域，假定我们把分组标志输入到 A7：A11 单元格，注意这里只能输入每一组的上限值，即 59，69，79，89，100。

第四步，选择输出选项，可选择“输出区域”、“新工作表组”或“新工作簿”，在这里，选择“新工作表组”。

第五步，选择“图表输出”，可以得到直方图；选择“累计百分率”，系统将在直方图上添加累计频率折线；选择“柏拉图”，可得到按降序排列的直方图。

第六步，单击“确定”按钮，可得输出结果，如图 3－18 所示。

	A	B	C	D	E	F	G
1	接收	频率	累积%	接收	频率	累积%	
2	59	3	6.00%	89	20	40.00%	
3	69	7	20.00%	79	14	68.00%	
4	79	14	48.00%	69	7	82.00%	
5	89	20	88.00%	100	6	94.00%	
6	100	6	100.00%	59	3	100.00%	
7	其他	0	100.00%	59	3	100.00%	

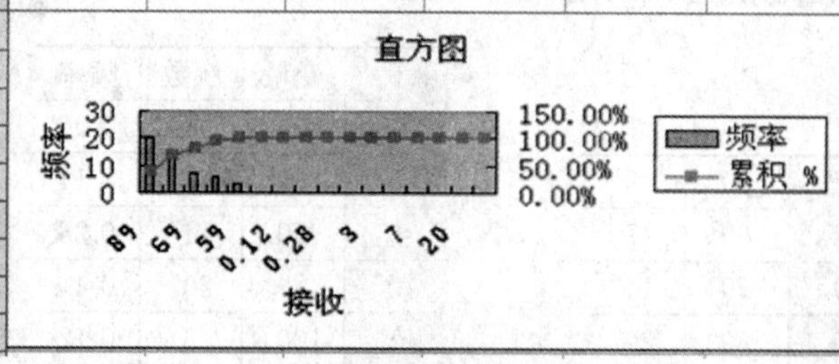

图 3－18　频数分布和直方图

二、绘制统计图

Excel 提供的统计图有多种，包括柱形图、条形图、折线图、饼图、散点图、面积图、环形图、雷达图、曲面图、气泡图、股价图、圆柱体和圆锥图等，各种图形的做法大同小异。下面介绍几种常用统计图的绘制方法。

（一）柱形图

第一步，将某学校的教师职称分布资料输入表中，如图 3－19 所示。

	A	B	C	D	E
1	职称	人数	频率（%）		
2	初级	12	24		
3	中级	30	60		
4	高级	8	16		

图 3－19　某校教师职称分布

第二步，单击“插入”菜单对话框，选择“图表”选项，或直接在工具栏单击“图表向导”，弹出“图表类型”对话框，如图 3－20 所示。

图 3－20　“图表类型”对话框

第三步，在“图表类型”中选择“柱形图”，然后在“子图表类型”中选择一种类型。这里选择“簇状柱形图”，然后单击“下一步”按钮，打开“图表源数据”对话框，如图 3－21 所示。

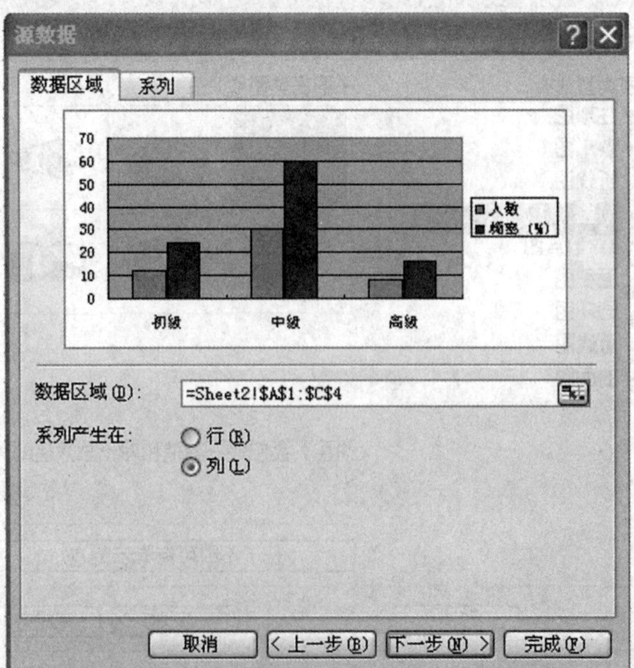

图 3－21　“图表源数据”对话框

第四步，在“图表源数据”对话框中输入数据所在区域“＝Sheet！＄A＄1：＄C＄4”，本例选择系列产生在“列”，单击“完成”按钮，即可得到如图 3－22 所示的柱形图。

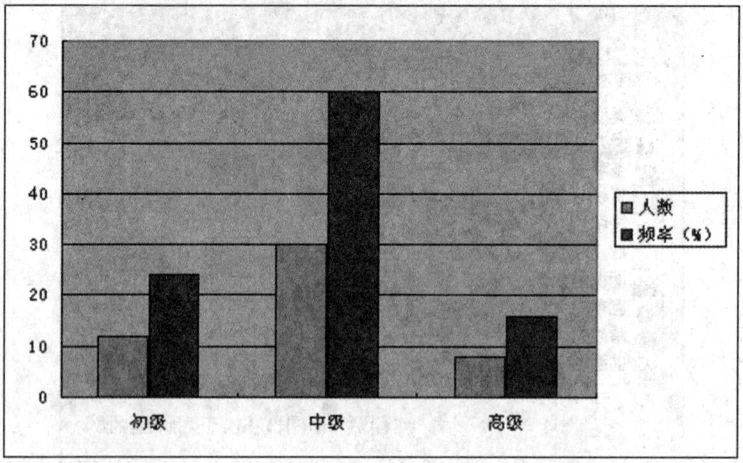

图 3－22　柱形图

（二）饼图

下面仍以图 3－19 的资料为例介绍绘制饼图的步骤。

第一步，单击“插入”菜单，选择“图表选项”，或直接在工具栏上单击“图表向导”按钮，弹出“图表类型”对话框，如图 3－23 所示。

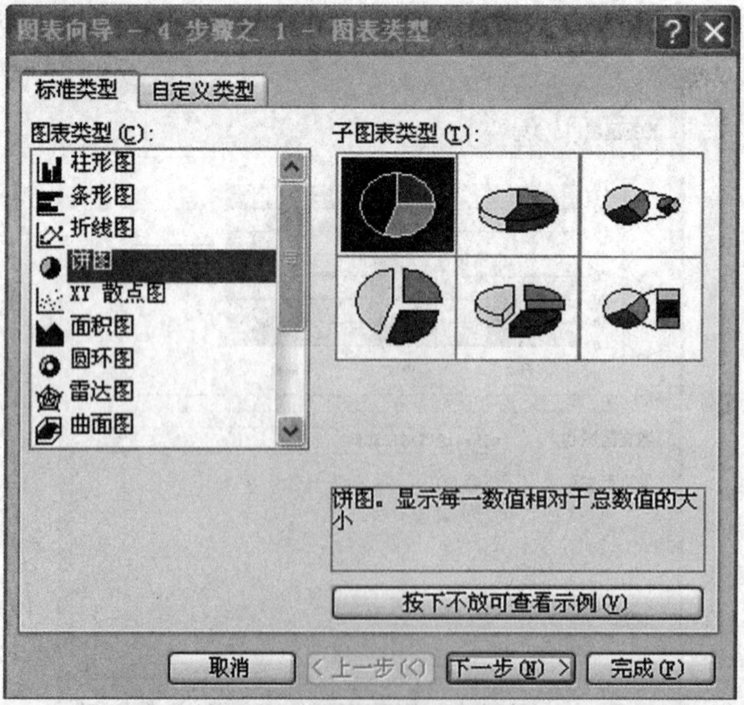

图 3－23　“图表类型”对话框

第二步,在“图表类型”中选择“饼图”,然后在“子图表类型”中选择一种类型。这里选择“分离型三维饼图”,然后单击“下一步”按钮,打开“图表源数据”对话框,如图 3-24 所示。

图 3-24 “图表源数据”对话框

第三步,在“图表源数据”对话框中输入数据所在区域“=Sheet! $A$1:$C$4”,本例选择系列产生在“列”,单击“完成”按钮,即可得到如图 3-25 所示的饼图。

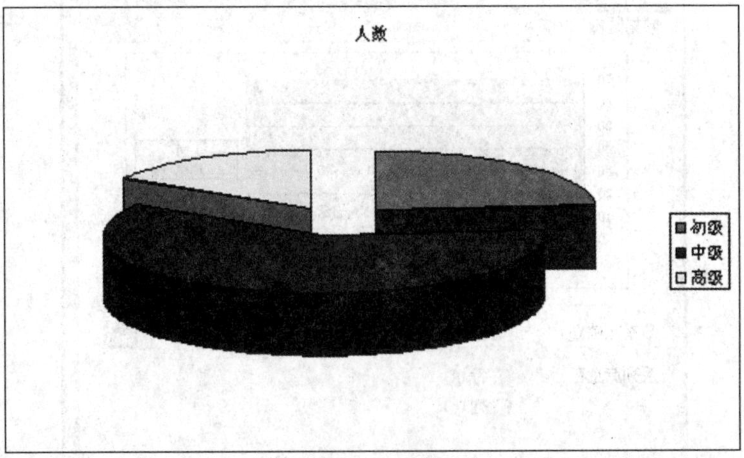

图 3-25 饼图

(三)折线图

下面仍以图 3-19 的资料为例介绍绘制折线图的步骤。

第一步,单击“插入”菜单,选择“图表选项”,或直接在工具栏上单击“图表向导”按钮,弹出“图表类型”对话框,如图 3-26 所示。

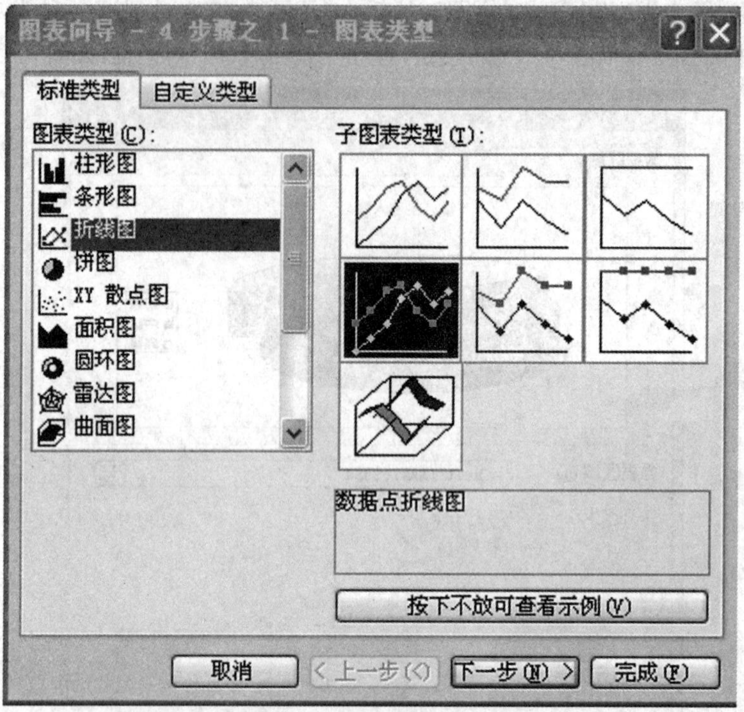

图 3-26 “图表类型”对话框

第二步,在“图表类型”中选择“折线图”,然后在“子图表类型”中选择一种类型。这里选择“数据点折线图”,然后单击“下一步”按钮,打开“图表源数据”对话框,如图 3-27 所示。

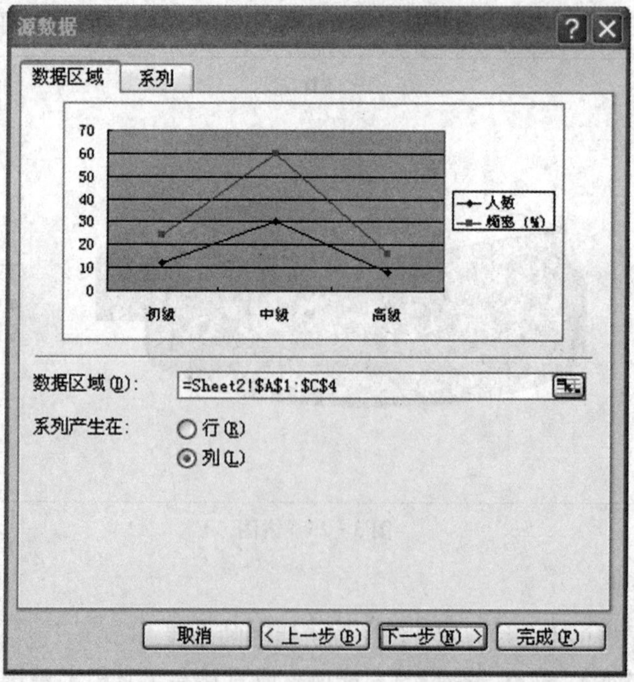

图 3-27 “图表源数据”对话框

第三步，在“图表源数据”对话框中输入数据所在区域“=Sheet！$A$1：$C$4”，本例选择系列产生在“列”，单击“完成”按钮，即可得到如图 3-28 所示的折线图。

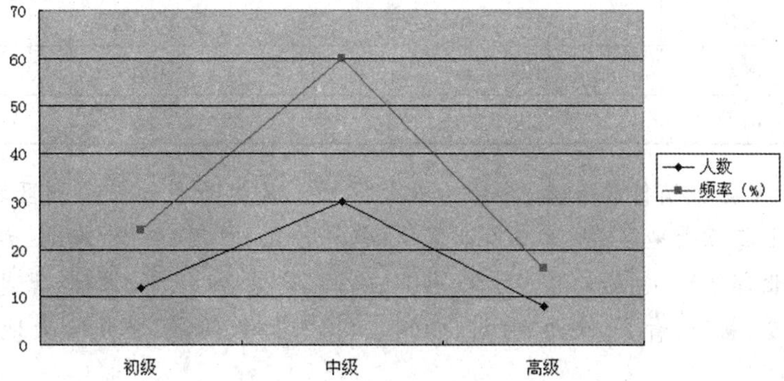

图 3-28　折线图

实训　统计分组和绘制统计图

一、实训目的

1. 培养学生对统计分组与汇总的应用能力；
2. 培养学生应用 Excel 进行数据整理的能力；
3. 培养学生具有团队合作与协调能力。

二、实训内容

2016 年 S 市某设备制造企业为考察所属的 33 个销售地区的销售情况，进一步开发市场，对 2015 年企业所涉及的 33 个销售地区进行产品销售收入调查，具体资料见表 3-10。

表 3-10　某企业 2015 年销售状况表

序号	销售地区	销售收入(万元)	序号	销售地区	销售收入(万元)
1	山东	124	18	内蒙古	92
2	江苏	152	19	宁夏	85
3	安徽	129	20	新疆	78
4	浙江	90	21	青海	68
5	福建	85	22	陕西	85
6	上海	168	23	甘肃	78
7	广东	104	24	四川	96
8	广西	92	25	云南	65
9	海南	86	26	贵州	70
10	湖北	88	27	西藏	50
11	湖南	97	28	重庆	102
12	河南	95	29	辽宁	112
13	江西	87	30	吉林	125

续表

序号	销售地区	销售收入(万元)	序号	销售地区	销售收入(万元)
14	北京	105	31	黑龙江	106
15	天津	100	32	台港澳地区	90
16	河北	103	33	国外	135
17	山西	98			

该企业实行大区域销售的策略,共分为五大区域。具体为长江三角洲区域,包括山东、江苏、安徽、浙江、上海五大地区;珠江三角洲区域,包括广东、广西、海南、湖北、湖南、河南、江西、福建八大地区;北部区域,包括北京、天津、河北、山西、内蒙古、辽宁、吉林、黑龙江八大地区;西部地区,包括宁夏、新疆、青海、陕西、甘肃、四川、云南、贵州、西藏、重庆十大地区;台港澳地区及国外地区。

请以该公司销售经理的身份对2015年的销售情况作出分析,根据销售额和销售区域情况分析具体的销售情况,并依据销售情况制定2016年的销售策略。

三、实训要求

1. 学生分组,每组5～6人,查阅相关数据分组知识;
2. 设计和编制统计资料的整理方案;
3. 对提供的资料进行审核;
4. 对资料进行分组和编码;
5. 利用Excel工具建立数据库;
6. 根据分组资料编制分布数列;
7. 按分组数据制作统计图。

四、实训评价

每个小组形成一份实训报告并进行汇报交流,通过自评、互评和教师评价综合评定成绩。

模 块 四

静态数据特征分析

【知识目标】

1. 了解总量指标的意义与种类；
2. 掌握相对指标的数量与计量；
3. 掌握平均指标的计量与计算；
4. 掌握标志变异指标的计算与应用。

【能力目标】

1. 具有运用总量指标描述社会经济现象的规模、水平和数量关系的能力；
2. 具有运用常见几种相对指标对社会经济现象进行简单分析的能力；
3. 具有应用 Excel 工具分析社会经济现象的规模与对比关系的能力。

【小资料】

2017 年，各地区各部门在以习近平同志为核心的党中央坚强领导下，不断增强政治意识、大局意识、核心意识、看齐意识，深入贯彻落实党的十八大和十八届三中、四中、五中、六中、七中全会精神，认真学习贯彻党的十九大精神，以习近平新时代中国特色社会主义思想为指导，按照中央经济工作会议和《政府工作报告》部署，坚持稳中求进工作总基调，坚定不移贯彻新发展理念，坚持以提高发展质量和效益为中心，统筹推进“五位一体”总体布局和协调推进“四个全面”战略布局，以供给侧结构性改革为主线，统筹推进稳增长、促改革、调结构、惠民生、防风险各项工作，经济运行稳中有进、稳中向好、好于预期，经济社会保持平稳健康发展。

年末全国大陆总人口139 008万人，比上年末增加 737 万人，其中城镇常住人口81 347万人，占总人口比重(常住人口城镇化率)为58.52%，比上年末提高1.17个百分点。户籍人口城镇化率为42.35%，比上年末提高1.15个百分点。全年出生人口1 723万人，出生率为12.43‰；死亡人口 986 万人，死亡率为7.11‰；自然增长率为5.32‰。全国人户分离的人口2.91亿人，其中流动人口2.44亿人。

全年国内生产总值827 122亿元，比上年增长6.9%。其中，第一产业增加值65 468亿元，增长3.9%；第二产业增加值334 623亿元，增长6.1%；第三产业增加值427 032亿元，增长8.0%。第一产业增加值占国内生产总值的比重为7.9%，第二产业增加值比重为40.5%，第三产业增加值比重为51.6%。全年最终消费支出对国内生产总值增长的贡献率为58.8%，资本形成总额贡献率为32.1%，货物和服务净出口贡献率为9.1%。全年人均国内生产总值59 660元，比上年增长6.3%。全年国民总收入825 016亿元，比上年增长7.0%。

年末全国就业人员77 640万人，其中城镇就业人员42 462万人。全年城镇新增就业1 351万人，比上年增加 37 万人。年末城镇登记失业率为3.90%，比上年末下降0.12个百分点。全国农民工总量28 652万人，比上年增长1.7%。其中，外出农民工17 185万人，增长1.5%；本地农民工11 467万人，增长2.0%。

全年居民消费价格比上年上涨1.6%。工业生产者出厂价格上涨6.3%。工业生产者购进价格上涨8.1%。固定资产投资价格上涨5.8%。农产品生产者价格下降3.5%。

全年全国居民人均可支配收入25 974元，比上年增长9.0%，扣除价格因素，实际增长7.3%。全国居民人均可支配收入中位数22 408元，增长7.3%。按常住地分，城镇居民人均可支配收入36 396元，比上年增长8.3%，扣除价格因素，实际增长6.5%。城镇居民人均可支配收入中位数33 834元，增长7.2%。农村居民人均可支配收入13 432元，比上年增长8.6%，扣除价格因素，实际增长7.3%。农村居民人均可支配收入中位数11 969元，增长7.4%。按全国居民五等份收入分组，低收入组人均可支配收入5 958元，中等偏下收入组人均可支配收入13 843元，中等收入组人均可支配收入22 495元，中等偏上收入组人均可支配收入34 547元，高收入组人均可支配收入64 934元。全国农民工人均月收入3 485元，比上年增长6.4%。

摘自《中华人民共和国 2017 年国民经济和社会发展统计公报》

任务一　总量指标

一、总量指标的含义

总量指标是反映社会经济现象总体在一定的条件下的总规模、总水平或工作总量的综合指标，其表现形式是绝对数。例如 2017 年国内生产总值达827 122亿元，2017 年末全国人口为139 008万人，这些指标都属于总量指标，它是通过汇总相同相加而得到的。通过上述总量指标数值的大小，就可以对我国经济、人口总体情况有一个直观的认识。

总量指标有如下特点：

(1) 社会经济统计调查研究的对象是有限总体，只有有限总体才能计算总量指标；

(2) 总量指标的数值随着研究范围的大小而增加或减少；

(3) 总量指标是统计中最常用的基本指标，是计算相对指标和平均指标的基础，相对指标和平均指标是总量指标的派生指标。

有时总量指标也表现为同一总体在不同的时间、空间条件下的差数。例如，“2017 年末全国大陆总人口为139 008万人，比上年末增加 737 万人”这一增加量也是总量指标。总量指标作为增加量时，其数值表现为正值；作为减少量时，其数值表现为负值。

二、总量指标的意义

总量指标在统计分析和经济研究中有着十分重要的作用,具体表现为:

（一）总量指标是认识客观现象的起点

由于客观现象的基本情况首先都表现为一定的总量,所以总量指标能具体表明一个国家的基本国情、国力的规模和水平,以及各地区、部门、单位的经济活动成果和工作总量。例如,掌握了一个国家或地区在一定时间的土地面积、人口总数、年末职工总人数、劳动力数量、国民生产总值、国内生产总值、钢产量、粮食产量、社会消费品零售总额以及各种矿产储存量等总量指标,就能对这个国家或地区经济状况有一个基本认识。总之,总量指标是反映基本状况、基本实力的统计指标。

（二）总量指标是实行经济管理的依据

总量指标是国家制定政策,编制和检查计划不可或缺的基本数据,是实行经济管理的主要依据,因为各项政策和计划,都是从客观实际出发的,而总量指标正是对客观实际的反映。

（三）总量指标是计算相对指标和平均指标的基础

相对指标和平均指标一般是由两个总量指标对比而来的。因此,相对指标和平均指标是总量指标的派生指标。总量指标计算的科学性、合理性,必然直接影响相对指标和平均指标的准确性。例如,通过某企业工业总产值和全部职工人数两个总量指标对比,计算全员劳动生产率指标。

三、总量指标的种类

（一）总体单位总量和总体标志总量

总量指标按其反映的内容不同可分为总体单位总量和总体标志总量。

总体单位总量,简称单位总量,是总体内所有单位数的总和,表示总体本身的规模大小。总体标志总量,简称标志总量,是总体各单位某一标志值的总和。在一个确定的总体内,总体单位总量只有一个,而总体标志总量可有若干个,从而产生一系列的指标体系。例如,研究某市工业企业生产情况时,对每个工业企业进行调查,经过汇总得到该市工业企业就是总体单位总量;而每个工业企业的职工人数、工业总产值、利税总额等就是总体标志总量。

一个总量指标究竟属于总体单位总量还是属于总体标志总量,并不是固定不变的,而是根据研究目的不同的研究对象的变化而定。如上例,当研究该市工业企业生产情况时,职工总数为总体标志总量;当改变研究目的,以该市工业企业职工为总体时,职工总数成为了总体单位总量。只有搞清楚总体单位总量和总体标志总量的关系,才能正确计算平均指标。

（二）时期指标和时点指标

总量指标按其反映的时间状态不同可分为时期指标和时点指标。

1. 时期指标

时期指标是反映某种现象在一段时期内发展过程总量的总量指标,如全年的国内生产总值、粮食总产量、人口出生总数、商品零售总额等。它具有以下特点:

(1) 各个时期指标数值可以累计,即具有可加性。如一年产品总量是本年12个月产量之和。

(2) 时期指标数值的大小与时期长短有直接关系,即时期越长,指标数值越大;反之,指标数值越小。如在正常情况下,某总体的年产量必然大于月产量。

(3) 时期指标数值一般通过连续登记加总求得。如要取得某月的产量,必须将月初到月末每天登记的产量相加才能得到。

2. 时点指标

时点指标是反映现象在某一时刻(或瞬间)上所处状况的总量指标,如人口总数、企业数、商品库存量、牲畜存栏数等。它具有以下特点:

(1) 各个时点指标数值有重复,不能累计相加。如第五次全部人口普查数为126 583万人,就是2000年11月1日零时这个时刻上我国的常住人口数,而不是各月人口数之和,各年年末人口数或各月月末人口数相加,是没任何实际意义的。

(2) 时点指标数值的大小,与时点间隔长短无直接关系。即时点之间间隔长,数值不一定大;间隔短,数值也不一定小。如年末商品库存数并不一定比某个月的月末数大。

(3) 时点指标数值通过间断登记取得,如我国六次人口普查总数,是分别通过对1953年、1964年、1982年、1990年、2000年和2010年的普查标准时点的资料登记得来的。

一个指标是属于时期指标还是属于时点指标,可以根据以上特点来判断。正确区分时期指标和时点指标,对社会经济现象进行动态分析研究有重要意义。

(三) 实物指标、价值指标和劳动量指标

总量指标的计算单位有实物单位、货币单位和劳动量单位三种。由于采用不同的计量单位,总量指标可划分为实物指标、价值指标和劳动量指标三种。

1. 实物指标

实物指标是采用实物单位计量的总量指标,用于表现经济现象总体的使用价值总量,实物单位是根据社会经济现象的自然属性、物理属性或化学属性而确定的计量单位,包括自然单位、度量单位、多(双)重单位、复合单位和标准实物单位五种。如人口数以"人"为计量单位,重量以"千克"为计量单位,长度以"米"为计算单位等。

实物指标能够直接反映事物的使用价值和现象的实物内容,是基础的总量指标,因而能够具体表明事物的规模和水平。但实物指标的综合性较差,不能反映多种不同类事物的总规模、总水平。例如,我们不能用一个指标数值来表达冶金、纺织、机械加工三个行业的产品总产量。

2. 价值指标

价值指标是采用货币单位计量的总量指标,用于表现经济现象总体的价值总量。货币单位是根据经济现象的社会属性,以货币来计量社会财富和劳动成果的一种计量单位,如人民币以"元"为计量单位。价值指标充分弥补了实物指标不能跨实物形态的缺点,综合性较强,但价值指标不能表现事物的使用价值和实物内容。

价值一般要通过价格体现出来,即价值指标=实物指标×价格。

3. 劳动量指标

劳动量指标是采用劳动量单位计量的总量指标,用于反映企业的基层生产单位生产各种产品(主要是半成品、在制品等)的工作总量。劳动量单位是用劳动时间来表示的计量单位。在劳动统计中通常采用工时、工日、工月、工年等来计量工作总量,把不能直接相加的实物产量变换成可以相加的劳动时间数量。由于具体条件不同,不同企业的劳动量指标不具有可比性,所以劳动量指标多限于企业内部在确定劳动定额、计算劳动生产率、编制和检查生产作业计划等时使用。

【思考】

1. 要了解一个班级的情况，一般需要了解哪些总量指标？它们是计算哪些指标的基础？

2. 要调查某市所有学校的教学环境，调查得知全市学校的学校总数、教师总数、在校学生总数、固定资产总额、教育经费、教职工工资总额等总量指标，你能判断出它们属于总量指标中的哪些具体种类吗？

任务二　相对指标

一、相对指标的意义

相对指标是两个有联系的统计指标数值的比值，其表现形式是相对数。它可以用来反映现象的发展速度、结构、强度、密度、普及程度、计划完成程度或比例关系，在国民经济管理、企业经济活动分析和统计研究中应用很广泛。例如，2014 年全年农村居民人均纯收入 9 892 元，与 2013 年农村居民人均收入做比较，扣除价格上涨因素，比上年实际增长 9.2%，说明了农村居民生活水平的提高程度。所以，相对指标为深入认识现象的发展状况提供了依据。

相对指标的主要作用：

（一）反映社会经济现象之间的相对水平和联系程度

运用相对指标，可以观察某一总体的任务完成程度、内部结构状况、比例关系、一事物在另一事物中的普遍程度、强度和密度，从而有利于分析同类现象在不同空间上的联系与区分，为揭示现象的本质和特点提供依据。例如，人们常用计划完成相对数判断一个企业任务的完成情况，用人均国民收入衡量一个国家的经济实力，用耐用消费品的平均拥有量评估一个地方的生活状况。虽然这些相对指标不是唯一的评判标准，但仍然为我们分析研究问题带来了方便。

（二）相对指标把总量指标之间的具体差异抽象化，从而使不可比的现象转化为可比现象

例如，要比较两个企业流通费用额的节约情况，如果仅以费用额的绝对节约额进行比较就难以说明问题，因为它们所完成的商品销售额可能是不同的，而费用额的多少直接受商品销售额大小的影响，如果采用流通费用率来分析流通费用的节约情况，则可作出正确判断。因为流通费用率表明单位商品销售额所支付的费用额，排除了销售额大小的影响。这样，不同企业就有了共同对比的基础。

二、相对指标的表现形式

相对指标的表现形式有两种：无名数和有名数。

（一）无名数

无名数是一种抽象化数值，是最常用的相对指标表现形式。无名数常用倍数或系数、成数、百分数和千分数来表示。

倍数和系数是将对比基数抽象化为 1 来计算的相对数。当分子数值比分母数值要大很多时，一般用倍数表示。例如，我国 2017 年国内生产总值827 122亿元，按可比价格计算，是 2000 年国内生产总值的 8.34 倍。当分子、分母数值差别较小时，常用系数表示，系数可以大于也可

以小于 1,如我国 2017 年人口的男女性别比例为 1.05∶1.00。

成数是将对比基数抽象化为 10 来计算的相对数,如粮食产量增加一成,表明粮食产量增长 1/10。

百分数(%)是将对比基数抽象为 100 来计算的相对数,是相对指标中最常用的表现形式。当分子、分母数值差别不大时可用百分数表示,如某企业计划完成程度 110%,学生出勤率为 99%等。百分点是百分数的另一种表述形式,它是百分数中以 1%为单位,即 1 个百分点等于 1%,它在两个百分数相减的情况下应用。例如,原来银行活期储蓄利率为 2.1%,现在下调 1 个百分点,说明现在银行活期储蓄利率为 1.1%。

千分数是将对比基数抽象为 1 000 而计算的相对数。一般在两个数值对比中,如果分子比分母的数值小很多时,用千分数表示。如我国 2017 年人口出生率为 12.43‰,死亡率为 7.11‰,自然增长率为 5.32‰,因为这些指标的基数很大,所以都用千分数表示。

(二) 有名数

有名数是一种有具体名称的数值,一般是将对比的分子指标与分母指标数值的计量单位同时使用,以双重计量单位表示。如人均粮食产量用千克/人表示,人口密度用人/平方公里表示,有名数主要用在强度相对指标上。

三、相对指标的种类与计算

由于相对指标的计算方法不同,其作用也不相同。在实际工作中,将相对指标分为结构相对指标、比例相对指标、比较相对指标、动态相对指标、强度相对指标和完成程度相对指标六种。

(一) 结构相对指标

结构相对指标是将总体划分为几个部分后,各部分数值与总体数值之比,用来反映总体内部的构成情况,又称为比重。其计算方式为:

$$结构相对指标=\frac{总体中某一部分数值}{总体全部数值}$$

结构相对指标以统计分组为基础,指标数值一般采用百分数表示。指标的分子是分母的一部分,所以分子、分母不能互换,总体内各部分所占比重之和等于 100%或 1。

【例 4-1】 我国 2017 年人口构成资料如表 4-1 所示。

表 4-1　2017 年我国人口主要构成情况

指　标	年末数(万人)	比重(%)
全国总人数	139 008	100.00
其中:城镇	81 347	58.52
乡村	57 661	41.48
其中:男性	71 137	51.20
女性	67 871	48.80

表 4-1 中比重的计算过程如下:

城镇人口所占比重＝81 347/139 008×100％＝58.52％

乡村人口所占比重＝57 661/139 008×100％＝41.48％

男性人口所占比重＝71 137/139 008×100％＝51.20％

女性人口所占比重＝67 871/139 008×100％＝48.80％

由此可见，计算各组结构相对指标可以说明该组在总体中的地位和作用；将不同时间的结构相对指标进行对比分析，可以说明总体结构变化的过程。

（二）比例相对指标

比例相对指标是同一总体内不同部分的指标数值之比，可以表明总体内各部分之间数量联系程度和比例关系。其计算公式为：

$$比例相对指标=\frac{总体中某一部分数值}{总体中另一部分数值}$$

比例相对指标的计算结果通常以百分比来表示或用几比几表示，由于比例相对指标分子与分母是并列关系，因而分子分母是可以互换的。

【例 4-2】 在表 4-1 中，利用相关资料可计算出 2017 年末我国人口的比例关系为：

$$男女性别比=\frac{71\ 137}{67\ 871}\times100\%=104.81\%=104.81:100$$

$$城镇乡村人口比=\frac{81\ 347}{57\ 661}\times100\%=141.08\%=141.08:100$$

在实际工作中，应将比例相对指标和结构相对指标结合起来应用，既可分析总体各部分构成比例的协调和平衡程度，也可研究总体的结构是否合理，这对于合理安排人力、物力、财力都有重要作用。

（三）比较相对指标

比较相对指标是同类指标在同一时间不同空间上的数值之比。它可以反映同一时间同类事物在不同空间条件下的差异程度，不同空间可以是不同的国家、不同地区、不同部门、不同单位等。其计算公式为：

$$比较相对指标=\frac{甲空间某类指标数值}{乙空间某类指标数值}$$

比较相对指标既可以用百分数表示，也可以用倍数表示；用以比较的既可以是总量指标，也可以是相对指标或平均指标。不论采用哪种指标对比，都必须注意分子和分母的可比性。

【例 4-3】 甲、乙两商场 2017 年的销售额分别为 4 亿元和 3.2 亿元，则甲商场销售额是乙商场销售额的 1.25 倍(4/3.2)。甲商场的某种蔬菜平均价格为 2.4 元/千克，乙市场同种蔬菜平均价格为 2.0 元/千克，则甲市场价格是乙市场价格的 1.2 倍(2.4/2.0)，或乙市场价格是甲市场价格的 83％(2.0/2.4)。这种利用两个价格(即平均指数)之比来确定的比较相对指标，才能真实反映两个市场价格水平的变动差异。

在经济管理工作中，常常运用比较相对指标进行同行业同类指标在不同单位的指标数值的比较，从而找出差距，为提高经营管理水平提供依据。

（四）动态相对指标

动态相对指标又称发展速度，它是同一指标在不同时间上的数值之比，说明同类现象发展变化的方向和发展程度。通常将所研究的时期称为报告期，为研究需要而作比较基础的时期为基期。其计算公式为：

$$动态相对指标=\frac{报告期指标数值}{基期指标数值}$$

动态相对指标通常以百分数表示，当分子比分母大很多时，也用倍数表示。有关动态相对指标的具体计算和应用，将在模块五中作详细介绍。

【例 4-4】 2017 年我国全社会固定资产投资 641 238 亿元，2016 年全社会固定资产投资 606 466亿元，则 2017 年是 2016 年的 105.7%(641 238/606 466×100%)，比上年增长 5.7%。

（五）强度相对指标

强度相对指标是两个性质不同但是有联系的总量指标数值之比，用来反映现象的强度、密度和普及程度。其计算公式为：

$$强度相对指标=\frac{某一总量指标数值}{另一性质不同但有联系的总量指标数值}$$

强度相对指标的特点在于它是两个不同总体的总量指标数值之比。例如，人口数与国土面积数对比得到的人口密度指标，人口数是以人口为总体计算的总量指标，而国土面积数是以整个国土为总体计算的总量指标，两个不同总体的总量指标之比，就是强度相对指标。强度相对指标一般用有名数表示，而且是复名数。比如人口密度的计算单位是人/平方公里，储蓄网点普及程度的计量单位是个/平方公里。强度相对指标也有用无名数表示的。比如人口死亡率以千分数表示，流通费用率以百分数表示。

【例 4-5】 2017 年底我国人口数为 139 008 万人，按 960 万平方公里的面积单位，则我国人口密度＝139 008÷960＝144.8(人/平方公里)。

强度相对指标分子和分母可以互换，从而形成正、逆指标。正指标越大，逆指标越小，说明其强度、密度、普及程度越大。比如，每千人拥有的商业机构个数，或每个商业机构服务的人数。前者是正指标，指标数越大，普及程度越大，表明商业越发达，人民生活越方便；后者是逆指标，指标数值越小，普及程度越大，表明商业越发达，人民生活越方便。

强度相对指标应用广泛，在进行国力比较、地区经济实力比较时都经常使用这一指标。

（六）计划完成程度相对指标

计划完成程度相对指标是现象某一时期的实际完成数与计划任务数之比，用来反映计划的完成情况，一般用百分数表示，简称为计划完成百分比。其计算公式为：

$$计划完成程度相对指标=\frac{实际完成数}{计划任务数}\times 100\%$$

公式中的分母是下达的计划任务指标数值，分子是实际完成指标数值，计划任务指标数值是用于衡量计划完成情况的标准，所以公式中的子项和母项不得互换，而且子项和母项的指标口径(指标含义、计算口径和方法、计量单位及时间和空间范围)应保持一致。同样是计划完成程度相对指标，表示成本、费用之类的计划完成程度相对指标小于 100%，说明超额完成计划；表示收入、利润之类的计划完成程度相对指标大于 100%，说明超额完成计划。

计划完成程度相对指标表明实际计划完成的程度，子项数值减母项数值，表明计划执行的绝对结果。计划完成程度相对指标具体的经济含义要根据实际经济内容而定。由于经济现象的特点不同，在下达任务时，计划指标可能表现为总量指标，也可能表现为相对指标或平均指标。下面举例说明不同情况下的计划完成程度相对指标的计算方法。

(1) 当计划任务以总量指标或平均指标下达时，计划完成程度相对指标的计算方法，就是将实际完成数与计划任务数直接对比。

【例4-6】 某公司第四季度计划销售额为6 000万元，实际销售额为6 800万元，则该公司第四季度销售额计划完成程度113.33%(6 800/6 000×100%)，这个相对数表明实际比计划超额完成13.33%，超额完成销售额800万元(6 800−6 000)。

【例4-7】 某企业的甲种材料计划平均成本为1 200元/吨，实际平均成本为1 326元/吨，则甲种材料单位成本计划完成程度为110.5%(1 326/1 200×100%)，表明实际比计划还差10.5%，即没有完成计划，实际成本多消耗126元/吨(1 326−1 200)

(2) 当计划任务以相对指标下达时，根据计划任务的具体表现形式，计算计划完成程度相对指标的方法也不相同。其计算公式如下：

$$计划完成程度相对指标=\frac{1\pm实际提高(降低)百分比}{1\pm计划提高(降低)百分比}$$

【例4-8】 某公司利润规定2017年比2016年提高8%，实际提高10%，则利润的计划完成程度相对指标$=\frac{1+10\%}{1+8\%}\times100\%=\frac{110\%}{108\%}\times100\%=101.85\%$，结果表明该公司的利润完成超计划1.85%。

实际工作中，有时也采用实际提高(或降低)百分比与计划提高(或降低)百分比相减的方法，但相减的结果代表的含义却与前述方法计算的结果含义不同，它以百分点表示。如上例中利润完成计划情况：10%−8%=2%，说明实际比计划提高2个百分点。

相对指标在实际应用中，需要注意两个问题：

第一，相对指标的分子分母必须可比。可以是指内容要相同，总体范围要一致，不能将不可比的两个指标强行凑到一起进行对比。例如，比较两个公司的劳动生产率水平的高低，那么劳动生产率的计算口径就应保持一致，才可以对比。如果甲公司的劳动生产率是产量与全体职工人数的对比，而乙公司的劳动生产率却是产量与工人人数的对比，那么这两个公司的劳动生产率就是不可比的。

第二，要将相对指标与总量指标结合运用。这点在进行统计分析时尤其重要，因为总量指标说明现象总体的绝对数量，受总体规模大小的影响，不便于不同总体之间的比较，而相对指标将现象的绝对水平抽象化了，又不能说明现象的绝对差异。所以要把总量指标与相对指标结合运用，既看到现象的绝对水平，也要分析现象的相对水平，以便深入地认识现象的实质。

任务三　平均指标

一、平均指标的概念

平均指标又称平均数，是反映同类社会经济现象在一定时间、地点条件下，总体单位某一数量标志的一般水平的综合指标，是将总体内各单位某标志数量差异抽象化的代表性指标。平均指标能够反映总体内部某标志的一般分布特征。例如，某班学生期末考试成绩不可能完全相同,每个分数分别代表学生们的各自水平,使得构成该研究总体的个体之间存在着明显的差异,统计研究的目的就在于通过这些差异反映总体的一般水平。为此,需要找出一个能够代表所有学生一般成绩的代表性数值,但我们不能用最高分代表,不能用最低分代表或随机抽取一个学生的成绩代表,而只能用平均分代表,因为它能够将全班学生成绩之间的数量差异抽象化,代表全班学生考试成绩的一般水平。

平均指标具有三个显著特征:

(1) 它是一个代表值,可以代表总体的一般水平;

(2) 它将总体单位之间的数量差异抽象化了;

(3) 它反映总体分布的集中趋势。

二、平均指标的意义

由于平均指标能够综合反映某种社会经济现象总体在一定条件下的一般水平,所以应用很广,其作用主要表现在以下几个方面:

(一) 利用平均指标可以概括说明总体的一般水平

平均指标是把一个总体内各单位的数量差异抽象化,用一个指标数值说明总体的一般水平。例如,用某市职工年平均工资 27 000 元来反映该市职工的一般收入水平,就具有高度的综合性和概括能力,给人以鲜明、深刻的印象。

(二) 利用平均指标,可以对同一现象在不同空间的水平进行对比分析

对于不同国家、不同地区、不同单位的同类现象的水平,由于总体范围的大小可能不同,通常不能直接进行对比,只有通过计算平均指标才能将不可对比的现象变为可比,从而反映出现象之间在空间上的差异。如两个企业职工的工资水平往往不能直接用工资的总额进行比较,因为两个企业的职工人数不一定相等,在此情况下可利用平均工资进行比较,消除职工规模大小不同的影响。

(三) 利用平均指标,可以对同一现象在不同时间的水平进行对比分析

事物总体在不断发生变化,利用平均指标,可以研究某一总体在时间上的变化,反映总体发展的过程及其发展变化的趋势。例如,为反映改革开放 20 年来,我国城镇居民生活水平的提高程度,可以通过这 20 年间职工平均工资在不同时间上的发展趋势或变动规律来揭示;同时还可以通过将现在职工的平均工资与改革开放前 20 年间的水平进行对比,从中显示出此期间工资水平的差异。

(四) 利用平均指标,可以分析现象之间的依存关系

在对现象总体进行分组的基础上,运用平均指标可以分析现象之间的依存关系。例如,在企业按车间或班组进行分组的基础上,可以通过计算各组的平均工资水平和各组的平均劳动生产率,来反映平均劳动生产率与平均工资水平之间的依存关系。

三、平均指标的分类

(一) 静态平均数与动态平均数

根据平均指标反映内容的不同,可以把平均数分为静态平均指标和动态平均指标。凡反映在同一时间范围内总体各单位某一数量标志一般水平的平均数称为静态平均数;凡反映同一空间范围内不同时间的总体某一数量标志一般水平的平均数称为动态平均数(内容详见模块五动态数据特征分析)。本模块只介绍静态平均数,又称一般平均数。

（二）数值平均数与位置平均数

根据计算平均指标的方法不同，可以把平均数分为数值平均数和位置平均数。凡根据总体各单位全部标志值计算的平均数，称为数值平均数，主要有算术平均数、调和平均数和几何平均数；凡根据总体各单位标志值在变量数列中的位置计算的平均数，称为位置平均数，主要有众数和中位数。

四、平均指标的计算与分析

（一）算术平均数

算术平均数是总体标志总量与总体单位总量之比。算术平均数是常用的一种平均指标。其基本计算公式为：

$$\text{算术平均数}=\frac{\text{总体标志总量}}{\text{总体单位总量}}$$

【例 4-9】 某企业某月职工工资总额为 576 000 元，职工总人数为 180 人，则该企业该月职工的平均工资为：576 000/180＝3 200(元/人)

利用上式计算平均数时，总体标志的总量和总体单位总量必须同属于一个总体，并且所包含的内容在口径上应严格一致，否则，计算的平均指标就失去了意义。强度相对数与平均数的计算公式比较相似，都是两个总量值之比。但是强度相对数用作对比的两个总量指标，来自不同的总体，分子、分母不存在一一对应的关系，有些强度相对指标对比的两个总量可以互换。而平均指标是同一总体各单位不同标志值的平均数，表现为总体内标志总量与总体单位数之比，分子、分母有一一对应的数量关系，即一个单位数必然对应一个标志值，分母量是分子量的承担者。所以，平均指标计算时分子、分母不能互换。

【思考】

以下指标属于平均指标的是(　　)，属于强度相对指标的是(　　)。

A. 每百户居民拥有电话机的数量　　B. 人均粮食产量

C. 人均国内生产总值　　D. 粮食平均亩产量

E. 从业人员平均劳动报酬　　F. 产值利润率

计算算术平均数时，根据所掌握资料的不同，可分为简单算术平均数和加权算术平均数两种形式。

1. 简单算术平均数

如果没有直接掌握总体标志总量和总体单位总量，而是掌握了总体各单位标志值的资料时，可直接利用简单算术平均数计算平均数。其计算公式为：

$$\bar{x}=\frac{x_1+x_2+\cdots+x_n}{n}=\frac{\sum x}{n}$$

式中：$\bar{x}$—— 简单算术平均数；

$\sum$—— 汇总符号；

x—— 各单位标志值；

$\sum x$—— 总体标志总量；

n—— 总体单位总量。

【例 4-10】 某生产班组 10 人工日产量分别是:17、18、18、19、19、19、19、20、20、20,则该班组的平均日产量为:

$$\bar{x}=\frac{\sum x}{n}=\frac{17+18+18+19+19+19+19+20+20+20}{10}=\frac{189}{10}=18.9(\text{件}/\text{人})$$

上述计算结果表明,简单算术平均数的大小只受总体单位标志值大小的影响。简单算术平均数计算方法简便,但其应用的前提条件是:总体内没有进行分组或分组中各个标志值出现的次数相同。

2. 加权算术平均数

当总体已经分组,且各个标志值出现的次数不同时,就必须计算加权算术平均数。其计算公式为:

$$\bar{x}=\frac{x_1f_1+x_2f_2+\cdots+x_nf_n}{f_1+f_2+\cdots+f_n}=\frac{\sum xf}{\sum f}$$

式中,f 为各组次数。

【例 4-11】 利用例 4-10 中的资料编制分组表,如表 4-2 所示。

表 4-2 某生产班组工人日产量分组

按日产量分组(件) x	工人数(人) f	各组总产量(件) xf
17	1	17
18	2	36
19	4	76
20	3	60
合 计	10	189

根据表 4-2,计算平均日产量:

$$\bar{x}=\frac{\sum xf}{\sum f}=\frac{189}{10}=18.9(\text{件}/\text{人})$$

计算结果表明,平均数的大小,不仅取决于总体各单位的标志值(x)的大小,而且还受各单位标志值出现的次数(f)的影响。所以,式中的"f"在此起着权衡轻重的作用,故统计学中将其称为权数,将以上的计算方法称为加权算术平均法。

计算加权算术平均数时需要注意:

(1) 权数的引入。通过前面的计算不难发现,简单算术平均数的大小,只受一个因素即标志值本身大小的影响:当标志值的水平较高时,平均数就较大;反之,平均数就较小。加权算术平均数的大小,却要同时受到两个因素的影响:一是标志值本身,二是各个标志值出现的次数。

(2) 权数的性质。标志值出现的次数对加权算术平均数的大小起着权衡轻重的作用,平均数往往靠近次数较多的那个标志值。从例 4-11 中可以明显看出,权数大的标志值对平均数的影响就大，权数小的标志值对平均数的影响就小。

(3) 权数的选择。在计算加权算术平均数时，必须慎重考虑权数的选择。选择权数的原则是：各组在标志值与其出现的次数的乘积等于各组标志总量，并具有实际经济意义。一般来说，在变量数列中，标志值的出现次数就是权数，但也有例外的情况，特别是用相对数或算术加权平均数时，特别注意。

(4) 权数的实质。权数对算术平均数的影响，实质上不是决定于权数本身数值的大小，而是取决定于权数的比重 $\left(\frac{f}{\sum f}\right)$ 的大小。权数比重是指各组单位数占总体单位数的比重，也叫权数系数或称为相对数权数。单位数所占比重大的组，其标志值对平均数的影响就大，反之影响就小。其计算公式如下：

$$\bar{x}=x_1\cdot\frac{f_1}{\sum f}+x_2\cdot\frac{f_2}{\sum f}+x_3\cdot\frac{f_3}{\sum f}+\cdots+\frac{f_n}{\sum f}=\sum\left(x\cdot\frac{f}{\sum f}\right)$$

式中，$\frac{f}{\sum f}$ 为各组单位数占总体单位数的比重。

【例 4-12】 仍以表 4-2 中的资料为例，运用以上公式计算加权算术平均数，见表 4-3。

表 4-3　某生产班组工人日产量分组

按日产量分组(件) x	工人数(人) f	比重(%) $f/\sum f$	$x\cdot f/\sum f$
17	1	10	1.7
18	2	20	3.6
19	4	40	7.6
20	3	30	6.0
合　计	10	100	18.9

计算加权算术平均数结果如下：

$$\bar{x}=\sum\left(x\cdot\frac{f}{\sum f}\right)=18.9(件)$$

计算结果与例 4-11 的计算结果完全一样。由此可见，计算加权算术平均数时，权数采用绝对数形式或相对数形式，其计算结果一致。

简单算术平均数与加权算术平均数两者之间具有内在联系。当各组的单位数都相等时，各组单位数所占比重也相等，权数就失去权衡轻重的作用，加权算术平均数就等于简单算术平均数。所以简单算术平均数是加权算术平均数当各组权数都相等时的一个特例。

另外，如果掌握了组距式变量数列资料，则应先求出各组变量值的组中值，代表各组变量值，然后按单项式变量数列的方法计算算术平均数。

【例 4-13】 利用图 3-14 的资料计算算术平均数，如表 4-4 所示。

表 4-4 某班学生统计成绩分布表

按成绩分组(分)	学生数(人) f	组中值 x	xf
60 以下	3	55	165
60～70	7	65	455
70～80	14	75	1 050
80～90	20	85	1 700
90 以上	6	95	570
合　计	50	—	3 940

则该班平均分的计算如下：

$$\bar{x}=\frac{\sum xf}{\sum f}=\frac{3\,940}{50}=78.8(\text{分})$$

由此可见，用组距式变量数列计算加权算术平均数时，使用各组的组中值来代替各组标志值的实际水平。但是应用这种计算方法需要一个假定条件，即假定各单位标志值在各组内是均匀分布或对称分布的。实际上，各单位标志值在组内呈均匀分布是不多见的，组中值同该组内各单位标志值的平均值之间总会存在一定的误差，导致用组中值计算的加权算术平均数也会存在一定的误差。

（二）调和平均数

调和平均数是各个标志值倒数的算术平均数的倒数，又称为倒数平均数。一般有简单调和平均数和加权调和平均数两种形式。

1. 简单调和平均数

简单调和平均数是各个标志值倒数的简单算数平均数的倒数，在各标志值相应的标志总量均为一个单位的情况下求平均数时，应计算简单调和平均数。其计算公式为：

$$\bar{x}_H=\frac{1+1+1+\cdots+1}{\frac{1}{x_1}+\frac{1}{x_2}+\frac{1}{x_3}+\cdots+\frac{1}{x_n}}=\frac{n}{\sum\frac{1}{x}}$$

式中：

$\bar{x}_H$——调和平均数；

n——总体标志总量。

【例 4-14】 某商品在早市、午市、晚市的价格分别为 5 元/千克、4 元/千克、2 元/千克，假设分别在早、午、晚各买 10 元，求该商品的平均价格。

将有关数字代入简单调和平均数公式，得到该商品的平均价格：

$$\bar{x}_H=\frac{1+1+1}{\frac{1}{5}+\frac{1}{4}+\frac{1}{2}}=\frac{3}{0.95}=3.16(\text{元/千克})$$

2. 加权调和平均数

加权调和平均数是各个标志值倒数的加权算术平均数的倒数。在实际中各标志值相应的标志总量往往是不等的，在这种情况下求平均数应计算加权调和平均数。其计算公式为：

$$\bar{x}_H=\frac{m_1+m_2+m_3+\cdots+m_n}{\frac{m_1}{x_1}+\frac{m_2}{x_2}+\frac{m_3}{x_3}+\cdots+\frac{m_n}{x_n}}=\frac{\sum m}{\sum\frac{m}{x}}$$

式中，m 为各组标志总量。

【例 4-15】 沿用例 4-14 的商品价格资料，若购买该商品的金额不完全相等，早市、午市、晚市分别购买 10 元、20 元、40 元，则该商品的平均价格为：

$$\bar{x}_H=\frac{\sum m}{\sum\frac{m}{x}}=\frac{m_1+m_2+\cdots+m_n}{\frac{m_1}{x_1}+\frac{m_2}{x_2}+\cdots+\frac{m_n}{x_n}}=\frac{10+20+40}{\frac{10}{5}+\frac{20}{4}+\frac{40}{2}}=\frac{70}{27}=2.6(\text{元})$$

通过上例计算，可以看出，加权调和平均数实质上是加权算术平均数的一种变形。由此可见，加权调和平均数只是计算形式不同，其经济内容是一致的，都是反映总体标志总量与总体单位总量的比值，计算时可以根据所掌握资料的不同，选择加权算术平均数或加权调和平均数。在运用平均法时，如果我们掌握了各个标志值和各组的单位数或比重，则应采用加权算术平均数法计算；如果我们掌握了各个标志值和各组标志总量，则应采用加权调和平均数法计算。

计算加权平均数会遇到权数选择的问题。在分配数列中，权数一般是各组次数。但有时会遇到权数不适合的情况，这在相对数或平均数计算中经常遇到。

下面通过实例来说明加权平均数和加权调和平均数两种方法的应用。

【例 4-16】 某饭店分一部、二部、三部，2017 年计划收入分别为 300 万元、260 万元、240 万元，计划完成程度分别为 102%、107%、109%，如表 4-5 所示。求平均计划完成程度。

表 4-5　　某饭店计划完成资料及计算

	计划完成程度(%)	职工数(人)	计划收入(万元)
一部	102	10	300
二部	107	24	260
三部	109	14	240
合　计	—	48	800

该饭店平均计划完成程度为：

$$\bar{x}=\frac{\sum xf}{\sum f}=\frac{102\%\times300+107\%\times260+109\%\times240}{300+260+240}=\frac{845.8}{800}=105.73\%$$

在本例中平均计划完成程度是由该饭店的实际总收入除以计划总收入计算而来的。平均数的大小受到各部门计划完成程度和实际数或计划数的影响，与各部门职工数无直接关系。所以在本例中职工数不是适合的权数，应该用各部门的实际完成数或计划数作为权数。

以计划完成程度相对指标为例，当掌握的资料为实际数时，求平均计划完成程度，应以实际数作为权数，采用加权调和平均数来计算；当掌握的资料为计划数时，应以计划数作为权数，采用加权算术平均数来计算。

【思考】

如果例 4－16 的资料中计划收入改为实际收入，则平均计划完成程度该如何计算？

（三）几何平均数

几何平均数是 n 个标志值连乘积的 n 次方根求得的平均数，是另一种形式的平均数。当现象存在“总比率等于各个比率的连乘积”这种关系时，就需要采用几何平均数的方法计算平均数。几何平均数作为一种比较特殊的平均数，主要用于平均比率或平均速度的计算。

由于掌握的资料不同，几何平均数分为简单几何平均数和加权几何平均数两种。

1. 简单几何平均数

当每个标志值只出现一次时，采用简单几何平均法计算平均数。设有 n 个标志值，$x_1, x, \cdots, x_n$，由几何平均数定义可得出简单几何平均数的计算公式：

$$\bar{x}_G=\sqrt[n]{x_1\cdot x_2\cdots x_n}=\sqrt[n]{\prod x}$$

式中：

$\bar{x}_G$——几何平均数；

$\prod$——连乘符号。

【例 4－17】 某机械厂生产机器，设有毛坯、初加工、精加工、装配四个连续作业的车间，各车间某批产品的合格率分别为 96%、93%、95%、97%，求企业各车间制品平均合格率。

由于全厂产品的总合格率并不等于各车间制品的合格率总和，后续车间的合格率是在前一车间制品全部合格的基础上计算的。全厂产品的总合格率应等于各车间制品合格率的连乘积，所以不能采用算术平均法和调和平均法计算平均合格率，而应用几何平均法来求得。其计算如下：

$$\bar{x}_G=\sqrt[4]{96\%\times 93\%\times 95\%\times 97\%}=\sqrt[4]{82.27\%}=95.24\%$$

2. 加权几何平均数

当每个标志值出现的次数不相同时，应该用加权几何平均法计算。其计算公式为：

$$\bar{x}_G=\sqrt[f_1+f_2+\cdots+f_n]{x_1^{f_1}\cdot x_2^{f_2}\cdot\cdots\cdot x_n^{f_n}}=\sqrt[\sum f]{\prod x^f}$$

【例 4－18】 某笔为期 20 年的投资按复利计算收益，前 10 年的年利率为 10%，中间 5 年的年利率为 8%，最后 5 年的年利率为 6%。整个投资期间的年平均利率为：

$$\bar{x}_G=\sqrt[10+5+5]{1.1^{10}\times 1.08^5\times 1.06^5}-1=\sqrt[20]{5.100\ 1}-1=108.487\%-1=8.487\%$$

在实际应用中，几何平均数主要用于计算社会经济现象的平均发展速度（内容详见模块五动态数据特征分析）。

（四）众数

算术平均数、几何平均数、加权平均数都是数值平均数，是根据全部数据计算出来的平均数。所以数值平均数易受极大值或极小值的影响，在数据中出现极端值的情况下，数值平均数的代表性会减弱。而位置平均数是根据其在总体中所处的位置或地位确定的平均数，不受极端值的影响。所以在数据存在极端值的条件下，用位置平均数反映社会经济现象的一般水平比数值平均数更具代表性。

1. 众数的概念

众数是指总体中出现次数最多的标志值。它是总体中最常遇到的标志值，是最普遍的、最一般的标志值。用众数也可以表明社会经济现象的一般水平。

在实际工作中，众数的应用较为广泛。例如，要说明消费者需要的服装、鞋帽等的普遍尺码，反映集市贸易市场某种蔬菜的价格等，都可以通过市场市场调查，分析了解哪一尺码的成交量最大，哪一价格的成交量最多。人们的这种一般需求，即为众数。

2. 众数的确定

确定众数，首先要将数据资料进行分组，编制变量数列；然后根据变量数列的不同种类采用不同的方法。

(1) 根据单项式数列确定众数。在单项式数列情况下，确定众数比较简单，计算步骤如下：第一，在数列中找出次数最大的组，即众数组；第二，确定众数，众数组中的标志值就是众数。

【例 4-19】 调查 200 名顾客购买某皮鞋的有关资料如表 4-6 所示。

表 4-6　200 名顾客购鞋资料

皮鞋尺寸(厘米)	人数(人)
23	20
24	40
25	78
26	50
27	12
合　计	200

从表 4-6 中可以看出第三组顾客最多，有 78 人，该组为众数组，则尺寸 25 厘米就是众数。

(2) 根据组距式数列确定众数。这需要采用插补法。一般步骤是：第一，先确定众数组；第二，根据上限公式或下限公式计算众数的近似值。

下限公式为：

$$M_0=L+\frac{\Delta_1}{\Delta_1+\Delta_2}\times i$$

上限公式为：

$$M_0=U-\frac{\Delta_2}{\Delta_1+\Delta_2}\times i$$

式中：

M_0——众数；

U——众数组的上限；

L——众数组的下限；

i——组距；

Δ_1——众数组次数与前一组次数之差；

Δ_2——众数组次数与后一组次数之差。

【例 4-20】 2017 年某企业调查 500 名职工月收入资料，如表 4-7 所示。

表 4-7　2017 年某企业职工月收入资料

人均月收入(元)	职工人数(人)
2 400 以下	5
2 400～2 600	10
2 600～2 800	80
2 800～3 000	130
3 000～3 200	180
3 200～3 400	50
3 400～3 600	30
3 600 以上	15
合　计	500

从表 4-7 中的资料可知，职工数最多的是 180 人，它所对应的月收入为 3 000～3 200 元。因此，这一组就是众数组，然后利用下限公式计算众数的近似值：

$$M_0 = 3\,000 + \frac{50}{50+130} \times 200 = 3\,055.6(\text{元})$$

3. 众数的特点及应用

众数具有以下特点：

(1) 由于众数是根据标志值出现的次数确定的，不需要通过全部标志值来计算，因此它不受极端值的影响。

(2) 在组距数列中，各组分布的次数受组距大小的影响，所以根据组距数列确定众数时，要保证各组组距相等。

(3) 在一个次数分布中有几个众数，称为多重众数；有两个众数，称为双重众数。此时说明总体内存在不同性质的事物。

在确定众数时，需要满足以下两个前提：

(1) 总体单位数较多。若总体单位数不多，虽然可以从中得到具有较大频率的数，但其价值并不一定具有“最普遍值”的意义。

(2) 次数分布具有明显的集中趋势。若数列中各个数据出现的频率都差不多，则所得到的“众数”缺乏代表性。

【思考】

根据例 4-20 中的资料，请用上限公式计算众数，结果如何？

(五) 中位数

1. 中位数的概念

中位数是指将总体各单位标志值按大小顺序排列后，处于中间位置的那个标志值。由于它的位置居中，其数值不受极端数值的影响，也能表明总体各单位标志值的一般水平。

2. 中位数的确定

根据所掌握资料的不同，中位数的确定方法有两种，即根据未分组资料确定中位数和根据分组资料确定中位数。

(1) 根据未分组资料确定中位数。首先将掌握的资料，按标志值由大到小的顺序进行排列，然后确定中位数所在的位置，与中位数所在的位置相对应的标志值即为中位数。

$$中位数位置=(n+1)/2$$

如果标志值的项数是奇数，那么中间位置的那个标志值就是中位数。如某学习小组有7名学生，他们英语期末考试成绩按顺序排列如下(分)：68，72，75，77，81，84，88，则中位数的所在位置为：(7+1)/2=4，第4位所对应的标志值即77分就是中位数，它代表了这7名学生英语考试成绩的一般水平。

如果标志值的项数是偶数，那么处于中间位置左右两边的标志值的算术平均数，就是中位数。假如该小组加入一位学生，他们的英语期末考试成绩按顺序排列为68，72，75，76，77，81，84，88分，此时中位数的位置为第(8+1)/2=4.5位，则中位数为(76+77)/2=76.5分，即第4位和第5位所对应的标志值的算术平均数。

(2) 根据分组资料确定中位数。

① 根据单项式数列确定中位数。确定中位数的基本步骤是：

第一步，确定中位数的位置，中位数的位置 $=\sum f/2$；

第二步，根据累计次数确定中位数所在的组，即中位数组；

第三步，中位数组的标志值就是中位数。

【例 4-21】 根据表 4-6 中的资料计算中位数，如表 4-8 所示。

表 4-8　　200 名顾客购鞋资料

皮鞋尺寸(厘米) x	人数(人) f	累计次数(人)s	
		向上累计	向下累计
23	20	20	200
24	40	60	180
25	78	138	140
26	50	188	62
27	12	200	12
合　计	200	—	—

根据表 4-8 中的资料计算中位数的位置：200/2=100。根据向上累计次数或向下累计次数分析，中位数是在第三组，该组为中位数组，则该组标志值25厘米就是中位数。

② 根据组距式数列确定中位数。确定中位数的基本步骤是：

第一步，确定中位数的位置，中位数位置 $=\sum f/2$；

第二步，根据累计次数确定中位数所在的组，即中位数组；

第三步，采用比例插入法，用下限公式或上限公式求得中位数的近似值。

下限公式为：$M_e = L + \dfrac{\dfrac{\sum f}{2} - S_{m-1}}{f_m} \times i$

上限公式为：$M_e = U - \dfrac{\dfrac{\sum f}{2} - S_{m+1}}{f_m} \times i$

式中：

M_e—— 中位数；

U—— 中位数组的上限；

L—— 中位数组的下限；

S_{m-1}—— 中位数组前一组的向上累计次数；

S_{m+1}—— 中位数组后一组的向下累计次数；

f_m—— 中位数组的次数；

i—— 中位数组的组距；

$\sum f$—— 总次数。

【例 4-22】 根据表 4-7 中的资料计算中位数，如表 4-9 所示。

表 4-9　　2017 年某企业职工月收入资料

人均月收入(元) x	职工人数(人) f	累计次数 s	
		向上累计	向下累计
2 400 以下	5	5	500
2 400～2 600	10	15	495
2 600～2 800	80	95	485
2 800～3 000	130	225	405
3 000～3 200	180	405	275
3 200～3 400	50	455	95
3 400～3 600	30	485	45
3 600 以上	15	500	15
合　计	500	—	—

根据表 4-9 中的资料计算中位数的位置：500/2=250。根据向上累计次数或向下累计次数分析，中位数是在第五组，该组为中位数组，则用下限公式计算中位数：

$$M_e = 3\,000 + \frac{\frac{500}{2} - 225}{180} \times 200 = 3\,027.8(\text{元})$$

【思考】

请根据例 4-22 中的资料，用上限公式计算中位数。

任务四　标志变异指标

一、标志变异指标的概念

标志变异指标是指反映总体中各单位标志值差异程度的综合指标，又称标志变动度。标志变异指标与平均指标之间具有相互联系、相互对应的关系。平均指标表现为总体各单位标志值的一般水平，将各指标值的差异抽象化，反映各单位标志值的集中趋势；而标志变异指标表现为总体各单位标志值的差异程度，反映各单位标志值的离中趋势。只有将两者结合起来，才能更加全面、深入地认识所研究现象的总体。

二、标志变异指标的意义

（一）标志变异指标可以说明平均指标的代表性

平均指标作为总体各单位标志值一般水平的代表性指标，其代表性大小与标志变异指标的大小成反比关系：标志变异指标越大，平均指标的代表性越小；标志变异指标越小，平均指标的代表性越大。

【例 4－23】 有两个生产小组工人日产量情况如下(件)：

甲组：5,6,7,8,9

乙组：3,4,7,9,12

通过计算平均指标可知，两小组的平均日产量相等，均为 7 件，表明从平均意义上说，两组的生产情况无差异。但从产量分布来看，明显可见甲组产量的分布较均匀，乙组产量的分布则具有悬殊的特点。显然平均日产量对甲组的代表性比乙组的代表性大得多。

（二）标志变异指标可以说明现象变动的稳定性、均衡性

计算不同总体的标志变异指标，并进行比较，可以观察标志值变动的稳定程度或均衡状态。如上述例子中，明显可以看出甲组的生产比较稳定、比较均衡。

（三）标志变异指标的大小有助于确定必要的样本单位数

进行抽样调查时，为了合理地利用人力、物力、财力和时间，应正确地确定必要的样本单位数(内容详见模块七抽样推断)，抽取的样本单位数过多或过少都会影响样本平均指标的代表性。而标志变异指标的大小可以帮助我们正确地确定必要的样本单位数。

三、标志变异指标的计算与分析

标志变异指标主要有全距、平均差、标准差、变异系数等。

（一）全距

全距是指总体各单位标志值中两个极端数值即最大值与最小值之差，故也称为“极差”，用符号“R”来表示，其计算公式为：

未分组资料或单项数列资料：R＝最大标志值－最小标志值

分组资料：R＝最高组的上限－最低组的下限

【例 4－24】 以例 4－23 中的资料为例，计算全距如下：

甲组：$R=9-5=4$(件)

乙组：$R=12-3=9$(件)

从全距来看，乙组生产的差异程度比甲组大，说明乙组生产的稳定性比较差。

全距反映了总体各单位标志值的最大变动范围。它的优点是计算简便、意义明确、能准确地反映总体中两极的差距，所以在实际工作中应用十分广泛，如在工业企业的产品质量管理中、证券市场的行情分析中都有广泛应用。

但全距仅表示总体中最大值与最小值的变动范围，没有包括中间各单位标志值的变异情况，也无法反映变量数列的次数分布情况，是对变异程度较粗略的反映。因此，它不能准确地反映总体各单位标志值的变异程度，也不能很好地反映平均指标的代表性。所以我们需要计算其他标志变异指标。

(二) 平均差

平均差是总体各单位标志值与其算术平均数离差的绝对值的算术平均数，用符号"$A\cdot D$"表示。计算平均差的目的是测算总体各单位标志值与其算术平均数离差的一般水平。因为离差有正、有负，还可能是零，所以为了避免离差加总过程中的正负抵消，计算平均差时要取绝对值。根据所掌握的资料不同，平均差可分为简单平均差和加权平均差。

1. 简单平均差

如果掌握的资料是未分组资料，可计算简单平均差。一般分两个步骤来完成：

第一步，求各单位标志值与其算术平均数离差的绝对值；

第二步，将离差的绝对值之和除以项数。

其计算公式为：

$$A\cdot D=\frac{\sum|x-\bar{x}|}{n}$$

【例 4－25】 根据例 4－23 中资料计算两组产量的简单平均差，如表 4－10 所示。

表 4－10 简单平均差的计算 单位：件

甲组			乙组		
日产量 x	$x-\bar{x}$	$\lvert x-\bar{x}\rvert$	日产量 x	$x-\bar{x}$	$\lvert x-\bar{x}\rvert$
5	−2	2	3	−4	4
6	−1	1	4	−3	3
7	0	0	7	0	0
8	1	1	9	2	2
9	2	2	12	5	5
合计	—	6	合计	—	14

$$A\cdot D_{甲}=\frac{\sum|x-\bar{x}|}{n}=\frac{6}{5}=1.2(件)$$

$$A\cdot D_{乙}=\frac{\sum|x-\bar{x}|}{n}=\frac{14}{5}=2.8(件)$$

计算结果表明，甲组的平均差明显地小于乙组，说明甲组平均日产量的代表性和生产的稳定性大于乙组。

2. 加权平均差

如果掌握的是分组资料，则可计算加权平均差。其计算公式为：

$$A \cdot D = \frac{\sum |x-\bar{x}| \cdot f}{\sum f}$$

【例 4－26】 利用表 4－4 资料中计算加权平均差，如表 4－11 所示。

表 4－11　加权平均差计算

按成绩分组(分)	f	x	xf	$x-\bar{x}$	$\|x-\bar{x}\|$	$\|x-\bar{x}\| \cdot f$
60 以下	3	55	165	−23.8	23.8	71.4
60～70	7	65	455	−13.8	13.8	96.6
70～80	14	75	1 050	−3.8	3.8	53.2
80～90	20	85	1 700	6.2	6.2	124.0
90 以上	6	95	570	16.2	16.2	97.2
合　计	50	—	3 940	—	—	442.4

$$\bar{x} = \frac{\sum xf}{\sum f} = \frac{3\ 940}{50} = 78.8(\text{分})$$

$$A \cdot D = \frac{\sum |x-\bar{x}| \cdot f}{\sum f} = \frac{442.4}{50} = 8.848(\text{分})$$

一般而言，平均差越大，标志差异程度越大，平均数代表性越小；反之，平均数代表性越大。

从计算过程可知，平均差的计算考虑了研究总体中所有标志的差异程度，所以可以准确地综合反映总体的离散程度。但每项平均差的计算都必须取绝对值，这就带来了不便于进行数学处理的问题，因而在实际应用中受到了很大的限制。

（三）标准差

1. 标准差的概念

标准差也称为均方差，标准差的平方称为方差。标准差的总体各单位的标志值与其算数平均数的平方根。它是标志变异值中最重要、最常用的指标。用符号“Q”表示。标准差的实质与平均差基本相同，只是在数学处理方法上与平均差不同。平均差是用取绝对值的方法消除离差的正负号，然后用算术平均数的方法求出平均离差；而标准差是用平方的方法消除离差的正负号，然后对离差的平方计算算术平均数，并开方求出标准差。

2. 标准差的计算

标准差的计算可分为四个基本步骤：

第一步，计算各单位标志值与其算术平均数的离差；

第二步，将各离差进行平方；

第三步，将离差平方和除以离差项数，计算出方差 σ^2；

第四步，计算方差的平方根，即为标准差。

由于掌握的资料不同，标准差的计算出也有简单标准差和加权标准差两种形式。

3. 简单标准差

当掌握的资料是未分组资料时，可采用以下公式计算简单标准差：

$$\sigma=\sqrt{\frac{\sum (x-\bar{x})^2}{n}}$$

【例 4-27】 采用例 4-23 的资料说明简单标准差的计算步骤，如表 4-12 所示。

表 4-12 简单标准差计算

甲组			乙组		
日产量 x	$x-\bar{x}$	$(x-\bar{x})^2$	日产量 x	$x-\bar{x}$	$(x-\bar{x})^2$
5	−2	4	3	−4	16
6	−1	1	4	−3	9
7	0	0	7	0	0
8	1	1	9	2	4
9	2	4	12	5	25
合 计	—	10	合计	—	14

$$\sigma_1=\sqrt{\frac{\sum (x-\bar{x})^2}{n}}=\sqrt{\frac{10}{5}}=1.41(件)$$

$$\sigma_2=\sqrt{\frac{\sum (x-\bar{x})^2}{n}}=\sqrt{\frac{54}{5}}=3.29(件)$$

计算结果表明，甲组的标准差比乙组的标准差小，说明甲组的平均指标的代表性和生产的稳定性都比乙组好。

4. 加权标准差

当掌握的资料是分组资料时，可采用以下公式计算加权标准差：

$$\sigma=\sqrt{\frac{\sum (x-\bar{x})^2 f}{\sum f}}$$

【例 4-28】 仍以表 4-4 某班学习成绩资料为例，说明加权标准差的计算，如表 4-13 所示。

表 4-13 某班学习成绩加权标准差计算

按成绩分组(分)	f	x	xf	$x-\bar{x}$	$(x-\bar{x})^2$	$(x-\bar{x})^2\cdot f$
60 以下	3	55	165	−23.8	566.44	1 699.32
60～70	7	65	455	−13.8	190.44	1 333.08
70～80	14	75	1 050	−3.8	14.44	202.16
80～90	20	85	1 700	6.2	38.44	768.8
90 以上	6	95	570	16.2	262.44	1 574.64
合 计	50	—	3 940	—	—	5 578

$$\bar{x}=\frac{\sum xf}{\sum f}=\frac{3\ 940}{50}=78.8(分)$$

$$\sigma=\sqrt{\frac{\sum(x-\bar{x})^2 f}{\sum f}}=\sqrt{\frac{5\ 578}{50}}=10.56(\text{分})$$

5. 标准差特点

标准差一方面具有平均差的优点，即它将总体各单位标志值的差异全部包括在内，可以准确地反映总体的离散程度；另一方面标准差还避免了求平均差时存在的取绝对值的问题，能够适合于代数运算等数学处理。由于标准差的这些优点，在实际工作中一般都用它来测定总体的离散程度，应用十分广泛。

但标准差都是用有名数代表的平均差异程度，它的数值受到平均指标数值大小的影响。当总体平均数指标数值比较大时，标准差的数值就大；反之，标准差的数值就小。因此，在比较不同平均水平下的不同总体的差异程度时，还需引入变异系数。

（四）变异系数

变异系数又称离散系数，是标志变异指标与其算术平均数之比。以上所介绍的各种标志变异指标，都与平均指标有相同的计量单位，是反映标志变动度的绝对指标，其数值的大小不仅受指标值之间差异程度的影响，而且还受标志值本身高低的影响。因此，比较两个总体的标志差异程度、衡量其平均指标的代表性时，如果两个总体的性质不同、计量单位不同或平均水平不同，就不能采用前述某一标志变异指标直接比较而应分析标志变异指标的相对指标，即变异系数。它是极差、平均差和标准差与其算术平均数的对比值，分别称为极差系数、平均差系数和标准差系数，但在实际工作中标准差系数应用最为普遍。标准差系数用 υ_σ 表示，是标准差与其算术平均数对比的相对值，其计算公式如下：

$$\upsilon_\sigma=\frac{\sigma}{\bar{x}}\times 100\%$$

【例 4-29】 甲商店职工的平均工资为 900 元，标准差为 20 元；乙商店职工的平均工资为 600 元，标准差为 18 元。从资料上看，甲商店标准差大于乙商店，似乎可以判断乙商店平均工资的代表性好于甲商店。是否如此？我们可以通过计算标准差系数来进行说明。现分别计算如下：

$$\upsilon_{\sigma\text{甲}}=\frac{20}{900}\times 100\%=2.2\%$$

$$\upsilon_{\sigma\text{乙}}=\frac{18}{600}\times 100\%=3\%$$

计算结果表明，甲商店的标准差系数小于乙商店的标准差系数，这说明甲商品店平均工资代表性好于乙商店，与我们的直观结果相反。

从以上分析可以看出，变异系数消除了计算单位不同或平均水平高低的影响，只反映现象标志值的离散程度，具有广泛的可比性。变异系数越大，说明平均数的代表性越差；相反，变异系数越小，说明平均数的代表性越好。

【思考】

1. 在甲、乙两个变量数列中，若甲数列标准差大于乙数列时，则（　　）。

A. 两个数列的平均数代表性相同

B. 甲数列的平均数代表性高于乙数列

C. 乙数列的平均数代表性高于甲数列

D. 不能确定哪个数列的平均数代表性好一些

2. 两个总体的平均数不等,但标准差相等,则(　　)。

A. 平均数小,代表性大　　B. 平均数大,代表性大

C. 两个平均数代表性相同　　D. 无法进行正确判断

【任务实施】

Excel在综合指标中的应用

一、算术平均数

在Excel中将算术平均数称为"均值"。对未分组资料求均值,可以使用AVERAGE函数;对分组资料求均值,需要输入加权公式结合填充柄功能。

(一) 未分组资料计算算术平均数

将例4-10的原始数据输入到Excel表的A1到A10中,然后进行以下操作:

第一步,单击任一空单元格(用于放置计算好的平均数,此处用B6单元格),在"插入"菜单中单击"函数"选项(或直接点击常用工具栏的粘贴函数"fx"按钮),弹出"插入函数"对话框,如图4-1所示。

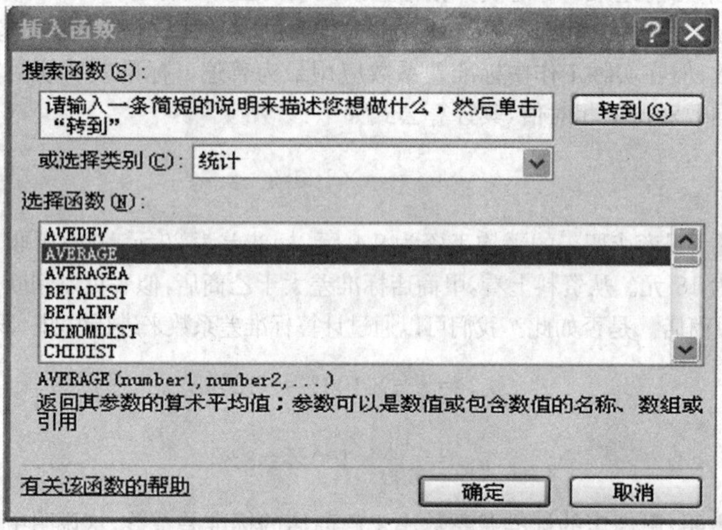

图4-1　函数对话框

第二步,在对话框的"函数类别"中选择"统计",在"函数名"中选择"AVERAGE",按"确定"按钮,弹出"AVERAGE"对话框,如图4-2所示。

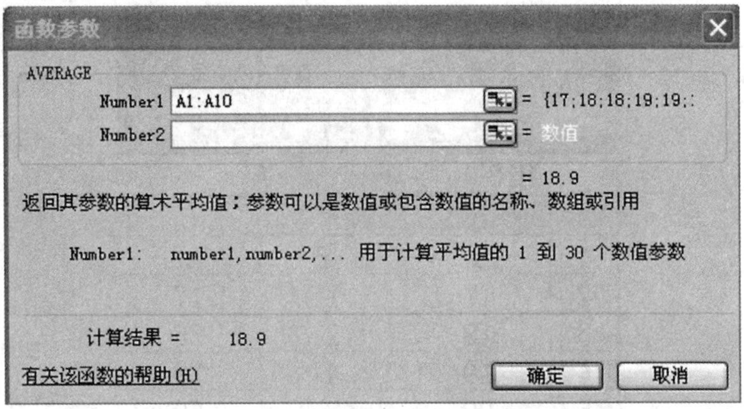

图 4-2　算术平均数对话框

第三步，在“AVERAGE”对话框中的 Number 后面，输入“A1：A10”，按“确定”按钮即得到平均数 18.9，如图 4-3 所示。

图 4-3　简单平均数计算

(二) 分组资料计算算术平均数

现利用例 4-11 的资料举例说明计算加权算术平均数的步骤。

第一步，创建 Excel 文件，在 A、B 列输入表 4-2 的数据，如图 4-4 所示。

第二步，在 C2 单元格中输入公式“=A2B2”，回车确定，拖拽鼠标将公式复制到 C3：C5。

第三步，在 C6 单元格中输入公式“=SUM(C2：C5)”，回车确定。

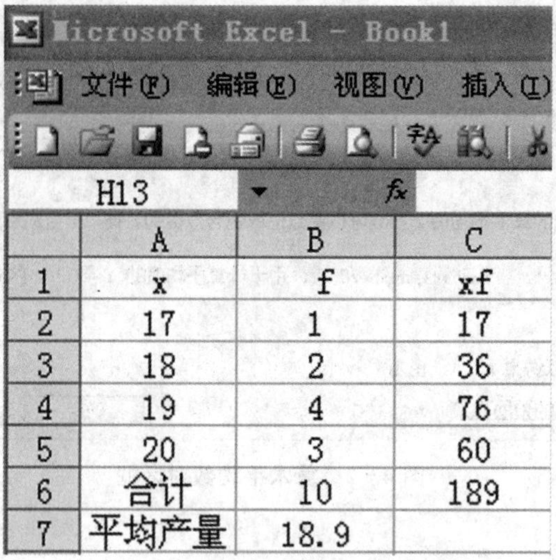

	A	B	C
1	x	f	xf
2	17	1	17
3	18	2	36
4	19	4	76
5	20	3	60
6	合计	10	189
7	平均产量	18.9	

图 4-4 加权算术平均数计算

第四步，在 B7 单元格中输入公式"=C6/B6"，回车确定，即求得算术平均数 18.9 件。

二、调和平均数

在 Excel 中对未分组数据计算调和平均数，需要使用 HARMEAN 函数。如利用例 4-14 中的数据计算调和平均数。单击任一空单元格，输入"=HARMEAN(0.5,0.4,0.2)"，回车确定，即得到调和平均数为 0.315 8。如图 4-5 所示。

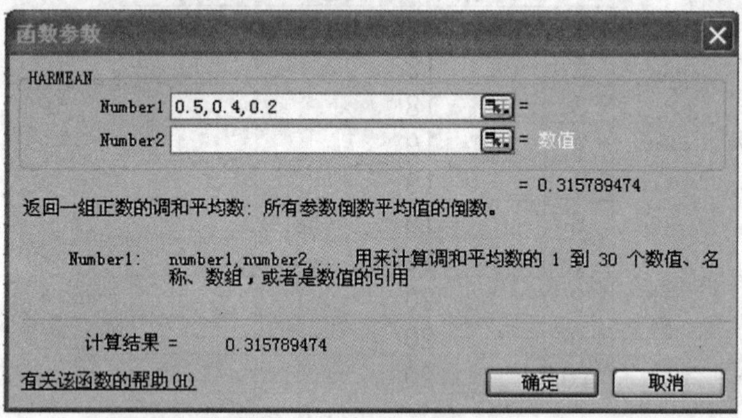

图 4-5 调和平均数对话框

如果数较多，则需要将数据输入到表中的一栏中，利用"粘贴函数"中"统计"的"HARMEAN"函数进行计算，其操作过程与未分组资料计算算术平均数基本一致。

对分组资料计算调和平均数，在将数据输入到表中各列以后，需要使用公式输入和填充柄功能进行操作，其操作方法参考根据分组资料计算算术平均数的操作方法。

三、几何平均数

如果数据较少，可以直接使用 GEOMEAN 函数。如计算例 4-17 中四道工序合格率

(96%、93%、95%、97%)的平均合格率,可以单击任一空格,输入"=GEOMEAN(0.96,0.95,0.93,0.97)",回车确认,即得到平均合格率0.9524(95.24%),如图4-6所示。如果数据较多,则需要将数据输入到某列中,利用"粘贴函数"中"统计"的"GEOMEAN"函数进行操作,操作过程与算术平均数基本一致。

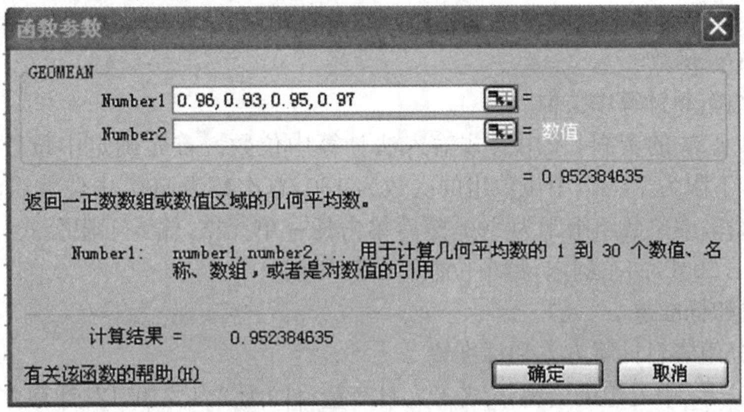

图 4-6　几何平均数对话框

四、众数

(一) 未分组资料计算众数

现用例4-10的资料计算众数,先将这10个数据输入到Excel表中的某一列(如A1:A10),然后单击任一单元格(用于放置计算好的众数),在"插入"菜单中单击"函数"选项(或直接点击常用工具栏中的粘贴函数"fx"按钮,弹出"插入函数"对话框,在对话框的"函数类别"中选择"统计",在"函数名"中选择"MODE",按"确定"按钮,弹出对话框"MODE",在对话框中的Number后面,输入"A1:A10"如图4-7所示,按"确定"按钮即得到众数19件。

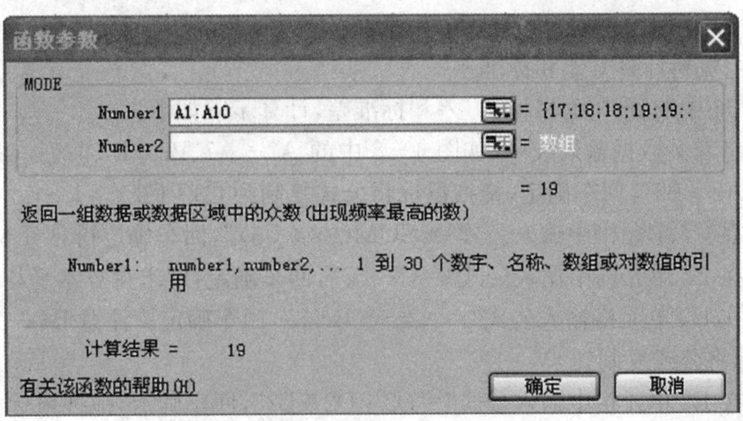

图 4-7　众数对话框

(二) 分组资料计算众数

对组距式数列计算众数,采用公式输入法。如以例4-20的资料为例计算众数。首先,确定众数组为2 000~2 200这一组,下限为2 000,众数组次数与前一组次数之差为50,

众数组次数与后一组次数之差为 130，众数组组距为 200；然后单击任一单元格，输入下限公式“=2 000+50/(50+130)＊200”，回车确认，得众数为 2 055.6 元。

五、中位数

（一）未分组资料计算中位数

此情况与未分组资料计算众数的操作步骤基本相同，只是中位数应用的函数为“统计”中的“MEDIAN”函数。

（二）分组资料计算中位数

现用例 4 - 22 的资料，采用公式输入法计算中位数。首先确定中位数组为 2 000～2 200这一组，下限为 2 000，中位数组的次数为 180，总次数为 500，中位数组前一组的向上累计次数为 225，中位数组组距为 200，然后单击任一单元格，输入下限公式“2 000+(500/2—225)/180×200”，回车确定，得中位数 2 027.8 元。

六、方差和标准差

（一）未分组资料计算方差和标准差

采用例 4 - 27 中乙组的资料，5 名工人日产量(件)为 3、4、7、9、12，计算方差和标准差。

第一步，将这 5 个数据输入到 Excel 表中的某一列(如 A1∶A5)，然后单击任一单元格(用于放置计算好的方差，如 A6)，在“插入”菜单中单击“函数”选项(或直接点击常用工具栏中的粘贴函数“fx”按钮，弹出“插入函数”对话框。

第二步，在对话框的“函数分类”中选择“统计”，在“函数名”中选择“VARP”，按“确定”按钮，弹出对话框“VARP”，在对话框中的 Number 后面，输入“A1∶A5”，按“确定”按钮即得到方差 10.8。

第三步，再单击任一单元格(用于放置计算好的标准差)，在单元格中输入“=A6^0.5”或输入“=SQRT(A6)”，回车确定，得到标准差 3.29 件。

标准差的计算也可以直接利用“统计”中的“STDEVP”函数计算，步骤与方差的计算步骤类似。

（二）分组资料计算方差和标准差

以例 4 - 28 中的资料为例计算方差和标准差，计算步骤如下：

第一步，将有关数据输入表中，如图 4 - 8 中的 A2 - A7、B2 - B7 两列，在 C2 单元格中输入公式“=A2＊B2”，回车确定，拖拽鼠标将公式复制到 C3∶C6。

第二步，在 C7 单元格中输入公式“=SUM(C2∶C6)”，回车确定得总分 3 940 分。

第三步，在 B8 单元格中输入公式“=C7/B7”，回车确定，即求得算术平均数 78.8 分。

第四步，在 D2 单元格输入公式“=A2— $B$8”，回车确定。注意 B8 一定要用绝对引用。拖拽鼠标将公式复制到 D3∶D6。

第五步，在 E2 单元格中输入公式“=D2＊D2＊B2”，回车确定，拖拽鼠标将公式复制到 E3∶E6。

第六步，在 E7 单元格中输入公式“=SUM(E2∶E6)”，回车确定得 5 578。

第七步，在 B9 单元格输入公式“=E7/B7”，回车确定，得方差 111.56。

第八步，在 B10 单元格中输入公式“=SQRT(B9)”，即求得标准差 10.56 分。

计算结果如图 4 - 8 所示。

	A	B	C	D	E
1	x	f	xf	$x-\bar{x}$	$(x-\bar{x})^2$ f
2	55	3	165	-23.8	1699.32
3	65	7	455	-13.8	1333.08
4	75	14	1050	-3.8	202.16
5	85	20	1700	6.2	768.8
6	95	6	570	16.2	1574.64
7	合计	50	3940		5578
8	平均数	78.8			
9	方差	111.56			
10	标准差	10.5622			

图 4-8　方差和标准差计算结果

实训　静态数据特征分析

一、实训目的

1. 掌握平均指标和变异指标的分析方法；
2. 培养学生应用平均指标和变异指标分析实际问题的能力。

二、实训内容

小李是一名即将毕业的物流管理专业的应届毕业生，通过多轮的面试，目前已经收到甲、乙两家公司的录用通知，小李已经获知这两家公司的一些信息见表 4-14。小李在获知这些信息后该如何选择公司呢？

表 4-14　　两公司员工工资信息　　单位：元

员工 / 收入 / 公司名称	经理	副经理	员工 A	员工 B	员工 C	员工 D	员工 E	员工 F	员工 G	员工 H
甲	9 500	7 600	4 200	2 800	2 550	2 200	2 200	2 200	2 200	—
乙	6 600	4 850	3 750	2 900	2 450	2 350	2 250	2 250	2 250	2 000

三、实训要求

1. 学生分组，每组 5～6 人，查阅平均指标和变异指标的相关知识；
2. 根据提供的信息分析解决步骤；
3. 利用 Excel 工具建立数据库；
4. 计算平均指标，判断甲、乙公司员工平均收入；
5. 计算变异指标，判断甲、乙公司员工收入的差异程度；
6. 根据平均指标和变异指标为小李提供决策方案，并说明原因；
7. 小组派代表发言，教师点评。

四、实训评价

每个小组形成一份实训报告并进行汇报交流，通过自评、互评和教师评价综合评定成绩。

模 块 五

动态数据特征分析

【知识目标】

1. 了解动态数列的构成要素与种类；
2. 掌握水平指标的计算与应用；
3. 掌握速度指标的计量与应用；
4. 了解现象趋势分析的方法。

【能力目标】

1. 能够根据不同时间变动的数据分析其变动规律；
2. 能用水平指标和速度指标分析社会经济问题。

【小资料】

根据《全国人口普查条例》和《国务院关于开展第六次全国人口普查的通知》，我国以2010年11月1日零时为标准时点进行了第六次全国人口普查。在国务院和地方各级人民政府的统一领导下，在全体普查对象的支持配合下，通过广大普查工作人员的艰苦努力，目前已圆满完成人口普查任务。现将快速汇总的主要数据公布如下：

一、总人口

全国总人口为1 370 536 875人。其中：普查登记的大陆31个省、自治区、直辖市和现役军人的人口共1 339 724 852人。香港特别行政区人口为7 097 600人。澳门特别行政区人口为552 300人。台湾地区人口为23 162 123人。

二、人口增长

大陆31个省、自治区、直辖市和现役军人的人口，同第五次全国人口普查2000年11月1日零时的1 265 825 048人相比，十年共增加73 899 804人，增长5.84%，年平均增长率为0.57%。

三、家庭户人口

大陆31个省、自治区、直辖市共有家庭户401 517 330户，家庭户人口为1 244 608 395人，平均每个家庭户的人口为3.10人，比2000年第五次全国人口普查的3.44人减少0.34人。

四、性别构成

大陆31个省、自治区、直辖市和现役军人的人口中，男性人口为686 852 572人，占51.27%；女性人口为652 872 280人，占48.73%。总人口性别比(以女性为100，男性对女性的比例)由2000年第五次全国人口普查的106.74下降为105.20。

五、年龄构成

大陆31个省、自治区、直辖市和现役军人的人口中，0～14岁人口为222 459 737人，占16.60%；15～59岁人口为939 616 410人，占70.14%；60岁及以上人口为177 648 705人，占13.26%，其中65岁及以上人口为118 831 709人，占8.87%。同2000年第五次全国人口普查相比，0～14岁人口的比重下降6.29个百分点，15～59岁人口的比重上升3.36个百分点，60岁及以上人口的比重上升2.93个百分点，65岁及以上人口的比重上升1.91个百分点。

六、民族构成

大陆31个省、自治区、直辖市和现役军人的人口中，汉族人口为1 225 932 641人，占91.51%；各少数民族人口为113 792 211人，占8.49%。同2000年第五次全国人口普查相比，汉族人口增加66 537 177人，增长5.74%；各少数民族人口增加7 362 627人，增长6.92%。

摘自《第六次全国人口普查公报》

任务一　动态数列的意义和种类

一、动态数列的意义

前述“小资料”中的综合指标主要是同一时间的资料从静态上对总体的数量特征进行分析。但社会经济现象总是随着时间的推移而不断地发展变化，因此还要学会进行动态的分析。

所谓动态，就是现象在时间上的发展变化。要进行动态分析，就要编制动态数列。将某一个统计指标在不同时间上的各个数值，按时间先后顺序排列，就形成了一个动态数列，也叫作时间数列。表5－1列举了我国2001～2005年若干经济指标，它们就构成了不同的动态数列。

由表5－1可以看出，以上四个动态数列中每个数列一般由两个基本要素构成：一是被研究现象所属的时间，如表中时间是2012～2016年；二是不同时间上的统计指标数值，如表中各年的国内生产总值、年底总人口数、职工平均货币工资、城镇居民家庭恩格尔系数。

编制和分析动态数列具有重要的作用：

表 5-1　　我国 2012～2016 年若干经济指标

指标＼年份	2012	2013	2014	2015	2016
国内生产总值(亿元)	540 367.4	595 244.4	643 974.0	689 052.1	744 127.2
年底总人口数(万人)	135 404	136 072	136 782	137 462	138 271
职工平均货币工资(元)	46 769	51 483	56 360	62 029	67 569
城镇居民家庭恩格尔系数(%)	33.0	31.2	31.0	30.6	29.3

资料来源:《中国统计年鉴(2017)》。

首先,可以从现象的量变的过程中反映其发展变化的方向、程度和趋势,研究其质量变化的规律性。比如,通过分析 2001～2005 年职工年平均货币工资的动态数列可以看到,我国职工年平均货币工资水平随着时间的推移,呈不断增长的趋势。

其次,通过对动态数列资料的研究,可以对某些社会经济现象进行预测。

最后,利用动态数列资料的研究,可以在不同地区或国家之间进行对比分析。编制和分析动态数列具有非常重要的作用,动态分析已成为对社会经济现象进行统计分析的一种重要的方法。

二、动态数列的种类

按照构成动态数列的统计指标的表现形式不同,动态数列可以分为绝对数动态数列、相对数动态数列和平均数动态数列三种类型,其中绝对数动态数列是基本数列,相对数动态数列是派生数列。

(一) 绝对数动态数列

在这种动态数列中,统计指标是总量指标,指标值表现为绝对数。根据指标之值的时间特点,又可以分为时期数列和时点数列。表 5-1 中的国内生产总值数列就是时期数列,年底总人口数数列就是时点数列。

1. 时期数列

时期数列中,每一个指标反映现象在一段时期内发展的结果,即“过程总量”。时期数列的主要特点是:

(1) 各时期指标数值具有可加性。时期数列中各个时间是上的指标值可以相加,结果表示现象在较长一段时间的“过程总量”。如全年的国内生产总值是一年中四个季度国内生产总值相加的结果。

(2) 时期指标值的大小与其所属的时间长短有直接关系。由于时期指标值具有可加性,故每一个指标所属的时间越长,指标值越大;反之,指标值则越小。如全年的国内生产总值比一个季度的国内生产总值大。

(3)时期指标值采用连续登记的方式取得。在时期数列中,各指标值反映现象在一段时间内发展的结果,因而必须把该时段内现象所发生的数量逐一登记,并进行累计,这样才能得到所需的指标值。

2. 时点数列

时点数列中,每一个指标值反映现象在一定时点上的瞬间水平。如表 5-1 年底总人口数的动态数列中,各个指标说明在各年年末这一时点上人口数所达到的水平。时点数列的主要特点是:

(1) 各时点指标数值具有不可加性。时点数列中不同时点上的指标值不能相加,因为各时点上的指标值只表明现象在该时点上所处的状态,相加后的数值并不能代表现象在这几个时点上的状态,故相加是没有意义的。

(2) 时点指标值的大小与其时点间隔的长短没有直接联系。在时点数列中,两个相邻指标值所属时点差距称为时点间隔。时点数列不具有可加性,时点间隔的长短对指标大小没有影响,例如,年末的人口数未必比某月底的人口数大。编制时点数列时,决定时点间隔长短的因素是现象的变动状态,变动较大或较快的现象,间隔应短些,否则间隔可以长些。确定时点间隔时,以能反映现象的变化过程为宜。

(3) 时点指标采用间断登记的方式获得。依照时点数列的性质,只要在某一时点进行统计,取得的资料就代表现象在该时点上的数量水平;不同时点上的资料用来反映现象的发展过程,无需对两个时点间现象所发生的数量逐一登记。

(二) 相对数动态数列

在这种动态数列中,统计指标是相对指标,它可以反映相互联系的现象之间的发展变化过程。例如,表 5-1 中城镇居民家庭恩格尔系数数列就是相对数动态数列,这个数列反映 2012～2016 年我国居民食品类支出在居民总支出中比重的基数不同,所以不具有可加性。

(三) 平均数动态数列

在这种动态数列中,统计指标是平均指标,指标表现为平均数,它可以反映现象一般水平的发展趋势。例如,表 5-1 中职工平均货币工资数列就是平均数动态数列。平均数动态数列中的各个指标值也不可相加,因为相加所得的数值没有实际的经济意义。

三、动态数列的编制原则

编制各种时间数列的主要目的是为了分析现象的发展变化过程及规律性,揭示现象间的相互关系,因此,编制动态数列的基本要求就是保证数列中各项指标值具有可比性。而要满足指标值具有可比性的要求,在编制动态数列时必须遵循以下原则。

(一) 总体范围应该一致

编制动态数列时,常涉及总体范围的问题,即被研究对象所包括的地区范围、隶属关系、分组划分范围等是否前后一致。若总体范围前后不一致,则前后期的指标值不能直接对比,必须将资料进行适当的调整。如某一地区的行政区划分发生变化,则对该地区的时间数列具有可比性,才能正确说明所研究的问题。

(二) 时间长短应该一致

时期数列中的指标值反映在一段时间内发展变化的结果,每个指标值的大小与其对应的时期长短直接相关,因此在同一时期数列中,各个指标值所属时期长短应该保持一致,否则就不能比较。但是这个原则不能绝对化,有时为了某种特殊的研究目的,也可以编制时期不等的数列。对于时点数列而言,每个指标值的大小与其对应的时点间隔的长短没有直接关系,因此各个指标之间的间隔是否相等,可根据实际情况研究需要而定。但是为了更明显地反映实际情况、明显反映现象变化过程和规律性,各个指标之间的间隔应尽可能前后一致。

(三) 经济内容应该一致

在时间数列中,指标所反映的不仅是现象的数量变化,还有一定的质的经济内容,应注意时间数列中各个指标内容的相同性。有时,时间数列的指标值名称相同,但经济内容不尽相同,如果仍然机械地进行对比分析,必然导致错误的结论。特别是对比不同的社会制度或者研究重大变革时期的经济发展变化情况时,尤其要注意指标值反映的经济内容是否一致的问题,不能只看发展变化而不了解它们的内容在历史上发生的变化。如乡镇工业企业和现代工业企业在性质上是有差别的，不能将两类企业的数目混在一起，编制一个时间数列进行分析研究。又如同样是农作物，经济作物和粮食作物就不能混为一谈。

（四）计算口径应该保持一致

在指标名称、总体范围和经济内容一致的前提下，无论采用什么方法计算、按照何种价格或单位进行计算，各个值都应该保持一致。例如，研究工业企业劳动生产率，产量可以用实物量计算，也可以用价值量计算；人数可以是全部职工数，也可以生产工人数。对此，编制时间数列时要有明确的指示，以保证前后各期统一。如果按实物指标计算，就应采取统一的计量单位，否则就违背了指标值可比性的原则；如果按价值量计算，就涉及以现行价格或不变价格进行计算的问题，在同一时间数列中，各指标值的计算价格应保持一致。

为了研究现象的发展规模和程度。揭示事物发展的规律，需要根据时间数列的资料计量一系列动态分析指标。动态分析指标可以分为两大类：一类是水平指标，一类是速度指标。下面两节对此进行介绍。

任务二　动态数列的水平指标

一、发展水平

发展水平是指动态数列中的各项指标数值，它反映现象在一定时期内或时点达到的水平，是计量其他动态分析指标的基础，用“a”表示。

发展水平一般是某一时期或时点的总指标量，如国内生产总值、在册工人数等；也可以是平均指标，如单位产品成本、平均库存额等；还可以是相对指标，如流动资金周转次数等。

发展水平由于在动态数列中所处的位置和作用不同而有所区别。

按发展水平在动态数列中的位置不同，通常将动态数列中的第一项指标数称为最初水平，一般表示为 a_0；最后一项指标称为最末水平，一般表示为 a_n；其余中间各项指标数值称为中间水平，一般表示为 $a_1,a_2,\cdots,a_{n-1}$。

按发展水平在动态数列中的作用不同，通常将分析研究的时期内的发展水平称为报告期水平，将作为比较基础时期发展水平称为基期水平。

发展水平在文字上习惯用“增加到”、“降低到”、“降低为”来表述。如 2012 年我国国内生产总值540 367.4亿元，2013 年增加到595 244.4亿元。

二、平均发展水平

平均发展水平又称为序时平均数或动态平均数，是将动态数列中不同时期的发展水平加以平均而得到平均数。平均发展水平与一般平均数（静态平均数）既有共同之处，又有区别。共同之处是：两者都是将现象的个别数量差异抽象化，概括地反映现象的一般水平。区别是：

（1）平均发展水平是同一现象在不同时期上发展的平均数，从动态上说明现象在某一段时间内发展的一般水平，它是根据动态数列计算的；而一般平均数是同质总体内各单位标志值的平均数，从静态上说明各总体单位标志值在具体历史条件下的一般水平，它是根据变量数列计算的。

（2）平均发展水平是对同一现象不同时间上的数值差异的抽象化，而一般平均数是对同一时间总体某一数量标志值差异的抽象化。此外，平均发展水平还可以解决时间数列中某些可比性问题。例如，由于各月的日历天数不同，会影响到企业的总产值的大小，如果计算出各月的每日平均产值来进行对比，就具有可比性，更能反映总产值的发展水平变化情况。

平均发展水平可根据绝对数动态数列计算，也可以根据相对数动态数列或平均数动态数列来计算。绝对数动态数列平均发展水平的计量方法是最基本的方法。

（一）由绝对数动态数列计算平均发展水平

1. 由时期数列计算平均发展水平

由于时期指标数值具有可加性，其计算平均发展水平的方法就比较简单。可以用简单算术平均法，将各时期指标数值的总和除以时期项数。其计算公式为：

$$\bar{a}=\frac{a_1+a_2+\cdots+a_n}{n}=\frac{\sum a}{n}$$

式中：

$\bar{a}$—— 平均发展水平；

a—— 各时期发展水平；

n—— 时期项数。

【例 5-1】 根据表 5-1 中各年的我国国内生产总值资料，计算 2012～2016 年期间我国年平均国内生产总值。其计算过程如下：

$$\bar{a}=\frac{\sum a}{n}=\frac{540\ 367.4+585\ 244.4+643\ 974+689\ 052.1+744\ 127.2}{5}=642\ 553.02(\text{亿元})$$

计算结果表明，2012～2016 年期间我国年平均国内生产总值为 642 553.02 亿元。

2. 由时点数列计算平均发展水平

要精确计量时点数列的平均发展水平，就应掌握每一时点的资料，但实际上这是不可能的。在社会经济统计中一般是看作一个时点，即以“天”作为最小时间单位。这样便有连续时点数列和间断时点数列的区别。资料逐日登记且逐日排列的是连续时点数列；资料不是逐日登记，而是间隔较长一段时间（月、季或年）后再登记一次，然后依次排列的是间断时点数列。这两种数列计算平均发展水平的方法有所不同。

(1) 由连续时点数列计算平均发展水平。连续时点有两种登记方式，计算方法也有所不同。

第一种是连续时点数列的资料是逐日登记且逐日排列的，即已掌握了整个考察期内连续性的时点数据，因此，可以采用简单算术平均法来计算平均发展水平，即以各时点指标值和除以时点项数。其计算公式为：

$$\bar{a}=\frac{a_1+a_2+\cdots+a_n}{n}=\frac{\sum a}{n}$$

【例 5-2】 某工厂周一至周五人数资料见表 5-2，请计算该厂本周平均人数。

表 5－2 某工厂人数

时间	周一	周二	周三	周四	周五
人数(人)	244	240	242	249	250

$$\bar{a}=\frac{\sum a}{n}=\frac{244+240+242+249+250}{5}=\frac{1\ 225}{5}=245(\text{人})$$

计算结果表明，该厂本周平均每天人数为 245 人。

第二种是连续时点数列资料登记的时间仍是一天，只是在指标值发生变动时才记录一次，此时就要用每次资料持续不变的时间长度为权数进行加权平均。其计算公式如下：

$$\bar{a}=\frac{a_1f_1+a_2f_2+\cdots a_nf_n}{f_1+f_2+\cdots+f_n}=\frac{\sum af}{\sum f}$$

式中：

a——各时点的发展水平；

f——各时点间隔长度。

【例 5－3】 某商店 1 月份职工人数变动情况见表 5－3，请计算该商店 1 月份平均职工人数。

表 5－3 某商店人数变动情况

时间	1 日	9 日	15 日	31 日
人数(人)	38	45	30	25

$$\bar{a}=\frac{\sum af}{\sum f}=\frac{38\times 8+45\times 6+30\times 16+25\times 1}{31}=\frac{1\ 079}{31}\approx 35(\text{人})$$

计算结果表明，该商店 1 月份平均职工人数为 35 人。

(2) 由间断时点数列计算平均发展水平。间断时点数列是间隔一段时间对现象在某一时点上所表现的状况进行一次性登记，并将登记的数据按照时间先后顺序排列所形成的时间数列。实际工作中登记日常常是在期初或期末、季初或季末、年初或年末等。

由间断时点数列计算平均发展水平一般要采用两个假设条件：一是假设上期期末水平等于本期期初水平(上期期末和本期期初是两个连续的时点，这里假设两个时点的水平没有变化)；二是假设现象在间隔期内的数量变化是均匀的。

根据上述两个假设条件，由间断时点数列计算平均发展水平一般分为两步：

第一步，计算各间隔期的平均水平。

第二步，以各间隔期长度为权数，对各间隔期的平均水平再进行加权平均计算，得到间断时点数列的平均发展水平。

由于间隔时点数的间隔期有的相等，有的不相等，所以计算平均发展水平的具体方法也不相同。

① 由间隔相等的间断点数列计算平均发展水平。由于等间隔时点数列的间隔期是相等的，所以权数的作用就没有了。因而，计算出各间隔时点数的间隔期的平均水平之后，将各间隔的平均水平进行简单的计算即可。其计算公式为：

$$\bar{a}=\frac{\frac{a_1+a_2}{2}+\frac{a_2+a_3}{2}+\cdots+\frac{a_{n-1}+a_n}{2}}{n-1}=\frac{\frac{a_1}{2}+a_2+\cdots+a_{n-1}+\frac{a_n}{2}}{n-1}$$

用上述公式计算的方法称为"首尾折半法"。下面以一个具体的例子说明在这种情况下平均发展水平的计算过程。

【例 5-4】 某企业 2017 年第一季度职工人数资料见表 5-4,请计算该企业第一季度平均职工人数。

表 5-4　某企业第一季度职工人数

时间	1月1日	2月1日	3月1日	4月1日
职工人数(人)	1 400	1 420	1 450	1 440

解决这一问题的思路是:首先求出各月的平均职工人数,然后再对各月平均职工人数计算平均数。求各月的平均职工人数时,按理应该计算该月内平均每天的职工人数。但由于未能掌握该月内每天职工人数的资料,所以只能在一定假设条件下推算:即把下月初的职工人数看作本月末的职工人数,并假定各月内职工人数的变动是均匀的。这样,每月的平均职工人数就等于月初数加月末数除以 2。因此,可以计算出 2005 年该企业第一季度平均每月职工人数为:

$$\bar{a}=\frac{\frac{1\ 400+1\ 420}{2}+\frac{1\ 420+1\ 450}{2}+\frac{1\ 450+1\ 440}{2}}{4-1}=1\ 430(人)$$

② 由间隔不相等的间断时点数列计算平均发展水平。间隔不相等间隔时点数列平均发展水平的计算也可以采用"两次平均"的思路,且第一次的平均方法与间隔相等的间断时点数列的计算方法相同;进行第二次平均时,由于各时间间隔不相等,所以应当用各时点间隔长度作为权数,计算加权算术平均数。其计算公式为:

$$\bar{a}=\frac{\frac{a_1+a_2}{2}\cdot f_1+\frac{a_2+a_3}{2}\cdot f_2+\cdots+\frac{a_{n-1}+a_n}{2}f_{n-1}}{f_1+f_2+\cdots+f_{n-1}}$$

【例 5-5】 某城市 2017 年外来人口资料见表 5-5,请计算 2017 年该城市平均外来人口数。

表 5-5　某市外来人口资料

时间	1月1日	5月1日	8月1日	12月31日
外来人口数(万人)	13.53	13.87	14.01	13.37

$$\bar{a}=\frac{\frac{13.53+13.87}{2}\times4+\frac{13.87+14.01}{2}\times3+\frac{14.01+13.37}{2}\times5}{4+3+5}=13.76(万人)$$

计算结果表明,2017 年该城市平均外来人口数为 13.76 万人

这里需要注意,由于两个假设条件与实际情况有差异,所以根据时点间断数列计算的各间断期平均数只是个近似值,它与实际平均数之间是有差距的。而且,从上面的例子可以看出,

间隔期越长，权数就越大，其平均数对时点间隔数列的总平均水平的影响就越大。因此，为了使计算结果尽量反映实际情况，间断时点数列的间隔期不宜过长。

从理论上讲，在计算时点数列平均数发展水平的四种方式中，以第一种为最优，准确性最好，但在实际工作中往往受客观条件的限制；第二种较少使用；第三种使用得最多、最为普遍，因为它用于我国的定期统计制度；第四种有时使用，主要适用于非定期专门调查。

（二）由相对数动态数列或平均数动态数列计算平均发展水平

相对数动态数列或平均数动态数列都是由一个分子数列和一个分母数列对比而形成的，所以，根据相对数动态数列或平均数动态数列计算平均发展水平时，一般都按以下步骤进行：

第一步，计算作为分子的时间数列的平均发展水平；

第二步，计算作为分母的时间数列的平均发展水平；

第三步，将分子和分母数列的平均发展水平加以对比，计算相对数或平均数动态数列的平均发展水平。其计算公式为：

$$\bar{c}=\frac{\bar{a}}{\bar{b}}$$

式中：

$\bar{c}$——相对数或平均数动态数列的平均发展水平；

$\bar{a}$——分子数列的平均发展水平；

$\bar{b}$——分母数列的平均发展水平。

由于相对数动态数列或平均数动态数列可由两个时期数列、两个时点数列或由一个时期数列或一个时点数列对比形成，而时期数列与时点数列的平均发展水平的计算方法又不完全相同，所以计算相对数动态数列或平均数动态数列的平均发展水平时，有以下三种情况：

1. 分子、分母数列均是由时期数列对比形成的动态数列

这种数列分子和分母数列的平均发展水平都是用简单的平均法计算，所以其计算公式如下：

$$\bar{c}=\frac{\bar{a}}{\bar{b}}=\frac{\frac{\sum a}{n}}{\frac{\sum b}{n}}=\frac{\sum a}{\sum b}$$

【例 5－6】 某厂一季度利润完成情况见表 5－6，请计算一季度利润的平均计划完成程度。

表 5－6　　某厂一季度利润计划和完成情况表

月份	1月	2月	3月
实际利润（万元）a	540	770	864
计划利润（万元）b	600	700	720
计划完成程度（%）c	90	110	120

平均计划完成程度为：

$$\bar{c}=\frac{\bar{a}}{\bar{b}}=\frac{\sum a}{\sum b}=\frac{540+770+864}{600+700+720}\times 100\%=\frac{2\ 174}{2\ 020}\times 100\%=107.6\%$$

计算结果表明，一季度利润的平均计划完成程度为 107.6%。

2. 分子、分母数列均由时点数列对比形成的动态数列

这种数列平均发展水平的计算公式因数列的不同情况而有所不同，下面举例说明其中的一种情况的计算方法。

【例 5－7】 某企业一季度人数构成资料见表 5－7，请计算该企业一季度工人人数占职工人数的平均比重。

表 5－7　　某企业一季度人数构成情况

时间	1 月初	2 月初	3 月初	4 月初
工人人数(人)a	1 400	1 650	1 794	1 760
职工人数(人)b	2 000	2 200	2 400	2 200
工人人数比重(%)c	70	75	74.75	80

该企业一季度工人人数占职工人数的平均比重计算如下：

$$\bar{c}=\frac{\bar{a}}{\bar{b}}=\frac{\dfrac{\dfrac{1\ 400}{2}+1\ 650+1\ 794+\dfrac{1\ 760}{2}}{4-1}}{\dfrac{\dfrac{2\ 000}{2}+2\ 200+2\ 400+\dfrac{2\ 200}{2}}{4-1}}\times 100\%=\frac{1\ 675}{2\ 233}\times 100\%=75\%$$

3. 分子、分母数列由一个时期数列与一个时点数列对比而形成的数列

分子数列用简单的平均法计算平均发展水平，分母数列根据具体情况采用的方法不同。现举例如下：

【例 5－8】 某企业二季度总产值与工人数资料见表 5－8，请计算该企业二季度月平均劳动生产率。

表 5－8　　某企业二季度总产值及人数情况

时间	4 月	5 月	6 月	7 月
总产值(万元)a	180	160	200	190
月初工人数(人)b	600	580	620	600
工人劳动生产率(万元/人)c	0.305 1	0.266 7	0.327 9	—

$$\bar{c}=\frac{\bar{a}}{\bar{b}}=\frac{\dfrac{180+160+200}{3}}{\dfrac{\dfrac{600}{2}+580+620+\dfrac{600}{2}}{4-1}}=\frac{180}{600}=0.3(\text{万元/人})=3\ 000(\text{元/人})$$

计算结果表明该企业二季度月平均劳动生产率为 3 000 元/人。如果要计算二季度平均劳动生产率，可以用二季度月平均生产率乘上二季度月份个数即 3，则二季度平均劳动生产

率＝3 000×3＝9 000(元/人)。

【思考】

某企业库存额资料如下表：

时间	1月	2月	3月	4月
月平均库存额(万元)	34	45	50	48

则一季度平均库存额计算如下：

$$\bar{a}=\frac{\frac{34}{2}+45+50+\frac{48}{2}}{4-1}=45.33(\text{万元})$$

请问：这种计算方法正确吗?

三、增长量

增长量又称增减量，是指动态数列中两个不同时期的发展水平之差，反映社会经济现象报告期比基期增加或减少的数量。其计算公式为：

增长量＝报告期水平－基期水平

当报告期水平大于基期水平时，增长量为正值，表示现象的增加量；当报告期水平小于基期水平时，增长量为负值，表示现象的减少量。

根据所采用的基期不同，增长量分为逐期增长量、累计增长量、年距增长量。

(一) 逐期增长量

逐期增长量是报告期水平与前一期水平之差，它说明报告期水平比前一期水平增减的绝对量。用符号表示为：

$$a_1-a_0,a_2-a_1,\cdots,a_n-a_{n-1}$$

(二) 累计增长量

累计增长量是指报告期水平与某一固定基期水平之差，说明报告期水平比某一固定基期水平增减的绝对量，也说明在某一段较长时期内总的增长量。用符号表示为：

$$a_1-a_0,a_2-a_0,\cdots,a_n-a_0$$

【例 5-9】 我国 2011～2016 年社会消费品零售总额资料见表 5-9，请计算这期间的逐期增长量和累计增长量。

表 5-9 **我国 2011～2016 年社会消费品零售总额** 单位：亿元

年份	2011	2012	2013	2014	2015	2016
社会消费品销售额	183 919	210 307	242 843	271 896	300 931	332 316
逐期增长量	—	26 388	32 536	29 053	29 035	31 385
累计增长量	—	26 388	58 924	87 977	117 012	148 397

逐期增长量和累计增长量之间的关系如下：

（1）整个时期的逐期增长量之和等于最后一个时期的累计增长量，即：

$$(a_1-a_0)+(a_2-a_1)+\cdots+(a_n-a_{n-1})=a_n-a_0$$

（2）相邻两个时期的累计增长量之差等于相应时期的逐期增长量，即：

$$(a_n-a_0)-(a_{n-1}-a_0)=a_n-a_{n-1}$$

根据上述数量关系，逐期增长量和累计增长量之间可以互相推算。

【例 5-10】 以表 5-9 中的资料为例，2011～2016 年各逐期增长量之和等于 2016 年的累计增长量，即 26 388+32 536+29 053+29 035+31 385=148 397(亿元)。

而 2016 年的累计增长量与 2015 年的累计增长量之差等于 2016 年的逐期增长量，即 148 397－117 012=31 385(亿元)。

（三）年距增长量

为了消除季节变动因素的影响，常将报告期发展水平与去年同期发展水平进行比较。若以相减的比较方式，则得到的就是年距增长量，即：

$$\text{年距增长量}=\text{报告期水平}-\text{上年同期发展水平}$$

【例 5-11】 某商店 2016 年第四季度商品销售额为 5 000 万元，2017 年第四季度的销售额为 5 200 万元，则年距增长量=5 200－5 000=200(万元)，这表明该商店 2017 年第四季度商品销售额比上年同期增长了 200 万元。

（四）平均增长量

平均增长量是指动态数列的各逐期增长量的平均数发展水平，用来反映现象在某一时间内各期绝对数增长的一般水平。计算公式为：

$$\text{平均增长量}=\frac{\text{逐期增长量之和}}{\text{逐期增长量个数}}=\frac{\text{累计增长量}}{\text{动态数列项数}-1}$$

【例 5-12】 仍根据表 5-9 的资料，计算 2011～2016 年期间我国社会消费品零售总额的年平均增长量为：

$$\frac{26\ 388+32\ 536+29\ 053+29\ 035+31\ 385}{5}=\frac{148\ 397}{5}=29\ 679.4(\text{亿元})$$

【思考】

根据第五次、第六次人口普查资料，我国大陆人口 2000 年 11 月 1 日 0 时普查时为 126 583万人，2010 年 11 月 1 日零时普查时为 137 054 万人，试求两次人口普查期间我国人口年平均增长量。

任务三　动态数列的速度指标

一、发展速度

发展速度是动态数列中报告期水平与基期水平之比，表明社会经济现象在一定时期内的发展方向和程度，表示报告期水平已发展到基期水平的几分之几或若干倍，其计算公式为：

$$发展速度=\frac{报告期水平}{基期水平}$$

发展速度一般用百分数表示，有时也用倍数表示。若发展速度大于100%（或大于1），则表示为上升速度；若发展速度小于100%（或小于1），则表示为下降速度。

根据所采用的基期不同，发展速度分为环比发展速度、定基发展速度以及年距发展速度。

（一）环比发展速度

环比发展速度是指报告期水平与前一期水平的比值，表明现象逐期发展变化的程度。其计算公式为：

$$环比发展速度=\frac{报告期水平}{前一期水平}$$

用符号表示为：

$$\frac{a_1}{a_0},\frac{a_2}{a_1},\cdots,\frac{a_n}{a_{n-1}}$$

（二）定基发展速度

定基发展速度是指报告期发展水平与某一固定期水平（通常是最初水平）的比值，表明现象在较长时期内总的发展变化程度，又称总速度。其计算公式为：

$$定基发展速度=\frac{报告期水平}{固定基期水平}$$

用符号表示为：

$$\frac{a_1}{a_0},\frac{a_2}{a_0},\cdots,\frac{a_n}{a_0}$$

【例5-13】 根据表5-9中的资料，计算我国2011～2016年社会消费品零售总额的环比发展速度和定基发展速度，如表5-10所示。

表5-10　　我国2011～2016年社会消费品零售总额

年　份	2011	2012	2013	2014	2015	2016
社会消费品零售总额（亿元）	183 919	210 307	242 843	271 896	300 931	332 316
环比发展速度（%）	—	114.3	115.4	112.0	106.7	110.4
定基发展速度（%）	100	114.3	132.0	147.8	163.6	180.7

定基发展速度和环比发展速度之间的关系是：

(1) 定基发展速度等于相应时期内的各个环比发展速度的连乘积，即：

$$\frac{a_n}{a_0}=\frac{a_1}{a_0}\times\frac{a_2}{a_1}\times\cdots\times\frac{a_n}{a_{n-1}}$$

(2) 相邻两个时期的定基发展速度之比等于相应发展速度时期的环比发展速度，即：

$$\frac{a_n}{a_0}\div\frac{a_{n-1}}{a_0}=\frac{a_n}{a_{n-1}}$$

根据上述数量关系，环比发展速度和定基发展速度之间可以互相推算。

【例 5 - 14】 以表 5 - 10 中的资料为例，2011～2016 年各年的环比发展速度的连乘积等于 2016 年的定基发展速度（总速度），即 114.3%×115.4%×112%×106.7%×110.4%＝180.7%。

而 2016 年的定基发展速度与 2015 年的定基发展速度之比等于 2016 年的环比发展速度，即 180.7%÷163.6%×100%＝110.4%。

（三）年距发展速度

对于具有季度变化的一些社会经济现象，为了消除季节变动的影响，可以计算年距发展速度，用来说明本期发展水平相对于去年同期发展水平变化的方向与程度，它是实际统计分析中经常使用的指标。其计算公式为：

$$年距发展速度=\frac{报告期水平}{上年同期发展水平}$$

【例 5 - 15】 利用例 5 - 11 中的资料，计算某商店 2017 年第四季度商品销售额的年距发展速度＝5 200/5 000×100%＝104%。这表明该商店 2017 年第四季度商品的销售额是上年同期的 104%或 1.04 倍。

二、增长速度

增长速度是表明现象增长程度的相对指标，是增长量与基期水平的比值，表明报告期水平比基期水平增长（或降低）了百分之几或若干倍。其计算公式为：

$$增长速度=\frac{增长量}{基期水平}=\frac{报告期水平-基期水平}{基期水平}=发展速度-1$$

从上述公式可以看出，增长速度和发展速度既有区别又有密切的联系。两者区别在于：增长速度表示现象，即报告期水平比基期水平增长（或降低）了百分之几；而发展速度表示现象报告期与基期相比发展到了什么程度，即报告期水平是基期水平的百分之几或若干倍。两者的关系如上述公式所示，增长速度等于发展速度减 1。

增长速度有正、负值之分。当发展速度大于 1 时，增长速度为正值，表明现象的正增长程度；当发展速度小于 1 时，增长速度为负值，表明现象的负增长程度（或降低程度）。

根据所采用基期的不同，增长速度分为环比增长速度、定基增长速度以及年距增长速度。

（一）环比增长速度

环比增长速度是逐期增长量与前一期发展水平对比的结果，表示现象逐期增长的方向和程度。其计算公式为：

$$环比增长速度=\frac{逐期增长量}{前一期水平}=\frac{报告期水平-前一期水平}{前一期水平}=环比发展速度-1$$

（二）定基增长速度

定基增长速度是累计增长量与某一固定基期发展水平对比的结果，表示现象在较长时期内总的增长程度，其计算公式为：

$$定基增长速度=\frac{累计增长量}{固定基期水平}=\frac{报告期水平-固定基期水平}{固定基期水平}=定基发展速度-1$$

【例 5 - 16】 根据表 5 - 10 中的资料，计算我国 2011～2016 年社会消费品零售总额的环比增长速度和定基增长速度，如表 5 - 11 所示。

表 5 - 11 我国 2011～2016 年社会消费品零售总额

年份	2011	2012	2013	2014	2015	2016
社会消费品零售总额(亿元)	183 919	210 307	242 843	271 896	300 931	332 316
环比发展速度(%)	—	114.3	115.4	112.0	106.7	110.4
定基发展速度(%)	100	114.3	132.0	147.8	163.6	180.7
环比增长速度(%)	—	14.3	15.4	12.0	6.7	10.4
定基增长速度(%)	—	14.3	32.0	47.8	63.6	80.7

定基增长速度与环比增长速度不能直接换算。如果要进行换算，则首先必须将环比增长速度还原成环比发展速度，再将各期环比发展速度连乘，得到定基发展速度，最后用定基发展速度减 1 得到定基增长速度。

【思考】

已知某学校的学生数量连年增长，2017 年比 2016 年增长 10%，2016 年比 2015 年增长 6%，2015 年比 2014 年增长 3%，问 2017 年该校学生比 2014 年增长了多少？

(三) 年距增长速度

为了消除季节变动的影响，需要计算年距增长速度，其计算公式为：

$$\text{年距增长速度}=\frac{\text{年距增长量}}{\text{上年同期发展水平}}=\text{年距发展速度}-1$$

【例 5 - 17】 利用例 5 - 15 中的资料，计算某商店 2017 年第四季度商品销售额的年距发展速度＝5 200/5 000×100%－1＝104%－1＝4%。这表明该商店 2017 年第四季度商品的销售额比上年同期增长了 4%。

三、平均发展速度与平均增长速度

平均发展速度是动态数列中环比发展速度的平均发展水平。它说明某种现象在一个较长时期中逐期平均发展变化的程度。平均增长速度是用发展速度来计算的，反映某种现象在一个较长时期中发展速度逐期平均增长变化的程度。平均发展速度与平均增长速度的关系是：

$$\text{平均增长速度}=\text{平均发展速度}-1$$

平均发展速度和平均增长速度在实际工作中起着重要的作用。这两个指标是编制国民经济计划和进行国民经济宏观调控的重要指标；同时也经常用它们来对比不同阶段、不同时期、不同国家或地区同类现象变化的情况；它们还可以作为各种推算和预测的依据。由于环比发展速度的连乘积等于定基发展速度，当计算平均发展速度时，不能采用算术平均法，而应采用几何平均法。其计算公式为：

$$\bar{x}=\sqrt[n]{x_1 \cdot x_2 \cdot \cdots \cdot x_n}=\sqrt[n]{\prod x}$$

式中：

$\bar{x}$——平均发展速度；

x—— 各期的环比发展速度；

$\prod$—— 连乘号；

n—— 环比发展速度的个数。

由于环比发展速度的连乘积等于相应的定基发展速度（总速度），因此平均发展速度的公式也可写成：

$$\bar{x}=\sqrt[n]{\frac{a_n}{a_0}}=\sqrt[n]{R}$$

式中，R 为总速度。

由上面的公式计算平均发展速度时，可根据各时期的环比发展速度来计算，也可根据最初水平和最末水平来计算，还可根据总的发展速度来计算。

【例 5-18】 根据表 5-11 中的资料，计算我国 2011～2016 年社会消费品零售总额的年平均发展速度和平均增长速度。年平均发展速度的计算如下：

$$\bar{x}=\sqrt[5]{114.3\%\times115.4\%\times112.0\%\times106.7\%\times110.4\%}=\sqrt[5]{180.7\%}=112.6\%$$

或

$$\bar{x}=\sqrt[5]{\frac{332\ 316}{183\ 919}}=\sqrt[5]{180.7\%}=112.6\%$$

平均增长速度＝112.6%－1＝12.6%

上述计算结果表明，我国 2011～2016 年社会消费品零售总额每年平均递增 12.6%。

【思考】

根据第五次、第六次人口普查资料，我国大陆人口 2000 年 11 月 1 日 0 时普查时为 126 583万人，2010 年 11 月 1 日 0 时普查时为137 054万人，试求两次人口普查期间我国人口年平均增长速度；如果以 2010 年人口普查数为基数，其后每年以该速度递增，到 2015 年我国大陆人口将达到多少？

四、增长 1%的绝对值

增长 1%的绝对值是指环比增长速度中，报告期水平比基期水平每增长 1%所增加的绝对数。在一般情况下，考察现象的发展程度通常用环比发展速度指标来衡量。由于各期环比发展速度的计算基数不同，而绝对数又是相对数的基础，因此各期环比增长速度所反映的实际增长的绝对量效果就可能不同，即每增长 1%相对应的绝对增长量可能不同。因为低水平基础上的平均增减速度与高水平基础上的平均增减速度是不可比的。因此，对发展进行动态分析时，必须注意速度背后的绝对增长量。应用速度指标进行动态分析时，不能只注重发展速度与增长速度，还必须结合增长的绝对数量来分析。只有把速度指标与水平指标两者结合起来，才能全面地分析问题，防止片面性。增长 1%的绝对值是逐期增长量与环比增长速度之比。增长 1%的绝对值计算有两种方法：一是逐期增长量除以环比增长速度；二是前一期水平除以 100。两种方法实质是一样的。其计算公式为：

$$\text{增长 }1\%\text{的绝对值}=\frac{\text{逐期增长量}}{\text{环比增长速度}}\times1\%=\frac{\text{报告期水平}-\text{前一期水平}}{\frac{\text{报告期水平}-\text{前一期水平}}{\text{前一期水平}}\times100}=\frac{\text{前一期水平}}{100}$$

【例5－19】 利用表5－9的资料计算各项动态分析指标，如表5－12所示。增长1%绝对值的计算结果见表中最后一列。

表5－12 我国2011～2016年社会消费品零售总额

年份	2011	2012	2013	2014	2015	2016
发展水平(亿元)	183 919	210 307	242 843	271 896	300 931	332 316
逐期增长量(亿元)	—	26 388	32 536	29 053	29 035	31 385
累计增长量(亿元)	—	26 388	58 924	87 977	117 012	148 397
环比发展速度(%)	—	114.3	115.4	112.0	106.7	110.4
定基发展速度(%)	100	114.3	132.0	147.8	163.6	180.7
环比增长速度(%)	—	14.3	15.4	12.0	6.7	10.4
定基增长速度(%)	—	14.3	32.0	47.8	63.6	80.7
增长1%的绝对值(亿元)	—	1 839.19	2 103.07	2 428.43	2 718.96	3 009.31

任务四 动态数列的趋势分析

一、影响动态数列的因素分析

动态数列各项发展水平的变化是由许多因素共同作用的结果。有些因素属于基本因素，对事物的发展起决定性作用，会使事物的发展呈现出一定的规律；有些因素属于偶然的非基本因素，对事物的发展只起局部的非决定性作用，使事物的发展表现出不规则的波动。为了研究社会经济现象发展变化的规律和趋势，并据此预测未来，就要将这些影响动态因素加以分解并分别进行测定。在具体分析中可按影响因素的性质不同加以分类。一般将影响社会经济现象动态数列总变动的因素，分解为长期趋势、季节变动、循环变动、不规则变动四种主要因素。

(一) 长期趋势

长期趋势是指客观现象在一个相当长的时期内，受某种稳定性因素影响所呈现的上升或下降趋势，也可以表现为只围绕一个常数值而无明显增减变化的水平趋势。例如，粮食生产由于种植方法的不断改良、日益发达的农田水利等因素的影响，从较长时期看，总趋势是持续增加的、向上发展的。认识和掌握事物的长期趋势，可以把握事物发展变化的基本特点。

(二) 季节变动

季节变动是指客观现象受自然条件和社会风俗等因素的影响，在一年或更短的时期内，随时间的变动而呈现的周期性波动。引起季节变动的原因既有自然因素，也要人为因素，如节假及风俗习惯等。季节变动的影响有以一年为周期的，也有以一日、一周、一月为周期的。如冬装和夏装的销售量，由于受季节变动的影响呈现淡季和旺季交替变化的周期性变动；如日用消费品的销售量，在周末时多，在工作日时少，是以一个星期为周期的。认识和掌握季节变动，对于近期行动决策有重要的作用。

(三) 循环变动

循环变动是指客观现象以若干年为周期的涨落起伏相同的变动。循环变动不同于长期趋势，它所表现的不是单一方向(上升或下降)的持续运动，而是涨落相间的波浪式发展。循环变动也不同于季节变动，季节变动一般是以一年、一季或一月为一个周期，其变动情况一般可以预见；而循环变动没有固定的循环周期，其变动的周期较长，一般在数年以上，且各循环周期和幅度的规律性也较难把握。测定循环变动、掌握变动规律对于人们认识事物、控制和克服其产生的影响具有重要的意义。我国统计工作中近年新开展的宏观经济监测、预警系统的研究，就是为这一目的而建立的。通过对宏观经济发展状况进行监控，可及时发现经济波动的趋势，以便采取反波动的措施。

(四) 不规则变动

不规则变动是指客观现象由于突发事件或偶然因素引起的无周期性的变动，也称为随机变动。包括由突发的自然灾害、意外事件或重大政治事件所引起的剧烈变动，也包括大量随机因素干扰造成的起伏波动，它们是动态数列中无法由上述三个因素解释的部分。由于它们的变动影响，事物呈现出无规律、不规则的状态。

这四种因素的变化构成了事物在一定时期内的变动。在对动态数列进行分析时，首先要明确的是这四种类型因素变动的构成形式，即它们是如何结合及相互作用的。其次，就要剔除非主要因素的影响使现象事物变化规律和发展趋势显现出来。从长期来看，揭示经济现象发展的长期趋势和测定季节变动的影响对于社会经济现象发展趋势的研究尤为重要。

【思考】

请从时间长短、起伏规律和形式原因等三方面判断下面这些现象属于动态数列因素影响因素中哪一个?

A. 银行的活动储蓄额，发放工资前减少，发放工资后增多。

B. 旅游景点的游客人数，周末达到高峰。

C. 公共汽车乘客人数一天中几个时段为高峰，另外几个时段为低谷。

D. 耐用消费品如电视、冰箱周期性更新导致需求量的变化。

E. 我国国内生产总值从长时间来看是不断增长的。

F. 由于雪灾造成的对防寒物质的需求量的增大。

二、长期趋势的测定

长期趋势测定的方法很多，常用的有时距扩大法、移动平均法、数学模型法等。下面将分别介绍这些方法的运用。

(一) 时距扩大法

时距扩大法是测定长期趋势最原始、最简便的方法。它是把原来动态数列中所包括的各个时期资料加以合并，得出较长时间的资料，用以消除由于时距较短、受偶然因素影响所引起的不均匀状况。经过对原始动态数列扩大时距修匀，可以整理出新的能明显表示现象发展趋势的动态数列。

【例 5-20】 某工业企业 2014～2017 年各季度产品产量和季初库存量资料见表 5-13。2018 年 1 月初的库存量为 12 万吨。

表 5-13 某工业企业产品产量和库存量情况 单位:万吨

年份	2014				2015				2016				2017			
季度	1	2	3	4	1	2	3	4	1	2	3	4	1	2	3	4
产量	26	36	10	16	28	36	12	20	32	44	16	24	38	50	30	34
季初库存量	4	10	10	5	6	10	10	8	8	12	10	5	10	12	10	10

从表 5-13 中可以看出,2014～2017 年各季度的产量由于受多种因素的影响,增长趋势并不明显。同样季初库存量的变化趋势也不明显。如果将按季节统计的产量和库存量扩大为时距为年度的数据,则可整理出新的动态数列,见表 5-14。

表 5-14 某工业企业平均产品产量和平均库存量

年份	2014	2015	2016	2017
产量	88	94	116	152
季平均产量	22	24	29	38
季平均库存量	7.5	8.75	9.00	10.75

从表中可以明显看出,产量和库存量都呈明显的上升趋势。

应用时距扩大法时需要注意以下几个问题:

(1) 扩大的时距多大为宜取决于现象自身的特点。对于呈现周期波动的动态数列,扩大的时距与波动的周期相吻合;对于一般的动态数列,则要逐步扩大时距,以能够显示趋势变动的方向为宜。时距扩大得太大,将造成信息的损失。

(2) 扩大的时距要一致,相应的发展水平才具有可比性。

(二) 移动平均法

移动平均法实质上是时距扩大法的改良。它在动态数列中按一定项数逐项移动计算平均数,达到对原始数列进行修匀的目的。修匀的原理与时距扩大法一样,即从较长时期看,短期数据由于偶然因素而形成的差异,在加总过程中会相互抵消,故移动平均动态数列能够反映原始动态数列的总趋势。下面以某企业 2003 年各月总产值的资料为例,说明移动平均法的具体应用。

【例 5-21】 表 5-15 包括奇数项、偶数项两种移动平均。

奇数项移动平均求得的平均值,应对应所平均时期的中间数字,一次平均即可。例如,表 5-15 中三项移动平均栏的第一项为(71＋60＋74.2)/3＝68.4,与 2 月份的数字相对应,其他的依此类推。

偶数项移动平均求得的平均值,应位于所平均的中间两项之间。例如,表 5-15 中的四项移动平均栏的第一项为(71＋60＋74.2＋74)/4＝69.8,应放在第二月的数字与第三月的数字之间,其他的依此类推。这样组成的新数列中,每个值都错后半期,可采用修正办法将每个用偶数项计算出的移动平均数下移半期,或再进行一次两项移动平均,使之与具体的时间相对应(见表 5-15 中的移动平均)。

表 5-15　　某企业 12 个月总产值移动平均计算表　　单位:万元

月份	总产值	三项移动平均	四项移动平均	五项移动平均
1	71.00	—	—	—
2	60.00	68.40		—
3	74.20	69.40	69.8	71.3
4	74.00	77.00	72.8	76.2
5	82.80	81.20	79.5	80.9
6	86.80	85.00	82.3	84.2
7	85.40	87.00	86	87.6
8	88.80	90.00	89.2	89.8
9	95.80	92.10	90.4	91.2
10	91.70	93.00	92.00	93.30
11	91.50	94.00	94.5	—
12	98.80	—		—

由这一系列移动平均数构成的新数列,可以较明显地反映出各月总产值变动的总趋势。

采用移动平均法所计算出的新数列比原始动态数列的项数要少。一般来说,被平均的项数越多,修匀作用就越大,而所得的移动平均数就越少;反之,被平均的项数越少,修匀的作用就越小,所得的移动平均数就越多。所以,时距的选择要适中,否则不利于揭示现象的发展趋势。一般情况下,数列如果存在自然周期,应根据周期确定被平均的项数。

（三）数学模型法

数学模型法是使用数学模型来反映动态数列中各因素之间的关系,从而计算各期的趋势值的方法。它是在测定长期趋势时广泛使用的一种方法。长期趋势模型有直线趋势模型和曲线趋势模型。下面以直线趋势模型的测定为例来说明这种方法的具体应用。

如果动态数列逐期增长量相对稳定,即现象发展水平按相对固定的绝对值等量变化时,则采用直线(线性函数)作为趋势线,来描述趋势变化,预测前景。

以时间因素作为自变量(t),把数列发展水平作为因变量(y)拟合的直线趋势方程为:

$$y_c = a + bt$$

参数 a、b 的求法,常用最小平方法,又称最小二乘法。最小平方法是分析和预测现象长期趋势常用的方法之一。它的基本思想是:通过对原始数列的数字处理,拟合一条比较理想的趋势或趋势曲线,使原始数列各实际值与趋势值的离差平方和为最小,即 $\sum (y - y_c)^2$ 为最小值。能够满足这种要求的直线趋势方程,其参数的计算公式为:

$$b = \frac{n\sum ty - (\sum t)(\sum y)}{n\sum t^2 - (\sum t)^2}$$

$$a = \frac{\sum y}{n} - b\frac{\sum t}{n} = \bar{y} - b\bar{t}$$

【例 5-22】　某商店连续 7 年的销售额资料见表 5-16,要求拟合直线趋势方程并预测。

表 5-16　**某商店 2011～2017 年销售额资料**

年份	2011	2012	2013	2014	2015	2016	2017
销售额(万元)	45.2	57.5	69.4	82.9	95.7	108.3	120.4

从表 5-16 中的资料可以看出，该商店这几年销售额的逐期增长量大致相等，可以建立直线趋势方程，用最小平方法估计模型参数，计算有关数据见表 5-17。

表 5-17　**某商店 2011～2017 年销售额计算表**

年份	销售量 y	逐期增长量	时间序号 t	t^2	ty	y_c
2011	45.2	—	1	1	45.2	44.90
2012	57.5	12.3	2	4	115.00	57.52
2013	69.4	11.9	3	9	208.2	70.15
2014	82.9	13.5	4	16	331.6	82.77
2015	95.7	12.8	5	25	478.5	95.40
2016	108.3	12.6	6	36	649.8	108.02
2017	120.4	12.1	7	49	842.8	120.65
合计	579.4	—	28	140	2 671.1	579.41

将以上资料代入公式求解得：

$$b=\frac{7\times 2\,671.1-28\times 579.4}{7\times 140-28^2}=\frac{2\,474.5}{196}=12.625$$

$$a=\frac{579.4}{7}-12.625\times\frac{28}{7}=32.271$$

则所拟合的直线趋势方程为：$y_c=32.271+12.625t$

将各年的时间序号代入上述方程可得出每年的预测值，见表 5-17 的最后一列。如果预测 2018 年该商店的销售额，将 $t=8$ 代入方程得：

$$y_c=32.271+12.625\ 8=133.271(\text{万元})$$

为了简化计算过程，两参数还可以采用简捷法(即假定零点法)计算。由于直线趋势模型中的 t 为时间序号，因而可以设任一时间为原点(即 $t=0$)，当我们把动态数列的原点移至数列中间时，则 $\sum t=0$。在奇数项的条件下，数列中间一项为原点，记作 0，前后两端的时间序号按正负值对称设置，即按…，−5，−4，−3，−2，−1，0，1，2，3，4，5…设置，两头延伸；在偶数项的条件下，数列中中间两项的中点为原点，则时间序号分别按…，−5，−3，−1，1，3，5…设置，两头延伸。由于 $\sum t=0$，上述参数求解方法便可以简化为：

$$a=\frac{\sum y}{n}\quad b=\frac{\sum ty}{\sum t^2}$$

【例 5-23】　根据表 5-16 中的资料，用简捷法计算，如表 5-18 所示。

表 5-18　　**最小平方法简捷法计算表**

年份	销售量 y	时间序号 t	t^2	ty	y_c
2011	45.2	-3	9	-135.6	44.90
2012	57.5	-2	4	-115.00	57.52
2013	69.4	-1	1	-69.4	70.15
2014	82.9	0	0	0	82.77
2015	95.7	1	1	95.7	95.40
2016	108.3	2	4	216.6	108.02
2017	120.4	3	9	261.2	120.65
合计	579.4	0	28	353.5	579.41

根据表中的资料用简捷法计算：

$$a=\frac{579.4}{7}=82.771 \quad b=\frac{353.5}{28}=12.625$$

则所拟合的直线趋势方程为：$y_c=82.771+12.625t$

如果预测 2018 年该商店销售额，将 $t=4$ 代入方程得：

$$y_c=82.771+12.625\times 4=133.271(\text{万元})$$

由此可见，用简捷法计算的各年趋势预测值与用一般方法计算的结果相同。

【阅读】

如何正确看待我国 GDP 增长数据

国家统计局副局长许宪春指出，对我国 GDP 增长率数据的质疑不符合实际情况。经过多年努力，我国用于 GDP 核算的基础数据质量不断提高，能够比较准确地反映经济形势的发展变化。我国 GDP 核算方法已经与国际标准接轨。

随着经济的快速发展和经济地位的不断提升，国际社会对我国 GDP 数据的关注程度日益增加，我国的 GDP 数据总体上受到国际社会的认可。为了让社会各界了解和使用我国 GDP 数据及其核算方法，本文对我国 GDP 核算的资料来源、核算方法和核算结果等有关情况作些解读。

一、我国统计调查和行政记录为 GDP 核算提供了丰富的基础数据

依据《中华人民共和国统计法》，我国建立了以周期性普查为基础，以经常性抽样调查为主体，综合运用全面调查、重点调查，并充分运用行政记录等资料的统计调查体系，为我国 GDP 核算提供了有力的制度保障。

我国每 5 年开展一次全国经济普查，对除农林牧渔业以外的所有企业、行政事业单位、民间非营利组织和个体经营户进行地毯式调查。通过经济普查摸清了各类单位基本情况，查清了二、三产业发展规模及布局，查实了服务业、小微企业和战略性新兴产业发展状况。特别是摸清了数千万家有证照和无证照个体经营户的基本生产经营情况，弥补了常规年度个体经营户统计资料的不足。我国每10年进行一次农业普查，提供了农业的全面发展情况，为进一步完善农业统计调查制度和农业增加值核算奠定基础。

在常规年度，国家统计局直接对近 100 万家规模以上企业进行全面调查，包括规模以上工业企业、有资质的建筑业企业、限额以上批发零售和住宿餐饮业企业、房地产开发经营业企业，以及其他规模以上服务业企业。同时，通过抽样调查方式取得规模以下企业、住户和价格等领域的基础统计数据。

国务院有关行政管理部门根据职责分工，开展了大量的统计调查和行政记录整理工作，提供了丰富的基础数据。一是有关行政管理部门统计的本行业的业务资料和财务资料，例如，交通部统计的货物运输和旅客运输周转量等业务资料和营业收入、利润等财务资料。二是财政部编制的财政收支决算资料。三是行政管理部门依据行政记录加工整理的资料，例如，海关总署收集的货物进出口资料，税务总局收集的分行业税收资料。

二、我国 GDP 核算的基础数据质量不断提高

国家统计局通过体制机制法治和技术手段，为准确核算 GDP 数据提供了有力的制度保障。经过多年努力，我国用于 GDP 核算的基础数据质量不断提高，能够比较准确地反映经济形势的发展变化。

一是全力推进企业一套表联网直报统计制度，提高了规模以上企业统计数据质量。2012 年，国家统计局建立了规模以上企业一套表联网直报统计制度，直接掌握企业原始数据。企业通过国家联网直报平台填写电子报表，各级政府统计机构在线审核数据，凡修改数据均留下痕迹。实现了规模以上企业统计数据的采集、传输、处理、存储和发布等生产方式的深刻变革，基本上杜绝了中间环节对统计数据的干扰行为。

二是通过垂直管理的国家调查队系统，采取抽样调查方式开展住户调查、价格统计和规模以下企业统计，通过不断改进调查方式和数据采集方式，提高了这些领域的统计数据质量。推进城乡住户调查一体化改革，通过科学规范的抽样，调查了全国 16 万户居民家庭，比较真实地反映了住户收支状况。在全国 500 个居民消费价格调查市县、6.3 万个调查网点，全部实现手持电子终端（PDA）采集数据并实时上报国家统计局，价格统计数据质量有较大提高。规模以下工业、批发零售业、住宿餐饮业和其他服务业的抽样调查方式和数据采集方式也不断改进，数据质量进一步提高。

三是国务院有关管理部门提供的基础数据质量不断提高。银行、证券、保险主管部门的金融统计数据，全面反映了金融业的发展情况；财政部门的分类财政支出数据，准确反映了公共管理服务的发展情况；教育、工信、交通、卫生等主管部门的财务和业务数据，真实反映了这些部门所监管行业的发展情况。

四是强化依法治统，严肃查处统计违法行为。加强了对各级政府部门、统计人员和调查对象的法制宣传，提高了全社会统计法治意识。加大了统计执法检查力度，直接核查了上万起统计上弄虚作假案件，严肃处理了统计违法行为。开通了统计上严重失信企业公示平台，构建了警示和惩戒统计弄虚作假机制。

三、我国 GDP 核算方法已经与国际标准接轨

为全面准确地核算 GDP 数据，我国依据联合国等 5 大国际组织制定的《国民账户体系》（SNA）有关原则，借鉴发达国家的经验，制定了适合我国国情的 GDP 核算方法，并根据经济发展中出现的新情况和新问题，对我国 GDP 核算方法不断进行修订，以确保核算方法的科学性、规范性和国际可比性。

国家统计局高度重视 GDP 核算与国际标准相衔接。我国 GDP 核算范围、核算原则和核算方法与 SNA 保持一致；行业分类标准和产品分类目录分别是在联合国制定的《所有经济活动的国际标准产业分类》(ISIC)和《产品总分类》(CPC)的基础上制定的；居民消费支出分类充分借鉴了联合国制定的《按目的划分的个人消费分类》(COICOP)；固定资产范围和分类也与 SNA 的标准基本衔接。这些统计与核算标准的制定，为全面、准确核算我国 GDP 数据，实现国际可比性创造了条件。

我国 GDP 核算在实践中不断改革和发展。我国从 1985 年开始核算 GDP。1993 年，正式采用 SNA 体系，确立了 GDP 作为我国国民经济核算核心指标的地位。此后，在总结实践经验和借鉴发达国家做法的基础上，不断修订和改进 GDP 核算。特别是利用三次经济普查的机会，对 GDP 核算的资料来源和核算方法进行了系统修订和改进。

2015 年，按照国际上的通行做法，我国对季度 GDP 核算进行了改革，将累计核算修改成更加科学规范的分季核算。目前，国家统计局正在按照新的国际标准——2008 年 SNA 的基本概念、基本原则、基本分类和基本核算方法，进一步完善 GDP 核算。经过多年的改革实践，我国当前的 GDP 核算方法已经与国际标准基本衔接，得到国际组织和国际同行的认可。同时，我国统计与核算工作的透明度也在不断提高。

为确保 GDP 数据的准确性，国家统计局还利用多种方法对基础数据和核算结果进行反复审核评估。核算前，要对专业和部门统计数据以及行政记录的完整性和准确性进行审核，确保这些数据符合 GDP 核算的概念和要求，并能够客观反映相应领域发展的实际情况。对于在评估中发现的问题，根据评估结果对基础数据进行必要的修订。核算时，要对 GDP 及分行业增加值数据与相关专业和部门统计数据及行政记录的协调性进行检验，对 GDP 生产和使用数据进行平衡。

四、对我国 GDP 增长率数据的质疑不符合实际情况

个别机构和媒体对我国 GDP 增长率数据提出质疑。我们以开放的心态虚心听取和认真分析这些质疑，吸收其中的建设性意见和合理成分，作为改进我国 GDP 核算的重要参考。但我们认为，目前一些关于我国 GDP 增速高估的观点，所使用的方法不够科学，资料不够完整，因而得出的结论不符合我国实际情况。

(一)简单用部分产品产量推算工业增加值增速存在较大偏差

有的学者利用部分工业产品产量的增速，通过加权平均的方法来推算整个工业增加值增速，并进而认为我国 GDP 增速被高估了。我们认为，这种推算方法有明显缺陷，存在较大偏差。

首先，产品代表性严重不足。这种研究所选取的产品种类较少，并且煤炭、石油、钢铁等初级产品和传统产品所占比重较大，而各年出现的新产品被选中的很少。因此，这种估算方法存在较大偏差，难以全面反映整个工业的增长情况。一般而言，由于新产品产量增长相对较快，这种估算方法会低估工业增速。特别是近年来我国经济增速回落，传统产品产量增速回落幅度更加明显，采用这种估算方法就会明显低估工业增速。而在个别年份，由于代表性产品产量增长很快，这种估算方法可能会高估工业增速。

其次，无法反映产品质量变化。用产品产量推算的方法只考虑了产品的数量变化，而没有考虑产品的质量变化。这就意味着技术进步和质量提升带来的增长会被忽视，这是产品产量推算法的内在缺陷。2008 年 SNA 指出，两种不同质量的产品，其数量不能直接对比；

如简单对比则会低估因质量提高而带来的增长。我国在工业化进程中，技术不断进步，产品更新换代很快，新产品层出不穷，产品质量大幅提升。比如，早期的普通手机仅有通话等极少数功能，而现在的智能手机则相当于几年前的个人电脑，质量提高很快。因此，简单用产品产量进行估算会低估工业增速。

再次，无法反映产品结构变化。产品千差万别，相同产品内部也有不同的产品类型和规格，而不同类型和规格产品的附加值不同，其结构变化会影响增长速度。比如，近年来我国汽车结构变化较大，运动型多功能轿车（SUV）占全部汽车的比重，从2010年的5.2%上升到2015年的24.8%，而相比于普通汽车，SUV的附加值更高。如果不考虑这些产品结构的变化，则会低估工业增速。

事实上，产品产量推算法仅适用于计算少数工业行业的增长速度。国际标准并不推荐使用这种方法来测算全部工业行业增速。联合国对编制工业生产指数给出的建议是，将产品产量推算法和价格缩减法结合起来使用。对产品种类比较单一的行业，使用产品产量推算法，如煤炭、石油行业；对产品种类繁多、难以选择合适代表性产品的行业，使用价格缩减法。

（二）用较低的劳动生产率增速评估服务业增速不符合我国实际情况

有观点认为，利用我国服务业增加值数据计算的改革开放以后的劳动生产率增速过快，不仅比改革开放前大幅加快，也比发达国家相应时期的劳动生产率增速快很多，据此推断我国服务业增加值增速被高估，进而以较低的劳动生产率来推算我国服务业增速。我们认为，这种推断不符合我国实际情况。

实际上，改革开放以后我国劳动生产率提高较快，有其合理因素。首先，我国的劳动力素质大幅提高。从受教育程度看，1982年大专及以上受教育人口占总人口的比重仅为0.6%，而2014年已上升到10.7%。其次，制度因素发挥了重要作用。我国的经济体制改革解放和发展了生产力，极大地激发了广大劳动者的积极性和创造性，促进了劳动生产率快速提高。第三，作为后发展的发展中国家，我国在发展本国经济中具有明显的后发优势。

这类研究还忽视了我国新兴服务业的快速发展。改革开放以后，特别是21世纪初以来，我国金融业、互联网和相关服务业、软件和信息技术服务业、商务服务业等行业发展迅猛。例如，2004～2014年，证监会统计的股票成交量年平均增长29.8%，远快于同期证券业从业人员10.7%的年均增速。如果不考虑这些新兴服务业对经济增长的贡献，则会大大低估我国GDP的增长速度。

2015年，我国正式加入了国际货币基金组织制定的数据公布特殊标准（SDDS）。SDDS在数据覆盖范围、公布频率、公布及时性、数据质量、公众可得性等方面都有很高的要求，这表明我国的统计数据质量是有保障的，为国际社会所认同。联合国、世界银行和国际货币基金组织等国际机构均认可我国政府统计数据，并在其数据库中直接采用这些数据。因此，我国的GDP数据是真实可信的。

当然，也应看到，当前我国社会主义市场经济发展产生了许多新情况，宏观经济管理对GDP核算信息产生了许多新需求，社会各界对GDP核算有许多新期待，国际社会也对我国GDP数据更加关注，这都要求我们不断探索改进GDP核算工作。我们将全面深化统计改革，进一步完善统计调查制度和GDP核算方法，不断提高GDP数据质量。

小讨论　你如何看待我国近年来的经济增长速度？对我国经济发展的静态分析和动态分析你认为有何关系？

【任务实施】

Excel 在动态分析中的应用

利用 Excel 计算动态分析指标的方法比较简单，可以直接用公式输入法和参照模块四介绍的方法，因此不再重复介绍。在此主要介绍如何利用 Excel 进行现象趋势分析。

测定长期趋势

（一）移动平均法

在 Excel 中计算移动平均可以使用 AVERAGE 函数计算，也可以使用数据分析工具中的“移动平均”工具计算。利用例 5－21 中的资料为例，说明该工具的操作方法。

第一步，将时间和总产值资料输入表 A、B 两列，如图 5－1 所示。

	A	B
1	年	产量
2	份	
3	1	71
4	2	60
5	3	74.2
6	4	74
7	5	82.8
8	6	86.8
9	7	85.4
10	8	88.8
11	9	95.8
12	10	91.7
13	11	91.5
14	12	98.8

图 5－1　原始数据

第二步，在“工具”菜单中单击“数据分析”选项，从其对话框的“分析工具”列表中选择“移动平均”，确定后进入“移动平均”对话框，如图 5－2 所示。

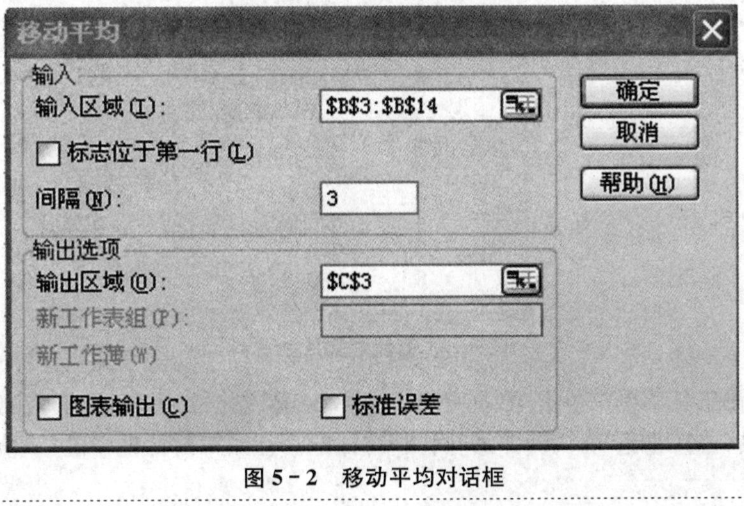

图 5－2　移动平均对话框

第三步，在“输入区域”框中输入数据所在的单元格。本例为 B3:B14。该区域没有标志，所以不需要选“标志位于第一行”选框。

第四步，在“间隔”框中键入移动平均的时间间隔。如本例 C 列计算三项移动平均值，则输入“3”，D 列计算四项移动平均值，则输入“4”。

第五步，在输出区域框中，键入计算结果区域左上角的单元格行列号，如本例 C 列计算三项移动平均值，输入“C3”，D 列计算四项移动平均值，输入“D3”。如果要再给出原始数据的标准差，可选择“标准误差”选框；如还需要给出移动平均统计图，可选择“图表输出”选框。完成以上操作后按“确定”，即在指定的区域输出计算结果，如图 5-3 所示。

	A	B	C	D
1	年	产量	三项移动平均	四项移动平均
2	份			
3	1	71		
4	2	60		
5	3	74.2	68.4	
6	4	74	69.4	69.8
7	5	82.8	77	72.75
8	6	86.8	81.2	79.45
9	7	85.4	85	82.25
10	8	88.8	87	85.95
11	9	95.8	90	89.2
12	10	91.7	92.1	90.425
13	11	91.5	93	91.95
14	12	98.8	94	94.45

图 5-3 移动平均计算结果

（二）最小平方法测定直线趋势

下面利用例 5-22 中表 5-16 的资料说明该方法的操作步骤。

第一步，将自变量（时间序号）和因变量（销售额）的数据分别输入 A 列和 B 列，如图 5-4 所示。

Microsoft Excel - Book1

文件(F) 编辑(E) 视图(V)

F10

	A	B
1	t	y
2	1	45.2
3	2	57.5
4	3	69.4
5	4	82.9
6	5	95.7
7	6	108.3
8	7	120.4

图 5-4 直线趋势原始资料

第二步，在工具菜单中单击“数据分析”选项，出现“数据分析”对话框，在分析工具中选择“回归”工具，按“确定”确认即弹出“回归”对话框。在回归对话框中的“Y 值输入区域”输入“＄B＄2：＄B＄8”，在“X 值输入区域”输入“＄A＄2：＄A＄8”，在“输出选项”中选择“新工作组表”。如图 5-5 所示。

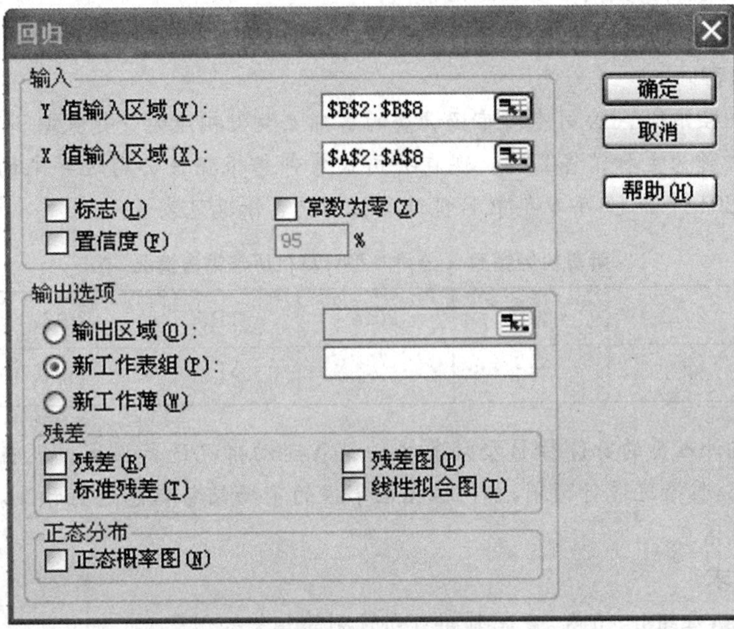

图 5-5　“回归”对话框

第三步，单击“确定”按钮，回归分析结果如图 5-6 所示。

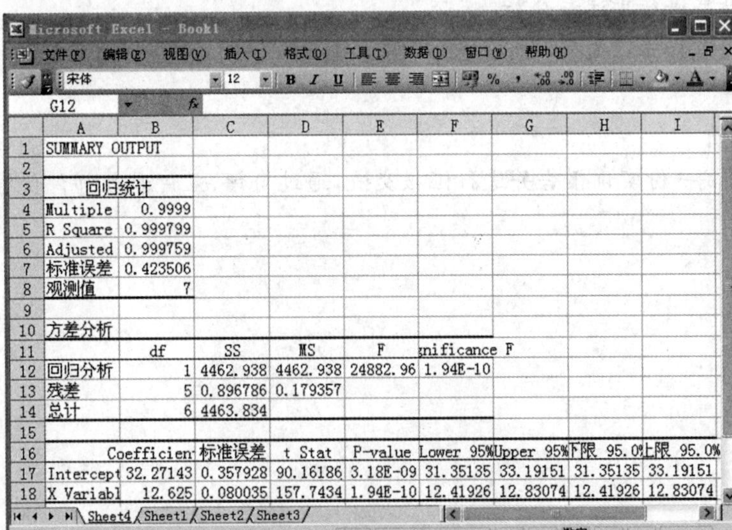

	A	B	C	D	E	F	G	H	I
1	SUMMARY OUTPUT								
2									
3	回归统计								
4	Multiple	0.9999							
5	R Square	0.999799							
6	Adjusted	0.999759							
7	标准误差	0.423506							
8	观测值	7							
9									
10	方差分析								
11		df	SS	MS	F	gnificance F			
12	回归分析	1	4462.938	4462.938	24882.96	1.94E-10			
13	残差	5	0.896786	0.179357					
14	总计	6	4463.834						
15									
16		Coefficien	标准误差	t Stat	P-value	Lower 95%	Upper 95%	下限 95.0%	上限 95.0%
17	Intercept	32.27143	0.357928	90.16186	3.18E-09	31.35135	33.19151	31.35135	33.19151
18	X Variabl	12.625	0.080035	157.7434	1.94E-10	12.41926	12.83074	12.41926	12.83074

图 5-6　回归分析结果

在结果中，第一部分是回归统计，第二部分是方差分析，第三部分是回归系数表，从表中可知：$a=32.271$，$b=12.625$，因此直线趋势方程为 $y=32.271+12.625t$。

实训 动态数据特征分析

一、实训目的

1. 掌握时间数列的预测方法及运用条件；

2. 培养学生应用时间数列分析实际问题的能力。

二、实训内容

某市计算机经销商A公司在对市场调查的基础上做出相应的营销策略调整，决定以后将品牌B型计算机作为主打销售品牌。现在公司销售部想根据该公司近年来的销售情况做出营销策略调整，2012～2017年6年中B型计算机的销售情况见表5-19。

表5-19 计算机经销商A公司B型计算机历年销售情况 单位：千台

年 份	2012	2013	2014	2015	2016	2017
销售量	38.5	56.2	73.9	84.5	98.6	136.5

请以销售统计人员的身份对B型计算机的销售变动情况进行描述。现在公司销售部想对2018年度的销售情况进行预测，如何根据已掌握的市场销售信息进行预测，为该公司的市场销售提供决策信息。

三、实训要求

1. 学生分组，每组5～6人，查阅时间数列预测的相关知识；

2. 根据提供的信息分析解决步骤，选择预测方法；

3. 利用Excel工具进行销售量预测；

4. 对预测结果进行描述与分析；

5. 小组派代表发言；

6. 教师点评。

四、实训评价

每个小组形成一份实训报告并进行汇报交流，通过自评、互评和教师评价综合评定成绩。

模 块 六

统计指数

【知识目标】

1. 理解统计指数的含义与意义；
2. 掌握统计指数的种类；
3. 掌握综合指数的编制方法；
4. 掌握平均指数的编制方法；
5. 能够运用指数体系进行因素分析；
6. 了解我国常用的统计指数。

【能力目标】

1. 能够编制经济生活中常用的简单指数；
2. 能够利用指数分析有关经济问题；
3. 具有应用 Excel 工具编制综合指数分析的能力。

【小资料】

2017 年 12 月份，全国居民消费价格同比上涨 1.8%。其中，城市上涨 1.9%，农村上涨 1.7%；食品价格下降 0.4%，非食品价格上涨 2.4%；消费品价格上涨 1.1%，服务价格上涨 3.0%。

12 月份，全国居民消费价格环比上涨 0.3%。其中，城市上涨 0.3%，农村上涨 0.4%；食品价格上涨 1.1%，非食品价格上涨 0.1%；消费品价格上涨 0.5%，服务价格上涨 0.1%。

2017 年全年，全国居民消费价格比上年上涨 1.6%。

一、各类商品及服务价格同比变动情况

12 月份，食品烟酒价格同比上涨 0.3%，影响 CPI 上涨约 0.09 个百分点。其中，蛋类价格上涨 11.4%，影响 CPI 上涨约 0.07 个百分点；鲜瓜果价格上涨 6.3%，影响 CPI 上涨约 0.10 个百分点；水产品价格上涨4.0%，影响CPI上涨约0.07个百分点；粮食价格上涨1.3%，影响CPI上涨约0.03个百分点；鲜菜价格下降8.6%，影响CPI下降约0.23个百分点；畜肉类价格下降4.2%，影响CPI下降约0.20个百分点（猪肉价格下降8.3%，影响CPI下降约0.23个百分点）。

12月份，其他七大类价格同比均上涨。其中，医疗保健、居住、教育文化和娱乐价格分别上涨6.6%、2.8%和2.1%，其他用品和服务、生活用品及服务价格分别上涨1.9%和1.6%，衣着、交通和通信价格分别上涨1.3%和1.2%。

二、各类商品及服务价格环比变动情况

12月份，食品烟酒价格环比上涨0.8%，影响CPI上涨约0.23个百分点。其中，鲜果价格上涨5.5%，影响CPI上涨约0.09个百分点；蛋类价格上涨4.4%，影响CPI上涨约0.03个百分点；水产品价格上涨1.1%，影响CPI上涨约0.02个百分点；鲜菜价格上涨1.0%，影响CPI上涨约0.02个百分点；畜肉类价格上涨0.8%，影响CPI上涨约0.04个百分点（猪肉价格上涨1.1%，影响CPI上涨约0.03个百分点）。

12月份，其他七大类价格环比五涨一降一平。其中，交通和通信价格上涨0.4%，居住、生活用品及服务价格均上涨0.2%，教育文化和娱乐、医疗保健价格均上涨0.1%；其他用品和服务价格下降0.1%；衣着价格持平。

数据摘自国家统计局网站

任务一　统计指数的意义与种类

一、统计指数的含义

统计指数，简称指数，最早见于18世纪中期的欧洲，当时将反映不同时期商品价格涨跌情况的相对指数称为价格指数。后来，人们为了适应统计研究分析和实际运用的需要，扩展了指数对比计算的对象、内容和范围。所以，从商品价格到社会经济领域的各种要素，从某一简单现象到复杂现象，从不同时间到不同空间，不同条件的经济现象数量对比计算的相对数，都沿用了价格相对指数所用的指数概念。

统计指数的概念有广义和狭义之分。从广义上来说，凡说明同类总体数量差异或变动的相对指数都可以称为相对指数。如前面介绍过的比较相对数、动态相对数、计划完成程度相对数等。它包括反映简单现象总体和复杂现象总体的相对数。简单现象总体是指总体中各单位具有共同的计量单位，其标志值可以直接加总计算的总体，如某一产品的价格、产量、成本等。复杂现象总体是指总体内各单位各有不同的计量单位，其标志值不能直接加总计算的总体。如某一企业有不同产品的价格、产量、成本等。而对于综合反映不能直接加总计算的多种事物组成的复杂现象总体数量变动的相对数，则称为狭义的统计指数。本模块主要讨论狭义指数的编制。

二、统计指数的意义

统计指数在经济活动分析中有着重要的意义。具体来说主要包括：

(一) 统计指数可以综合反映复杂现象总体数量的变动方向和程度

统计指数的编制，把不能直接加总的多种现象过渡为可比的总体现象，并通过汇总对比，计算出总指数，反映其变动的方向和程度。例如，某企业的总成本指数为 102%，这说明总成本上升了 2%。通过指数的计算，为企业下一步如何加强管理提供了可靠的依据。又如，国家经常向社会公布的消费品零售价格指数、国内生产总值指数等，为国家宏观管理、进行经济决策提供了重要依据。

（二）统计指数可以分析各个因素变动对现象总数量变动的影响方向和程度

统计指数不仅可以反映复杂现象总变动的方向和程度，还可以分析复杂现象受哪些因素影响，并具体计算这些因素对复杂现象变动的影响力和程度。前述的企业总成本指数为 102%，即总成本上升了 2%，具体是什么原因使企业的总成本上升的呢？通过分析可以找出影响总成本变动的因素有产量和单位成本，利用指数因素分析法就能从数量方面具体说明总成本变动的原因。

三、统计指数的种类

（一）个体指数和总指数

指数按研究对象范围不同分为个体指数和总指数。

个体指数是反映个别现象数量变动的动态相对数，是在简单现象总体的条件下计算的。例如，研究个别产品的产量指数、价格指数、单位成本指数等。其计算公式为：

个体指数＝报告期指标数值／基期指标数值

总指数是综合反映复杂现象总体数量变动的动态相对数，总指数是在复杂现象总体的条件下计算的。如 2017 年居民消费价格总体水平比上年上涨了 1.8%，这是反映我国所有居民消费品价格变动的平均水平。

（二）指数按所表明的指标性质不同分为数量指标指数和质量指标指数

数量指标指数是反映数量指标数值变动的动态相对数。例如，产量指数、销售量指数、职工人数指数等。质量指标指数是反映质量指标数值变动的动态相对数。例如，劳动生产率指数、单位成本指数、商品价格指数等。在统计研究中，必须重视这两种指数的区分，采用不同的编制方法进行不同情况的动态分析。

（三）定基指数、环比指数和年距指数

指数按所采用的基期不同分为定基指数、环比指数和年距指数。

定基指数是反映现象报告期数量与某一固定基期数量对比的相对数。环比指数是反映现象报告期数量与前一期数量对比的相对数。年距指数是反映现象报告期数量与上年同期数量对比的相对数。

（四）综合指数和平均指数

总指数按计算形式不同分为综合指数和平均指数。

综合指数是通过同度量因素，将不能直接汇总的现象过渡到能够直接汇总的现象，然后计算出的指数，它是总指数编制的基本形式。综合指数可以分为数量指标综合指数和质量指标综合指数。平均指数是从个体指数加权平均计算出的指数。平均指数可以分为加权算术平均指数和加权调和平均指数。

【思考】

判断以下指数的种类：

1. 与去年同期相比，2017 年 1～5 月份我国工业品出厂价格上涨 4.6%；
2. 与去年同月相比，2017 年 5 月我国成品油中的汽油价格上涨 19.8%；
3. 2017 年 7 月我国轿车生产 59 万辆，同比增长 18.3%；
4. 香港地区 2017 年第四季度整体制造业工业生产指数同比增长 6.9%。

任务二　综合指数

一、综合指数的含义

综合指数是编制总指数的基本形式，是由两个总量指标进行对比所得的动态相对数。它是将不可直接汇总的现象的指标数值，通过同度量因素，过渡到能够直接汇总的指标数值，然后再将过渡后的报告期数值与基期数值进行对比，来综合说明多种现象总变动的相对数。

编制总指数，目的在于说明多种不同事物的综合数量动态，其特点是"先综合，后对比"，但是由于各种事物的性质不同，使用价值不同，计量单位不同，因此各种事物的数量是不能直接相加的。由此可见，要编制总指数，用一个数值反映出多种事物的综合动态，首先必须解决不同事物数量的不同度量问题，设法将不能相加变为可以相加，然后才能进行对比。

二、综合指数的编制原理

我们知道，事物的实物指标由于不同度量而没有综合性能，是不能直接相加的，但其价值指标却有很强的综合性能。比如，虽然不同产品或商品的实物量、价格、单位成本等都是不同度量的，但它们的价值量，如总产值、销售额、总成本等，都是同度量的。不论产品或商品的性质、使用价值差异多大，其价值量都可直接进行相加。这样，我们可以根据有关指标之间的内在联系，在计算某项指数、测定某个因素指标的变动程度时，加入另一个因素指标价格，用各种产品的产量乘以各自的价格，就把不同度量的产量转化成了同度量的总产值，而各种产品的总产值就可以相加在一起了。同样地，在编制价格指数时，可以加入产量指标，用各种产品的价格乘以各自的产量，就将不同度量的价格转化成了同度量的总产值。

在编制总指数的过程中，我们所加入的能够将不同度量的经济指标转化为同度量经济指标的媒介指标，叫作同度量因素。上述计算产量总指数时加入的媒介指标即价格，以及计算价格总指数时加入的媒介指标即产量，都叫同度量因素。在同一个经济关系式中，数量指标和质量指标互为同度量因素，也即数量指标的同度量因素是质量指标，质量指标的同度量因素为数量指标。同度量因素不仅起着转化同度量的作用，同时还起着一定的加权作用，如编制产量总指数需以价格作为同度量因素，那么，出厂价格高的产品产值大，对总指数的影响就大。所以，同度量因素又称为"权数"。

加入同度量因素，将不同度量的指标转化为同度量的指标后，还需要将同度量因素的时期固定下来，以单纯反映指数化指标的变动程度。这样就可以把各种产品或商品的价格量加起来，再将两个时期的价值量对比来编制指数了。

综上所述,综合指数的编制原则包括以下三点:

(1) 确定同度量因素。根据研究对象的特点和现象之间的关系,确定同度量因素。

(2) 固定同度量因素的时期。为排除同度量因素变动的影响,将其固定在同一时期。

(3) 将两个时期的指标数值进行对比,测定指标的综合变动。

数量指标和质量指标由于其数量特点不同,虽然在编制指数时基本原理相同,但在具体的编制方法上略有差异。下面举例说明这两种指标综合指数的编制方法。

三、数量指标综合指数的编制

数量指标综合指数是反映数量指标综合变动程度的相对数。下面用例 6-1 说明其编制方法。

【例 6-1】 根据表 6-1 中三种商品的销售量和价格资料,计算商品销售量综合指数。

表 6-1　某商店三种商品的销售价格和销售量资料

商品名称	计量单位	销售量		价格(元)	
		基期 q_0	报告期 q_1	基期 p_0	报告期 p_1
帽子	顶	200	140	65	70
上衣	件	460	500	300	320
皮鞋	双	120	180	240	200
合计	—	—	—	—	—

商品销售量个体指数的计算公式如下:

$$k_q=\frac{q_1}{q_0}$$

根据表 6-1 中的资料,我们分别计算出三种商品的销售量个体指数:

帽子销售量个体指数=140/200=70%

上衣销售量个体指数=500/460=108.70%

皮鞋销售量个体指数=180/120=150%

计算结果表明三种商品销售量的变动幅度是不同的。其中帽子销售量下降了 30%,上衣增长了 8.70%,皮鞋增长了 50%。

编制销售个体指数只是分别说明每一种商品销售量的变动情况,无法说明三种商品的综合变动情况。所以要说明三种商品销售量的综合变动情况,就要编制商品销售量综合指数。根据编制综合指数的三个原则,销售量综合指数的编制步骤如下:

(1) 确定同度量因素,解决复杂现象总体在指标上不能直接加总的问题。根据要求,计算三种商品销售量综合指数,这是对复杂现象总体的销售量这一数量指标的变动研究。因为三种商品的计量单位不同、使用价值不同,三种商品销售量无法直接加总,也就无法求出其销售量的总变动。但是,因为销售量×价格=销售额,通过此经济关系式中的价格,将不能加总的销售量过渡为可以加总的销售额,那么价格就是销售量的同度量因素。

(2) 将同度量因素固定在同一时期,消除同度量因素变动的影响。如果将报告期的销售额与基期的销售额对比,这样的指数不但受销售量变动的影响,也同时受价格变动的影响。因此编制销售量指数即将销售量指数化,是用来反映销售量的变动,必须把同度量因素价格的时期固定,即两个时期的销售额均采用同一时期的价格计算,并进行对比,借以消除价格变动的影响。

(3) 选择同度量因素所属时期。同度量因素所属时期的选择是非常重要的问题,应根据编制指数的具体任务以及实际经济内容来确定。在我国统计实践工作中,编制数量指标指数时,一般采用的原则是:编制数量指标指数将质量指标作为同度量因素,并将其固定在基期。其计算公式如下:

$$\overline{k_q}=\frac{\sum q_1 p_0}{\sum q_0 p_0}$$

式中:

$\overline{k_q}$—— 销售量综合指数;

$\sum q_1 p_0$—— 按报告期销售量和基期价格计算的销售额;

$\sum q_0 p_0$—— 基期的销售额。

根据表 6-1 中的资料,三件商品不同时期的销售额计算数据见表 6-2。

表 6-2　　某商店三种商品销售量综合指数计算

商品名称	计量单位	销售量		价格(元)		销售额(元)		
		基期 q_0	报告期 q_1	基期 p_0	报告期 p_1	q_0p_0	q_1p_0	q_1p_1
帽子	顶	200	140	68	70	13 600	9 520	9 800
上衣	件	460	500	300	320	138 000	150 000	160 000
皮鞋	双	120	180	240	200	28 800	43 200	36 000
合计	—	—	—	—	—	1 804 000	202 720	205 800

根据以上资料,三种商品销售量综合指数计算如下:

$$\overline{k_q}=\frac{\sum q_1 p_0}{\sum q_0 p_0}=\frac{202\ 720}{180\ 400}\times 100\%=112.37\%$$

计算结果表明,三种商品销售量综合增长 12.37%。由于销售量的增长而增加的销售额为:

$$\sum q_1 p_0-\sum q_0 p_0=202\ 720-180\ 400=22\ 320(\text{元})$$

四、质量指标综合指数的编制

质量指标综合指数是反映质量指标综合变动程度的相对数。质量指标综合指数的编制原理与数量指标综合指数的编制原理基本相同,只是同度量因素的选择与固定时期不同。在我国统计实践工作中,编制质量指标综合指数时,一般采用的原则是:编制质量指标指数将数量指标作为同度量因素,并将其固定在报告期。其计算公式如下:

$$\overline{k_p}=\frac{\sum q_1 p_1}{\sum q_1 p_0}$$

式中，分子是报告期的销售额。

【例 6-2】 根据表 6-1 的资料计算三种商品价格指数。

商品价格个体指数计算公式如下：

$$k_p=\frac{p_1}{p_0}$$

式中：

k_p——商品价格个体指数；

p_1——报告期价格；

p_0——基期价格。

根据表 6-1 的资料，计算三种商品的价格个体指数如下：

帽子销售价格个体指数=70/68×100%=102.94%

上衣销售价格个体指数=320/300×100%=106.67%

皮鞋销售价格个体指数=200/240×100%=83.33%

计算结果表明，三种商品价格的变动幅度是不同的。其中帽子价格上涨了 2.94%，上衣价格上涨了 6.67%，皮鞋价格下降了 16.67%。

编制销售价格个体指数只是分别说明每一种商品价格的变动情况，无法说明三种商品价格的综合变动情况。所以要说明三种商品价格的综合变动情况，就要编制商品价格综合指数。

根据表 6-2 中的资料，三种商品销售价格综合指数计算如下：

$$\overline{k_p}=\frac{\sum q_1p_1}{\sum q_1p_0}=\frac{205\ 800}{202\ 720}\times 100\%=101.52\%$$

计算结果表明，三种商品价格综合增长 1.52%，由于价格增长而增加的销售额为：

$$\sum q_1p_1-\sum q_1p_0=205\ 800-202\ 720=3\ 080(\text{元})$$

综上所述，在实际统计工作中，编制综合指数的一般原则是：编制数量指标综合指数，将作为同度量因素的质量指标固定在基期；编制质量指标综合指数，将作为同度量因素的数量指标固定在报告期。但这个原则也不是固定不变的，应根据研究对象的不同情况分析确定。

以上是用综合指数法编制总指数的基本原理和基本过程。这种方法最大优点是不仅可以反映复杂总体的变动方向和程度，而且可以准确地、定量地说明现象变动所产生的实际经济效果。但是运用综合指数法编制总指数，要求掌握全面的原始资料，否则无法进行编制。在实际运用中，有些情况适合运用平均指数的方法编制总指数。

任务三　平均指数

一、平均指数的含义

平均指数是以指数化因素的个体指数为基础，通过对个体指数的加权平均而计算的一种总指数。它是编制总指数的又一种重要形式，具有独立的应用意义。

平均指数是在不具备复杂经济现象数量的全部原始资料，而只有某一指标的个体指数和报告期或基期的总量指标时编制的指数。平均指数克服了综合指数必须资料齐全和运算工作量大的缺点，计算比较简便。平均指数的计算，在特定权数的条件下，分子分母代表的经济内容和计算结果同综合指数是一致的，其计算公式可由综合指数公式加以推导，所以说它是综合指数的变形。平均指数有加权算术平均指数和加权调和平均指数两种基本形式。

二、加权算术平均数指数的编制

加权算术平均数指数是以个体指数为变量，以基期价值指标为权数，按加权算术平均法计算的指数。数量指标个体指数 $k_q=\frac{q_1}{q_0}$，则 $q_1=k_q\cdot q_0$，将该要素代入数量指标综合指数公式中，得出加权算术平均数指数的公式为：

$$\overline{k_q}=\frac{\sum q_1p_0}{\sum q_0p_0}=\frac{\sum k_q\cdot q_0p_0}{\sum q_0p_0}$$

【例 6-3】 仍以表 6-2 某商场销售三种商品的资料为例，用加权算术平均数法编制销售量总指数，计算如下：

$$\overline{k_q}=\frac{\sum k_q\cdot q_0p_0}{\sum q_0p_0}=\frac{70\%\times 13\,600+108.7\%\times 138\,000+150\%\times 28\,800}{13\,600+138\,000+28\,800}\times 100\%$$

$$=\frac{202\,726}{180\,400}\times 100\%=112.38\%$$

计算结果表明，三种商品销售量综合增长 12.38%，由于销售量的增长而增加的销售额为：

$$\sum k_q\cdot q_0p_0-\sum q_0p_0=202\,726-180\,400=22\,326(\text{元})$$

计算结果和例 6-1 采用综合指数法的计算结果基本一致。

三、加权调和平均数指数的编制

加权调和平均数指数是以个体指数为变量，以报告期价值指标为权数，按加权调和平均法编制的指数。质量指标个体指数 $k_p=\frac{p_1}{p_0}$，则 $p_0=\frac{p_1}{k_p}$，将该要素代入质量指标综合指数公式中，得出加权调和平均数指数的公式为：

$$\overline{k_p}=\frac{\sum q_1p_1}{\sum q_1p_0}=\frac{\sum q_1p_1}{\sum \frac{q_1p_1}{k_p}}$$

【例 6-4】 仍以表 6-2 某商场三种商品的资料为例，用加权调和平均数指数编制销售价格总指数，计算如下：

$$\overline{k_p}=\frac{\sum q_1p_1}{\sum \frac{q_1p_1}{k_p}}=\frac{9\,800+160\,000+36\,000}{\frac{9\,800}{102.9\%}+\frac{160\,000}{106.7\%}+\frac{36\,000}{83.3\%}}\times 100\%=\frac{205\,800}{202\,694}\times 100\%=101.5\%$$

计算结果表明，三种商品价格综合增长1.5%，由于价格增长而增加的销售额为：

$$\sum q_1 p_1 - \sum \frac{q_1 p_1}{k_p} = 205\ 800 - 202\ 694 = 3\ 106(\text{元})$$

计算结果和例6-2采用综合指数法的计算结果基本一致。

由此可见，平均指数是综合指数的变形。编制数量指标平均指数时，一般用基期价值指标为权数，对数量指标个体指数计算加权算术平均数指数；编制质量指标平均指数时，一般用报告期价值指标为权数，对质量指标个体指数计算加权调和平均数指数。但也不能否认其他形式的权数在计算平均指数上的应用。

任务四 指数体系与因素分析

一、指数体系的含义

指数之间的联系来自社会经济现象本身的联系，许多经济现象之间存在着客观的经济联系，表现为指标间的数量对等关系，并且可以用数学模式来反映。比如：

产品产值＝产品产量×产品价格
产品总成本＝产品产量×单位产品成本
商品销售额＝商品销售量×商品价格
原材料消耗总额＝产品产量×单耗×原材料价格

上述等式左边的称为总变动指标，它们是被影响的指标；等式右边的称为因素指标，它们是对总变动指标产生影响的指标。上述指标之间在静态上存在着这种数量关系，在动态上也存在着相应的联系。比如，商品销售额的变动必然是商品销售量和商品价格这两个因素指标共同变动引起的；原材料消耗总额的变动，必然是由产品产量、单耗、原材料价格这三个因素指标共同变动所作用的效果。即：

产品产值指数＝产品产量指数×产品价格指数
产品总成本指数＝产品产量指数×单位产品成本指数
商品销售额指数＝商品销售量指数×商品价格指数
原材料消耗总额指数＝产品产量指数×单耗指数×原材料价格指数

我们把等式左边叫作总变动指数，把等式右边叫作因素指数。可见，总变动指数等于各因素指数的连成积。

在统计上，我们把在经济上有联系、在数量上保持对等关系的若干个指数所形成的整体，称为指数体系。

二、指数体系的种类

（一）两因素指数体系和多因素指数体系

按因素指数的多少不同，指数体系有两因素指数体系和多因素指数体系两种。

两因素指数体系是只有两个因素指数的指数体系，如上面的商品销售额指数体系。多因素指数体系是三个或三个以上因素指数的指数体系，如上面的原材料消耗总额指数体系就是一个三因素指数体系。

本章只介绍两因素指数体系的分析方法。多因素指数体系的分析方法与之类同。

（二）总量指标指数体系和平均指标指数体系

按总变动指标的性质不同，指标体系有总量指标指数体系和平均指标指数体系两种。

总量指标指数体系是对总量指标的变动进行因素分析所使用的指数体系。其总变动指数为总量指标指数。如产品总成本指数体系：

$$总成本指数=产量指数\times 单位成本指数$$

平均指标指数体系是对平均指标的变动进行因素分析所使用的指数体系。其总变动指数为平均指标指数。如职工平均工资指数体系：

$$职工平均工资指数=职工工资水平指数\times 职工人数结构指数$$

三、指数体系的作用

指数体系的主要作用有以下两个方面：

(1) 利用指数体系，可以进行因素分析，测定某一现象的总变动中各个影响因素作用的方向、影响的程度以及影响的绝对额，以探索现象变动的具体原因。利用指数体系，既可对简单经济现象总体的总变动进行因素分析，也可对复杂经济现象总体的变动进行因素分析；既可分析总量指标变动的具体原因，也可以分析平均指标、相对指标变动的具体原因。

(2) 利用指数体系，可以进行有关指数之间的换算。例如，某地区某年的社会商品零售总额比上一年增长 42%，商品零售量比上年增长了 25%，求商品零售价格指数。

根据公式商品零售额指数=商品零售量指数×零售价格指数，可得：

$$\begin{aligned}零售价格指数&=商品零售额指数\div 商品零售量指数\\&=142\%\div 125\%\times 100\%=113.6\%\end{aligned}$$

即该地区商品零售物价比上年上涨了 13.6%。

四、指数体系因素分析

根据指数体系，对社会经济现象总变动中因素的影响进行分析，掌握其影响方向、影响程度以及影响所产生的绝对经济效果，这种分析方法为指数体系因素分析。

（一）指数体系因素分析的内容

指数因素分析包括以下两方面内容：

(1) 从相对数上分析各影响因素的变动对总变动指数产生影响的方向和程度。总变动指数在相对数上等于各个因素指数的连乘积：

$$总变动指数=数量指标指数\times 质量指标指数$$

(2) 从绝对数上分析各影响因素的变动总变动指标增加或减少的绝对数额。总变动指数不仅在相对数上等于各个因素指数的连乘积，而且在绝对数上，现象总变动的差额也等于各个因素指标变动影响的差额之和。比如：

总变动指标实际增减额＝数量指标变动影响的绝对额＋质量指标变动影响的绝对额

这种绝对差额之间的数量对等关系，可称为增减值关系式。

（二）总量指标变动的两因素分析

总量指标因素分析的目的是测定各个因素的变动对总量指标变动的影响方向、影响程度以及影响的增减值。因此，要根据现象变动的经济关系，列出总量指标的影响因素，然后形成指数体系。

形成总量指标指数体系的依据是综合指数的编制原则，即数量指标指数采用基期的质量指标作为同度量因素，质量指标指数采用用报告期的数量指标做同度量因素。至于不需要同度量因素的总变动指标指数，直接采用报告期和基期的实际指标数值对比即可。如销售额指数体系的形成，由于：

$$销售额＝销售量\times价格$$

因此，

$$销售额指数＝销售量指数\times价格指数$$

即，

$$\frac{\sum q_1p_1}{\sum q_0p_0}=\frac{\sum q_1p_0}{\sum q_0p_0}\times\frac{\sum q_1p_1}{\sum q_1p_0}$$

销售量和价格对销售额影响的增减绝对额关系式为：

$$\sum q_1p_1-\sum q_0p_0=(\sum q_1p_0-\sum q_0p_0)+(\sum q_1p_1-\sum q_1p_0)$$

【例6-5】 根据表6-2中某商场三种商品的有关资料，从相对数和绝对数两方面分析销售额变动的原因。

(1) 测定三种商品销售额的变动。计算销售额总指数：

$$\bar{k}_{qp}=\frac{\sum q_1p_1}{\sum q_0p_0}=\frac{205\ 800}{180\ 400}\times100\%=114.08\%$$

报告期比基期增加的销售额为：

$$\sum q_1p_1-\sum q_0p_0=205\ 800-180\ 400=25\ 400(元)$$

计算结果表明，三种商品销售额报告期比基期综合增长14.08%，增加了25 400元。这种变动是由于销售量和价格两个因素变动影响的结果。

(2) 在销售额变动影响因素中，分析销售量变动的影响。计算销售量总指数：

$$\bar{k}_q=\frac{\sum q_1p_0}{\sum q_0p_0}=\frac{202\ 720}{180\ 400}\times100\%=112.37\%$$

计算结果表明，三种商品销售量综合增长12.37%。由于销售量的增长而增加的销售额为：

$$\sum q_1p_0-\sum q_0p_0=202\ 720-180\ 400=22\ 320(\text{元})$$

(3) 在销售额变动影响因素中,分析销售价格变动的影响,计算销售价格指数:

$$\bar{k}_p=\frac{\sum q_1p_1}{\sum q_1p_0}=\frac{205\ 800}{202\ 720}\times 100\%=101.52\%$$

计算结果表明,三种商品价格综合增长 1.52%。由于价格增长而增加的销售额为:

$$\sum q_1p_1-\sum q_1p_0=205\ 800-202\ 720=3\ 080(\text{元})$$

把以上计算联系起来。在销售额指数体系中,从相对数上看,销售量指数乘以价格指数等于销售额指数。从绝对数上看,由于销售量增长而增加的销售额加上由于价格增长而增加的销售额等于销售额的点变动。它们之间存在如下关系:

$$114.08\%=112.37\%\times 101.52\%$$

$$25\ 400=22\ 320+3\ 080$$

以上指数体系说明了该商场三种商品销售额报告期比基期增长了 14.08%,是销售量增长了 12.37%和销售价格上涨了 1.52%这两个因素共同影响的结果;该商场三种商品销售额报告期比基期共增加了 25 400 元,是由于销售量的增长而增加了销售额 22 320 元;和由于价格上涨而增加了销售额 3 080 元这两个因素共同影响的结果。

【思考】

1. 同样多的人民币本月比上月少购商品 12%。问:物价上升了多少?
2. 粮食产量增长 5%,而播种面积却减少 4%,问:粮食单位面积产量有什么变化?
3. "某企业的某种产品单位成本上升 10%,产量下降 10%,总成本没升也没降。"这种说法对吗?为什么?

(三) 平均指标变动的两因素分析

两个平均指标在时间上对比的相对数,称为平均指标指数。平均指标变动的因素分析的对象是总体平均水平的变动,测定各组变量值与总体结构两个因素对总体平均水平的影响方向和程度。平均指标的大小受变量值 x 和权数 f 两个因素的影响。那么两个时期加权算术平均数进行对比时,仍存在着这两因素的影响。平均指标指数是根据影响平均指标的两个因素分别编制成独立的指数,且使这三个指数在数量上保持密切关系,形成一个指数体系。它们是可变构成指数、固定构成指数和结构影响指数。其关系如下:

可变构成指数=固定构成指数×结构影响指数

将报告期总体平均数与基期总体平均数对比得到的相对数,称为可变构成指数,用$\bar{K}_{\text{可变}}$表示,它反映总体平均水平的总变动程度,其公式为:

$$\bar{K}_{\text{可变}}=\frac{\sum x_1f_1}{\sum f_1}:\frac{\sum x_0f_0}{\sum f_0}$$

将总体结构固定在报告期,消除结构因素变动的影响,单纯地测定各组变量值的变动对总体平均水平的影响程度的指数，称为固定构成指数，用 $\bar{K}_{固定}$ 表示，其公式为：

$$\bar{K}_{固定}=\frac{\sum x_1f_1}{\sum f_1}:\frac{\sum x_0f_1}{\sum f_1}$$

将各组变量值固定在基期，消除变量值变动的影响，单纯地测定总体结构变动对总体平均水平的影响程度的指数，称为结构影响指数，用 $\bar{K}_{结构}$ 表示，其公式为：

$$\bar{K}_{结构}=\frac{\sum x_0f_1}{\sum f_1}:\frac{\sum x_0f_0}{\sum f_0}$$

下面用实例说明平均指标指数体系的应用。

【例 6－6】 某企业两类工人的工资水平和人数资料见表 6－3。

表 6－3　　**某企业工人总平均工资变动因素计算表**

工人类别	工人数(人)		工资(元)		工资额(元)		
	基期 f_0	报告期 f_1	基期 x_0	报告期 x_1	x_0f_0	x_1f_1	x_0f_1
技工	700	660	800	860	560 000	567 600	528 000
徒工	300	740	500	550	150 000	407 000	370 000
合计	1 000	1 400	—	—	710 000	9 746 000	898 000

将上述资料代入公式中，计算三种平均指标指数：

$$\bar{K}_{可变}=\frac{\sum x_1f_1}{\sum f_1}:\frac{\sum x_0f_0}{\sum f_0}=\frac{974\ 600}{1\ 400}\div\frac{710\ 000}{1\ 000}=696.14\div 710=98.05\%$$

$$696.14-710=-13.86(元)$$

$$\bar{K}_{固定}=\frac{\sum x_1f_1}{\sum f_1}:\frac{\sum x_0f_1}{\sum f_1}=\frac{974\ 600}{1\ 400}\div\frac{898\ 000}{1\ 400}=696.14\div 641.43=108.53\%$$

$$696.14-641.43=54.71(元)$$

$$\bar{K}_{结构}=\frac{\sum x_0f_1}{\sum f_1}:\frac{\sum x_0f_0}{\sum f_1}=\frac{898\ 000}{1\ 400}\div\frac{710\ 000}{1\ 000}=641.43\div 710=90.34\%$$

$$641.43-710=-68.57(元)$$

以上三种指数组成的指数体系的关系为：

$$\bar{K}_{可变}=K_{固定}\times K_{结构}$$

$$98.05\%=108.53\%\times 90.34\%$$

$$-13.86\ 元=54.71\ 元+(-68.57\ 元)$$

以上结果表明，由于各组工人的工资水平提高，使总平均工资提高了 8.53%，提高的数额为平均每人 54.71 元；由于工人内部结构的变化，使总平均工资降低了 9.66%，降低的数额为平均每人 68.57 元。以上两个因素共同变动的结果，使该厂全部工人的总平均工资降低了

1.95%,平均每人减少 13.86 元。

为什么各组平均的工资水平提高了 8.53%,实际平均每人增加 54.71 元,而该厂总平均工资水平却下降 1.95%,平均每人减少 13.86 元呢？这要进一步分析:根据表 6-6 的资料,可以计算出低工资的徒工比重由基期的 30%提高到报告期的 52.86%,而高工资的技工比重却由基期的 70%降低到报告期的 47.14%。正是由于低工资工人的比重相对增多,而高工资工人的比重相对减少,才导致了组平均工资与总平均工资不相一致的矛盾现象。

任务五　常用统计指数

一、居民消费价格指数

居民消费价格指数简称 CPI,是反映一定时期居民支付所购买的生活消费品价格和获得服务项目价格的变动趋势和程度的一种相对数。居民消费价格统计调查的是社会产品和服务项目的最终价格,一方面同人民群众的生活密切相关,在整个国民经济价格体系中具有重要的地位,是进行经济分析和决策、价格总水平监测和调控及国民经济核算的重要的指标;另一方面,其变动率在一定程度上反映了通货膨胀或紧缩的程度。一般来讲,物价全面、持续地上涨,就可以认为发生了通货膨胀。一般定义超过 3%为通货膨胀,超过 5%就是比较严重的通货膨胀。

我国的消费价格指数是由国家统计局负责编制的,全国按统一的调查方案开展消费价格调查。目前,国家统计局在 31 个省(自治区、直辖市)设立调查总队,各省(区、市)调查总队负责辖区各市、县的价格调查,同时编制本省的消费格指数。

我国居民消费价格指数的商品按用途划分为 8 大类:食品、烟酒及用品、衣着、家庭设备用品及维修服务、医疗保健及个人用品、交通和通信、娱乐教育文化用品及服务、居住。根据近 13 万户城乡居民家庭(城镇近 6 万户,农村近 7 万户)消费习惯,在这 8 大类中选择 262 个基本分类,每个基本分类下设置一定数量的代表规格,目前约有 600 种左右的商品和服务项目的代表规格作为经常性调查项目。

实际生活中,由于居民家庭在一些商品上的消费支出较多,在另一些商品上的支出相对较少,即使商品的价格变动相同,但是其对居民家庭消费总支出的影响程度也可能不同。因此,在编制居民消费价格指数时必须制订一组权数,以代表居民家庭所购买的一揽子消费商品和服务中每一个项目各自的重要性。居民消费价格指数的权数,是反映各类调查商品或服务项目的价格变动在总指数形成中影响程度的指标。目前,我国消费价格指数的权数实行千分制,即大类权数之和、大类中各中类权数之和、中类中各小类之和、小类中各基本分类权数之和均为 1 000。我国在每五年对产品分组目录及其权数进行全面更新的基础上,每年均根据居民消费支出变动情况对权数进行及时调整和修正。

通过对 600 多个规格商品和服务项目价格的调查,分别计算出代表品的指数,经过几何平均得到 251 个基本分类指数,再以居民消费支出额为权数,采用综合公式汇总计算出小类、中类、大类以及总指数。

(一) 代表规格品平均价格的计算

代表规格品的月度平均价采用简单算术平均方法计算。首先计算规格品在一个调查点的平均价格，再根据各个调查点的价格算出月度平均价。

$$P_i=\frac{1}{m}\sum_{j=1}^{m}\left(\frac{1}{n}\sum_{k=1}^{n}P_{ijk}\right)=\frac{1}{m}\sum_{j=1}^{m}P_{ij}$$

式中：

P_{ijk}——第 i 个规格品在第 j 个价格调查点的第 k 次调查的价格；

P_{ij}——第 i 个规格品在第 j 个调查点的月度平均价格；

m——调查点的个数；

n——调查次数。

（二）基本分类指数的计算

1. 规格相对数的计算

(1) 代表规格品价格变动的相对数为：

$$G_{ti}=P_{ti}/P_{(t-1)i}100\%$$

G_{ti} 为第 i 个代表规格品在报告期(t)价格与上期($t-1$)价格对比的相对数。

(2) 市、县规格相对数为规格下所有代表规格品相对数的几何平均数。

(3) 全国(省、区)城市、农村规格相对数分别为下属所有市县规格相对数的几何平均数。

2. 基本分类月环比指数的计算

根据规格相对数，采用几何平均法计算各基本分类的月环比指数，计算公式为：

$$K_1=\sqrt[n]{G_{t1}\times G_{t2}\times\cdots\times G_{tn}}\times 100\%$$

3. 定基指数的计算

定基指数由各期月环比指数连乘计算。公式为：

$$I=K_1\times K_2\times\cdots\times K_t$$

式中，$K_1, K_2, \cdots, K_t$ 分别表示基期至报告期之间各期的月环比指数。

（三）总指数及各大中小类指数的计算

总指数采用拉氏链式公式逐级加权平均计算得出。

$$L_t=\left(\sum W_{t-1}\frac{P_t}{P_{t-1}}\right)\times L_{t-1}$$

式中：

L——定基指数；

W——权数；

P——价格；

t——报告期；

$t-1$——报告期的上一时期；

$\frac{P_t}{P_{t-1}}$——本期环比指数。

二、股票价格指数

股票价格指数就是用以反映整个股票市场上各种股票市场价格的总体水平及其变动情况

的指标，简称股价指数。它是由证券交易所或金融服务机构编制的表明股票行市变动的一种供参考的指示数字。由于股票价格起伏无常，投资者必然面临市场价格风险。

对于具体某一种股票的价格变化，投资者容易了解；而对于多种股票的价格变化，要逐一了解，既不容易，也不胜其烦。为了适应这种情况和需要，一些金融服务机构就利用自己的业务知识和熟悉市场的优势，编制出股票价格指数，公开发布，作为市场价格变动的指标。投资者据此就可以检验自己投资的效果，并用以预测股票市场的动向。同时，新闻界、公司高管人员乃至政界领导人等也以此为参考指标，来观察、预测社会政治、经济发展形势。

世界上较为重要的股票价格指数是：道·琼斯股票价格指数、标准普尔股票价格指数、伦敦金融时报股票价格指数、日经平均股价指数及香港恒生指数。我国目前编制的股票价格指数主要有上证指数和深证指数。

编制股价指数时，通常采用以过去某一时刻（基期）部分有代表性的或全部上市公司的股票行情状况为标准参照值（100%），将当期部分有代表性的或全部上市公司的股票行情状况与标准参照值相比的方法。具体计算时多用算术平均和加权平均两种方法。

（一）算术平均数法

算术平均数就是将采样股票的价格相加后除以采样股票类数，计算得出股票价格的平均数。公式如下：

股票价格算术平均数＝采样股票每股股票价格总和÷采样股票种类数

然后，将计算出来的平均数与同法得出的基期平均数相比后求百分比，得出当期的股票价格指数，即：

股票价格指数＝当期股价算术平均数÷基期股价算术平均数×100%

（二）加权平均数法

加权平均数法就是以当期采样股票的每种股票价格乘以当期发行数量的总和作为分子，以基期采样股票每股价格乘基期发行数量的总和作为分母，所得百分比即为当期股票价格指数，即：

股票价格指数＝（当期每种采样股票价格×已发行数量）
÷（基期每种采样股票价格×已发行数量）×100%

三、消费者信心指数

消费者信心指数是根据消费者对国家经济形势，社会就业状况、个人预期收入、个人生活质量、国家消费政策、物价和股市走势等情况的主观判断和心理感受来编制的一种指数，是宏观景气监测预警系统中的一项重要内容。通过编制消费者信心指数，可以了解和掌握城镇居民对总体经济、就业、收入、生活质量、消费环境、物价、股市、购房、购车、旅游等状况的判断及未来走势的信心情况，研究和判断宏观经济状况及发展趋势，有助于增强社会经济调查工作的预见性、主动性、适时性，为政府制定宏观经济政策提供依据，为社会各界的经济工作提供重要的信息。

20世纪40年代，美国密歇根大学的调查研究中心为研究消费需求对经济周期的影响，首先编制了消费者信心指数，随后欧洲一些国家也先后开始建立和编制消费者信心指数。1997年12月，中国国家统计局景气监测中心开始编制中国消费者信心指数。

消费者信心指数包括即期指数和预期指数两部分，即期指数是指消费者对当前经济状况的评价，预期指数表示消费者对未来一段时期经济前景的期望。

消费者信心指数可采用以下方法编制：

（一）总指数

$$消费者信心指数=(消费者即期指数\times W_1+消费者预期指数\times W_2)/100$$

W 为权数，$W_1+W_2=100\%$，其中，$W_1=40\%$，$W_2=60\%$。

（二）大类指数

1. 消费者即期信心指数

该指数是反映消费者对当前经济运行、就业环境、消费环境、收入水平、生活质量、物价状况和股市走势等方面的满意程度，以及对住宅、轿车、耐用消费品和外出旅游等消费行为判断的指标。其计算公式为：

$$消费者即期信心指数=(宏观经济环境即期信心指数\times W_1+收入即期信心指数\times W_2+生活质量即期信心指数\times W_3)/100$$

W 为权数，$W_1+W_2+W_3=100\%$，其中：$W_1=30\%$，$W_2=30\%$，$W_3=40\%$。

2. 消费者预期信心指数

该指数是反映消费者对未来一年内经济运行、就业环境、消费环境、收入水平、生活质量、物价、股市走势，以及对住宅、轿车和耐用消费品等方面变化走势预期的指标。

计算公式为：

$$消费者预期信心指数=(宏观经济环境预期信心指数\times W_1+收入预期信心指数\times W_2+生活质量预期信心指数\times W_3)/100$$

W 为权数，$W_1+W_2+W_3=100\%$，其中：$W_1=30\%$，$W_2=30\%$，$W_3=40\%$。

（三）中类指数

各小类指数合并成中类指数时暂时采用等权公式。

（四）小类指数

某一指标即期（预期）信心指数＝[100×①%＋50×②%＋0×③%－50×④%－100×⑤%]＋100

①%，②%，…，⑤%分别表示被访者对“当前某地区（省、市、县等）的某一指标的选项回答百分比，100 为基数”。

$$选项回答百分比=选项回答频数/该问题的有效样本数\times 100\%$$

按照国际惯例，指数的取值介于 0 和 200 之间。100 为消费者信心强弱的临界点，表示消费者信心呈一般状态。指数大于 100 时，表示消费者信心偏向增强，指数值越接近 200，表示消费者信心越强；反之，指数小于 100 时，表示消费者信心偏弱，越接近 0，表示消费者越悲观，信心越弱。

四、经济景气指数

经济景气指数来源于企业景气调查，它是西方市场经济国家建立的一项统计调查制度。它是通过对企业家进行定期的问卷调查，并根据企业家对企业经营情况及宏观经济状况的判断和预期来编制的，由此反映企业的生产经营状况、经济运行状况，预测未来经济的发展变化趋势。

经济景气指数目前主要通过两个指标来反映：一是企业家信心指数，是根据企业家对企业外部市场经济环境与宏观政策的看法、判断与预期（主要是通过对“乐观”、“一般”、“不乐观”的选择）而编制的指数，用以综合反映企业家对宏观经济环境的感觉与信心；二是企业景气指数，是根据企业家对本企业综合生产经营用以综合反映企业的生产经营状况。景气指数的表示范围为 0～200。100 为景气指数的临界值，表明景气状况变化不大；100～200 为景气区间，表明经济状况趋于上升或改善，越接近 200 越景气；0～100 为不景气区间，表明经济状况趋于下降或恶化，越接近 0 越不景气。

【阅读】

房价上涨 1.5%争议背后的楼市信息之惑

2010 年 2 月底，国家统计局公布的 2009 年统计公报称，全国 70 个大中城市房屋价格平均上涨 1.5%。这个数字因与人们对房价上涨过快的真实感受大相径庭，一经公布便引起社会质疑，批评之声不绝于耳。

上海易居房地产研究院的杨红旭表示，如按照国家统计局的数据，则 2009 年全国房价涨幅甚至创下 2002 年以来的 7 年新低，“我们不应随意质疑其科学性和严谨性，但 2009 年全国房价 1.5%的涨幅难以让人信服”。

有统计界权威人士把这个数字与人们感觉的差异主要归咎于技术性原因。首先，这个数字是 2009 年与 2008 年相比，是个全年的平均数。2009 年 1～4 月，房价是下降的，5 月之后开始上涨，并不断加快，但平均下来，全年的房价就降低了。此外，地区差异和房屋类型差异也是影响因素。但即使如此，也不排除统计本身的原因，因为数字采集的过程是调查队向开发商要的，也就是说，这并非是实际交易的价格，而且提供数据的还是部分开发商，是抽样的结果。

市场机构数据：利益关联背后的真假疑问

近年来，除了统计部门公布的官方数据外，不少市场化研究机构也会定期通过各种渠道公布关于房地产市场的统计数据。蹊跷的是，两者数据常常不一致。比如，上海市统计局公布了 1 月上海房价的统计数据：1 月份上海房屋销售价格同比上涨 8.8%。其中新建住宅价格同比上涨 10.2%，但没有公布成交均价。而一家市场研究机构的统计数据则显示，上海 1 月新建商品住宅成交均价为 19 953 元/平方米，同比下降 1.16%。一时真假难辨。

市场机构的数据从何而来？上海一知名房屋中介的咨询信息总监宋会雍告诉记者，他们会定期向公司的业务部门以及开发商、银行、媒体等发布房地产市场的统计数据，大多数为免费，但部分“定制报告” 则需收费，统计数据主要来自房地产交易中心，这些数据跟开发商自行提报的数据有所不同。他说，统计局数据更适宜用作历史性、阶段性的分析，而不会成为实时、动态分析的依据。

与房地产交易监管部门、统计部门的谨慎、低调不同，市场机构在发布房地产数据时要生动、活跃得多，各家机构彼此的数据也常有差异。由于在时效上竞争激烈，一些统计报告还经常出现差错。

不过，由于这些机构往往只是中介机构的一个部门，与开发商等有着密切的商业合作关系，其“唱衰”或“唱高”的意图时隐时现，因而其数据的真实性和研究的客观性常令人怀疑。

谁来告知房价真相

中原地产研究咨询部的一位负责人告诉记者，研究机构是隶属于营利机构的，影响力也较有限，公众毕竟对政府发布的数据更为信任。所以，在房地产信息公开方面，政府本身应该担负起责任，而不能完全交由市场。

国家统计局局长易建堂表示，国家统计局正广泛、认真听取社会各方面的意见，并将在此基础上改革和完善房地产价格的统计制度和方法，制订切实可靠的方案，提高房地产价格统计数据的质量，确保统计数据的真实性、代表性和可比性。

中原地产的上述负责人认为，近年来，各地房地产市场管理部门在信息公开方面已有明显推进，不少城市都建立了交易信息网络公开平台，开发商、买房者能实时了解市场信息，但是还缺少对市场形势的整体性、历史性分析。此外，官方房地产信息的渠道也较为狭窄。

业内人士建议，统计部门要改进数据的获取方式，更要完善数据的处理、分析方式，要建立更具体、细化的价格指数体系；此外，相关部门还应增加房地产信息的发布内容，丰富信息发布的渠道。

——新华网，2010 年 3 月 7 日。

小讨论　你认为什么是全国 70 个大中城市房屋销售价格指数？现在该指数在编制时存在什么问题？

【任务实施】

Excel 在统计指数中的应用

下面利用例 6 - 1 中表 6 - 1 的资料介绍编制统计总指数的基本步骤。

第一步，将三种商品基期和报告期的销售和价格数据输入 C、D、E、F 列。

第二步，计算 q_0p_0，在单元格 G3 中输入“＝C3 * E3”，回车确定，并复制到 G4:G5。

第三步，计算 q_1p_0，在单元格 H3 中输入“＝D3 * E3”，回车确定，并复制到 H4:H5。

第四步，计算 q_1p_1，在单元格 I3 中输入“D3 * F3”，回车确定，并复制到 I4:I5。

第五步，计算销售额合计数。在单元格 G6 中输入“＝SUM(G3:G5)”，回车确定，并复制到 H6:I6。

第六步，编制销售量总指数和计算增减绝对额，在单元格 D8 中输入“＝H6/G6”，回车确定。在单元格 E8 中输入“＝H6－G6”中，回车确定。

第七步，编制价格总指数和计算增减绝对额，在单元格 D9 中输入“＝I6/H6”，回车确定，在单元格 E9 中输入“＝I6－H6”，回车确认。

第八步，编制销售额总指数和计算增减绝对额，在单元格 D10 中输入“=I6/G6”，回车确定，在单元格 E10 中输入“=I6−G6”，回车确定。计算结果如图 6-1 所示。

	A	B	C	D	E	F	G	H	I
1	商品	计量	基期销售量	报告期销售量	基期价格	报告期价格	销	售	额
2	名称	单位	q_0	q_1	p_0	p_1	q_0p_0	q_1p_0	q_1p_1
3	帽子	顶	200	140	68	70	13600	9520	9800
4	上衣	件	460	500	300	320	138000	150000	160000
5	皮鞋	双	120	180	240	200	28800	43200	36000
6							180400	202720	205800
7				指数	增减绝对版				
8	销售量总指标			1.12372506	22320				
9	价格总指数			1.01519337	3080				
10	销售额总指数			1.14079823	25400				

图 6-1 综合指数计算结果

实训 统计指数分析

一、实训目的

1. 培养学生应用统计指数的理论解决实际经济问题的能力；

2. 培养学生建立指数体系并进行因素分析的能力。

二、实训内容

表 6-4 是某市计算机经销商 A 公司 2017 年 1 月和 2 月计算机散件销售统计表，现销售经理想知道 2 月与 1 月比，计算机散件销售量的综合变动情况、销售价格的综合变动情况。所以该公司销售统计员需要对此进行分析并上报总经理，总经理要求销售统计员进行 2017 年 1 月和 2 月计算机散件销售额变动情况的原因分析。

表 6-4 某市计算机经销商 A 公司 2017 年 1 月和 2 月计算机散件销售统计

品种	销售数量		销售金额(元)		销售均价(元)	
	1 月	2 月	1 月	2 月	1 月	2 月
CPU/个	174	179	102 070	109 410	586.61	611.23
DVD 光驱/个	122	133	22 015	24 183	180.45	181.83
打印机/台	64	63	74 880	74 910	1 170.00	1 189.05
内存条/条	162	145	43 680	40 660	269.63	280.41
显示器/台	45	52	39 198	45 160	871.07	868.46
硬盘/个	40	53	16 800	22 260	420.00	420.00
主板/个	46	55	16 340	20 220	355.22	367.64
合计	—	—	314 983	336 803	—	—

三、实训要求

1. 学生分组，每组 3～4 人，查阅指数体系建立和因素分析的相关理论；

2. 利用各种资源各自完成综合指数、平均指数的分析与计算以及销售额指数的因素分析；

3. 小组派代表发言并展示成果；

4. 教师点评。

四、实训评价

每个小组形成一份实训报告并进行汇报交流，通过自评、互评和教师评价综合评定成绩。

模块七

抽样推断

【知识目标】

1. 了解抽样推断的含义与特点；
2. 理解抽样推断中的基本概念；
3. 掌握抽样误差的计量方法；
4. 掌握抽样估计的方法；
5. 掌握样本单位数的确定方法。

【能力目标】

1. 具有在实际工作中正确运用抽样方法进行样本选取的能力；
2. 能够根据研究目的进行抽样框的设计；
3. 具有应用 Excel 工具进行样本抽样的能力。

【小资料】

为了摸清 2000 年以来我国人口数量、构成以及居住等方面的变化情况，研究未来人口状况发展趋势，为制定经济社会发展规划和有关政策提供客观准确的依据，国务院决定于 2005 年进行全国 1%人口抽样调查。

这次抽样调查的目标是，查清查准人口总量，摸清人口结构和素质情况，包括年龄、性别、地区分布等结构状况；职业、收入、住房等经济状况；身体健康、受教育程度、婚姻家庭等素质状况；以及就业、社会保障等劳动力的基本情况。

这次抽样调查将在全国 31 个省、自治区、直辖市，2 800 多个县、市、区，近 9 万个调查小区展开。调查样本为 1 300 多万人，占全国总人口的 1%。按照计划，本次抽样调查的登记时点为 11 月 1 日零时，11 月上旬要完成现场登记工作，中旬对登记结果进行全面复查，下旬进行事后质量调查。对主要数据进行汇总，2006 年 1 月 15 日以前完成；对全部数据进行汇总，

2006 年 6 月底以前完成。

任务一 抽样推断概述

一、抽样推断的含义

抽样推断又称抽样估计，它是在抽样调查的基础上，利用样本实际资料揭示样本指标数值，并对总体的数量特征作出具有一定可靠程度的估计和推断，以认识总体的一种统计研究方法。在实际工作中，许多情况我们不可能对总体的所有单位进行全面调查，来达到对总体数量特征的认识，如商品需求量调查、城镇居民家庭收支调查、民意测验等。抽样调查的主要目的不在于了解样本本身的数量，而在于借助样本的数量特征来估计总体的相应数量特征。抽样推断是人认识现象总体的一种重要方法，在统计调查研究活动中广为应用。

二、抽样推断的特点

（一）按随机原则从总体中抽取调查单位要求

这是抽样调查与其他非全面调查方式的主要区别之一。所谓随机原则是指在抽取调查单位时，完全排除调查者的主观判断，总体中每个单位都有同等被抽中或不被抽中的机会，哪个单位抽中与否，纯粹是随机的、偶然的。按随机原则抽取调查单位是进行抽样推断的每个单位有同等中选的机会，从而使被选中的单位对总体具有充分的代表性，以保证推断结果的精确度和可靠性。

（二）用抽样指标推断总体的数量特征

抽样推断是根据被抽取的调查单位取得的资料，计算各种抽样指标数值，并对总体相应的指标数值作出估计。这也是抽样调查区别于其他非全面调查的特点之一。其他非全面调查如重点调查、典型调查等一般不具备推断的条件。虽然抽样调查与全面调查的目的都是达到对总体数量特征的认识，但比较起来，抽样调查能够节约人力、费用、时间，且比较灵活。

（三）抽样误差可以在推断前事先计算并加以控制

抽样调查是根据对部分单位调查所取得的资料来推断总体指标数值的，推断结果不可避免会有误差。但抽样推断中的抽样误差是可以在推断之前事先估计出来的，也可以根据调查目的和任务的要求，采取一定的组织措施加以控制，从而保证抽样推断结果的精确度和可靠性。

三、抽样推断的作用

抽样调查是一种科学、灵活、实用的调查方法，在社会经济各个领域的应用越来越广泛。其作用主要包括以下几点：

（一）对某些不可能进行全面调查而又需要了解全面情况的社会经济现象，可以采取抽样推断

例如，对产品的质量进行检查，材料抗拉强度的检查，对饮料、罐头等食品的质量检查等，一经检查就将消耗或破坏它们的使用价值，在这种情况下，只能采用抽样调查的方式。另外，对于无限总体也不可能进行全面调查，只能采取抽样调查方法。

（二）对于某些不必要或在经济上不允许经常采用全面调查的社会经济现象，最适宜采用抽样推断

例如，对于人口数量的调查，对于城乡居民的家计调查，对于旅游客源的调查等。虽然有些调查理论上可以采用全面调查，但由于总体涉及的范围较大，采用全面调查要花大量的人力、物力、财力和时间，有时没有必要，有时条件也不允许。这时采用抽样推断方式，便可以同时达到节省人力、物力、财力和时间，并获得全面调查的效果的目的。

（三）对于需要及时了解情况的现象，也经常需要采用抽样推断

因为全面调查浪费人力、物力和财力，资料也不易及时取得，而抽样推断方式不仅节省人力、资金，且时间快、方式灵活，能够及时满足了解情况的需要。例如，为了及时对旅游者的旅游目的、停留天数、购物等情况进行调查，需在旅游者启程之前和旅游过程中进行调查，就应该采用抽样推断方式，以便及时获得所需的统计资料。

（四）对全面调查的资料进行评价和修正，也适用于抽样推断

全面调查由于范围广、工作量大、参加人员多，发生登记性误差的可能性就大。因此，为了保证全面调查资料的准确性，检查全面调查资料的质量，在全面调查之后，一般都要进行抽样推断。在总体中再抽取一部分单位重新调查，然后将两次调查的资料进行比较，计算出差错率，并据此对全面调查的资料加以修正。例如，我国人口普查规定，在人口普查工作完毕后，还要按照规定的调查方案抽样若干个地区进行复查，根据抽样调查的资料，计算人口普查的重复和遗漏的差错率，根据这个比率去修正普查资料，从而保证人口普查数据的质量。

（五）抽样推断还可以用于工业生产过程中的质量控制

对于成批或大量连续生产的工业产品，在其生产过程中采用抽样推断，可以检查生产过程中是否有异常情况，并及时提供有关信息，有效地实施产品质量控制。这种质量控制在产品质量检查中的作用比事后检查要优越得多，它可以通过随时跟踪、抽查来保证质量。

四、抽样推断中的基本概念

（一）总体和样本

总体又称母体，是所要认识的研究对象的全体，是由调查对象范围内具有共同性质单位所组成的整体。组成总体的个别事物叫总体单位。总体单位数目通常都是很大的，甚至是无限的，这样才有必要组织抽样调查，进行抽样调查推断。总体单位数一般用符号 N 表示。

样本又称子样，是从总体单位中随机抽取的部分调查所组成的集合体。样本的单位数是有限的。样本单位数一般用符号 n 表示，也称样本容量。

对于某一特定研究问题来说，作为推断对象的总体是确定的，而且是唯一的。但由于从一个总体中可以抽取许多个样本，所以作为观察对象的样本，不是唯一的，而是可变的。明白这一点对于理解抽样推断的原理是很重要的。

（二）总体指标和样本指标

1. 总体指标

总体指标又称参数，是反映总体数量特征的综合指标。在一个抽样调查的总体中，总体指标是唯一确定量，而且是一个未知数，需要通过样本资料进行推算。常用总体指标有总体平均数、总体方差（或标准差）、总体成数和总体成数的方差（或标准差）。

设总体变量的取值为 $X_1, X_2, \cdots, X_N$，则：

$$总体平均数\ \overline{X}=\frac{\sum X}{N}\ 或\quad \overline{X}=\frac{\sum XF}{\sum F}$$

$$总体方差\ \sigma^2=\frac{\sum (X-\overline{X})^2}{N}\ 或\ \sigma^2=\frac{\sum (X-\overline{X})^2F}{\sum F}$$

对于总体的某些品质标志，可以把总体分为“是”或“非”两种类型。例如，产品质量的标志表现为合格和不合格，人口性别的标志表现为男性和女性。由于总体各单位品质标志表现不能用数量表示，则可以把“是”的标志表现量化表示为1，把“非”的标志表现量化表示为0。那么总体成数就是总体中具有某种标志表现的单位数占总体单位数的比重，是(0,1)分布的相对数。这样就可以计算总体成数、总体成数方差(或标准差)。

设P表示总体中具有某种性质的单位数在总体单位数中所占的比值，Q表示总体中不具有某种性质的单位数在总体中所占的比重。设总体单位数为N，具有某种标志表现的单位数为N_1，不具有某种标志表现的单位数为N_0，则：

$$N=N_1+N_0$$

$$P=\frac{N_1}{N}$$

$$Q=\frac{N_0}{N}$$

$$P+Q=1$$

那么，总体成数的平均数为：

$$\overline{X_P}=\frac{\sum XF}{\sum F}=\frac{0\times N_0+1\times N_1}{N_0+N_1}=\frac{N_1}{N}=P$$

总体成数的方差为：

$$\sigma_P^2=\frac{\sum (X-\overline{X})^2F}{\sum F}=\frac{(0-P)^2N_0+(1-P)^2N_1}{N_0+N_1}=\frac{P^2N_0+Q^2N_1}{N}$$

$$=P^2Q+Q^2P=PQ(P+Q)=PQ=P(1-P)$$

则总体成数的标准差为：$\sigma_p=\sqrt{P(1-P)}$

在抽样推断中，总体指标的意义和计算方法是明确的，但总体指标的具体数值事先是未知的，需要用样本指标来估计它。

2. 样本指标

样本指标又称统计量，是根据样本各单位的标志值或标志特征计算的，反映样本数量特征的综合指标。在抽样调查中，样本指标是根据样本资料计算得来的，主要用于推断总体数量特征。样本指标与总体指标计算原理相同，为了与总体指标相区别，用小写字母表示。样本指标主要种类有样本平均数、样本方差(标准差)、样本成数和样本成数的方差(标准差)等。

$$样本平均数为：\bar{x}=\frac{\sum x}{n}\ 或\ \bar{x}=\frac{\sum xf}{\sum f}$$

样本方差为：$\sigma^2=\frac{\sum(x-\bar{x})^2}{n}$ 或 $\sigma^2=\frac{\sum(x-\bar{x})^2 f}{\sum f}$

样本成数为：$p=\frac{n_1}{n}$

样本成数的方差为：$\sigma_P^2=p(1-p)$

在抽样推断中，样本指标的计量方法是确定的，但它的取值随着样本的不同而不同。所以，样本指标本身是随机变量，用它作为总体指标的估计值，有时误差大些，有时误差小些；有时产生正误差，有时产生反误差。

【思考】

1. 从某班学生中抽取 20 名学生进行调查，得知其中有 12 名女生、8 名男生。请计算该样本的成数、样本成数的平均数和方差。

2. 在成数为多少时，成数的方差最大？

（三）样本容量与样本个数

样本容量是指一个样本所包含的单位数，用 n 来表示。对于总体单位数 N 来说，n 是个很小的数，它可以是 N 的几十分之一、几百分之一、几千分之一、几万分之一。一般而言，样本单位数达到或超过 30 个的样本称为大样本，而在 30 个以下称为小样本。社会经济统计的抽样推断多属于大样本，而科学实验的抽样观察则多取小样本。

样本个数又称样本可能数目，是指在一个抽样方案中从总体中所可能被抽取的样本个数。一个总体可能抽取多少个样本，和样本的容量大小有关，也和抽样的方法有关。在样本容量确定之后，样本的可能数目便取决于抽样方法，即样本的可能数目取决于是采用重复抽样还是采用不能重复抽样。

（四）重复抽样和不重复抽样

在抽样调查中，从总体中抽样样本单位的方法有两种：重复抽样和重复抽样。

1. 重复抽样

重复抽样也称重置抽样、放回抽样、回置抽样等，是指从总体 N 个单位中随机抽取容量为 n 的样本时，每次抽取一个单位，把结果登记下来后，重新放回，再从总体中抽取下一个样本单位。在这种抽样方式中，同一单位可能有被重复抽中的机会。

重复抽样的特点是：(1)在抽样过程中，各次抽样相互独立，每次供选取的总体单位数始终不变，都为 N；(2)总体各个单位被抽中的概率在每次抽样中都一样，都为 $1/N$；(3)所有可能被抽到的样本数 N^n 个，每个样本被抽到的概率都相同。

例如，总体由 A、B、C 三名技术人员组成，用重复抽样的方法从中随机抽取二名技术人员构成样本。首先从 3 名人员中抽取 1 人，登记后放回总体中，然后再从这 3 名中抽取 1 人，将两次抽取到单位构成一个样本，这就是重复抽样。在重复抽样的条件下，所有可能的样本组合为：AA，AB，AC，BA，BB，BC，CA，CB，CC，则全部可能被抽取样本个数为：$3^2=9$(个)。

2. 不重复抽样

不重复抽样也称不重置抽样、不回置抽样等，它是指从总体 N 个单位中随机抽取容量为 n 的样本时，每次抽取一个单位后，不再放回去，下一次则从剩下的总体单位中继续抽取，如此反复，最终构成一个样本。在这种抽样方式中，同一单位不可能有被重复抽中的机会。

不重复抽样的特点是:(1)在抽样过程中,各次抽样不是相互独立的,每一次抽样结果都影响下一次抽样,每抽一次,总体单位就减少一个;(2)总体各单位被抽中的概率在各次抽样中是不同的;(3)所有可能被抽取到的样本个数为:$N\times(N-1)\times\cdots\times(N-n+1)$,每个样本被抽中的概率相同。

前例中,用不重复抽样的方法从中抽取 2 个单位构成样本,所有可能的样本组合为:AB,AC,BA,BC,CA,CB,则全部可能被抽中的样本个数为:3×2=6(个)。

由此可见,在相同样本容量的条件下,从同一个总体中用不重复抽样方法可能得到的样本个数比重复抽样方法可能得到的样本个数少。由于不重复简便易行,所以在实际工作中经常被采用。

【思考】

在某班 30 名学生中,随机抽取 3 名学生进行调查。在重复抽样条件下的样本个数为________个,不重复抽样条件下的样本个数为________个。

五、抽样组织形式

如何科学地组织抽样调查是一个至关重要的问题。科学地组织抽样调查不但要保证随机抽样原则的实现,而且还要在调查费用一定的条件下,选择抽样误差最小的方案;在精确度要求一定的条件下,使调查费用最少。常用的抽样组织形式包括:

(一) 简单随机抽样

简单随机抽样又称纯随机抽样,它是按随机原则直接从总体中抽取样本,使总体中每个单位都有同等机会被抽取的抽样组织方式。它是抽取样本的最基本、最简明的方式。简单随机抽样适用于被研究现象的数量表现没有特别明显的波动、分布比较均匀的总体。实际工作中,如果调查对象的特征缺乏足够的了解,往往采用简单随机抽样。

简单随机抽样的具体做法有:

1. 抽签法

抽签法是先将每个总体单位不加任何主观意志地编上号码,形成抽样框,然后,制作签条,经掺和均匀后从中任意抽取,抽到哪个号码就意味着抽中了与此号码相对应的总体中的某单位。

2. 随机数表法

随机数表法是利用随机数表抽取样本的方法。随机数表是由 0~9 共 10 个数字随机排列而成的数表。用随机数表抽取样本时,将总体所有单位加以编号后,形成抽样框,根据编号的最大数确定使用几位随机号码,然后从任一例或一行的任意一位号码数起,碰上属于编号范围的数字号码就定下来作为样本单位。

简单随机抽样在理论上最符合随机原则,但在实际应用中有很大的局限性。第一,无论用抽签法还是用随机数表法抽样,均需对总体各个单位逐一编号。而如果抽样推断中的总体单位数很多,编号查号的工作量就很大。第二,当总体各单位标志变异程度较大时,简单随机抽样的代表性就较差。所以简单随机抽样适用于所调查的总体单位数不多,且各单位数标志变异程度较小的情况。

(二) 类型抽样

类型抽样又称分类抽样或分层抽样,是将总体按某一标志进行分组,然后在各组中随机抽取样本单位的抽样组织方式。类型抽样实质上是分组法和随机抽样法相结合的产物。首先划分出性质不同的各个组，以减少组内标志值之间的变异程度；然后按照随机原则，从各个组中抽取调查单位，保证各组内部都有一部分单位被抽取。所以，类型抽样所抽取的样本代表性较高，抽样误差小，能够以较少的样本单位数获得比较准确的推断结果。特别是当总体单位标志值变异程度很大、单位数很多时，类型抽样则更为优越。例如，在进行城市职工家庭旅游消费支出抽样调查时，首先把职工按所属国民经济部门分类，然后在各部门中抽取若干个调查户；再如，进行星级宾馆入住情况调查时，先将各宾馆按星级标准分为五星、四星、三星、二星和一星五类，然后再在各类宾馆中抽取若干个单位。

（三）等距抽样

等距抽样又称机械抽样或系统抽样，是将总体各单位按一定顺序（标志）排队，然后按固定顺序或间隔抽取样本单位的抽样组织方式。采用机械抽样方式时，可以根据研究的具体任务及被调查现象的特点，把总体单位按有关标志排队或按无关标志排队。所谓有关标志，是指排队的标志与总体单位的标志表现有直接关系或起主要影响作用。反之，就是无关标志。例如，调查家庭财产情况，按户主姓氏笔画排队，就是按无关标志排队，实质上是简单随机抽样；若按户主工资多少排队，就是按有关标志排队。按有关标志排队，能使被研究对象标志值的变动均匀地分布在总体中，保证样本具有较高的代表性。

运用机械抽样方式抽取样本单位时，要避免抽取间隔与现象本身的节奏性或循环周期相重合。例如，在产品质量检验时，如果抽取间隔正好与上下班时间一致，就很难保证抽取样本具有代表性。

按有关标志的机械抽样方式抽取样本单位，能够使抽取的单位更均匀地分布在总体的各个部分，所以机械抽样的抽样误差一般比简单随机抽样小，它特别适用于总体单位的标志变异差异程度较大的情况。

（四）整群抽样

整群抽样，是指将总体各单位分成若干群，然后以群为单位，按随机原则抽取一些群，并将所有抽中群的所有单位组成一个样本，并对样本进行全面调查的一种抽样组织方式。前面介绍的三种抽样组织方式，都是一个一个地从总体抽取样本单位，故称为个体抽样。整群抽样则是一批一批地抽取样本单位，每抽取一批时，对其中所有的单位都进行登记调查。抽取样本群的方式，既可用简单随机抽样形式，也可用等距抽样形式，一般常用后者。例如，要按10%的比例对饭店餐具进行卫生检验，即可每隔5小时从已消毒的餐具中抽取一次消毒过的全部产品作为一群，然后按比例要求抽满群数组成样本，并对每群进行逐个登记。

整群抽样的优点是组织工作比较简便，可以节省人力、物力和财力，并在短期内得到调查结果，在统计实践中应用也较广泛。缺点是如果总体单位的标志表现在群间差异过大，群内差异过小，由于样本在总体中太集中，分布不均匀，与其他几种抽样组织方式比较，样本的代表性误差较大，代表性较差。但是如果群内差异大而群间小，则可使样本代表性提高，使抽样误差减小。考虑到编制名单和抽取样本的工作比其他各种组织形式简便易行，这时整群抽样又是有益的。因此，在采用整群抽样时，一般要比其他抽样组织方式抽取更多的样本单位。

（五）多阶段抽样

多阶段抽样又称多级抽样，是将抽取样本单位的过程分为两个或两个以上阶段进行。即先从总体中抽取选出构成样本的较大群体，再从这些被抽中的较大群体中进一步抽取较小的群体，这样一层一层地抽下去直到最后抽取构成总体的最基本单位为止。这种抽取方法可视为整群抽样的推广,不过到最后一个阶段时,要采用简单随机抽样、分类抽样或机械抽样的方式抽取样本单位。对一个很大的总体来说,直接抽取样本技术困难很多,费用也很大,一般往往采用多阶段抽样。例如,我国农产品产量抽样调查,第一阶段从省抽县;第二阶段再从中选的县抽乡;第三阶段再从中选的乡抽村;第四阶段从中选的村抽地块;最后再从地块抽具体的样本点,并以样本点的实际资料推算平均亩产和总产量。

多阶段抽样的优点是比整群抽样灵活,在样本容量相同的情况下,多阶段抽样的样本单位在总体中的分布比整群抽样均匀。此外,多阶段抽样可以利用现成的行政区划组织系统作为划分各阶段的依据。但多阶段抽样的调查结果精确度不太高,推算比较麻烦。目前,我国许多大规模抽样调查都采用这种方式。

任务二　抽样误差

一、抽样误差的含义

抽样误差是指在随机抽样的前提下,由于样本内部结构与总体结构有差异而引起样本指标与总体指标之间的绝对离差。用公式表示为:

$$\text{平均数的抽样误差} = |\bar{x} - \bar{X}|$$

$$\text{成数的抽样误差} = |p - P|$$

抽样误差虽然可以表示为样本指标与总体指标的离差,但是依据上述公式计算抽样误差是不可能的。事实上,由于总体指标($\bar{X}$ 或 P)的真实值是未知数的,所以抽样误差的确切数值也是无从知道的,我们只能用一定的方法去估计它,并可采取相应的措施对它加以控制。另外,由于总体指标是确定的量,而样本指标是随机变量,抽样误差也是随机变量。

二、抽样误差的特点

在抽样调查中,由于各种原因,统计结果与现象实际数值之间往往存在一定的差异,我们称为统计误差。其来源主要有两个方面:一是登记性误差,即在调查和整理资料的过程中,由于主、客观因素的影响而引起的误差。如重复登记、遗漏、计算错误、弄虚作假等。二是代表性误差,即由于样本的结构情况不足以代表总体特征而导致的误差。

代表性误差的产生又有两种情况:一种是违反了抽样推断的随机原则,如调查者有意地多选较好的单位或多选较差的单位进行调查,这样计算出来的样本必然出现偏高或偏低的情况,造成系统性误差,也称为偏差。另一种情况是遵守了抽样推断的随机原则,但由于从总体抽取样本时有多种多样的可能,当取得一个样本时,只要被抽中样本内部结构与被研究总体结构有所出入,就会出现或大或小的偶然性代表性误差,也称为随机误差。系统性误差和登记性误差都是由于抽样工作组织不好而导致的,应该采取预防措施避免发生。而偶然性的代表性误差是无法消除的。

抽样误差就是指偶然性的代表性误差,即按随机原则抽样时,单纯由于不同的随机样本得出不同的估计量而产生的误差。抽样误差是抽样推断所固有的,虽然它无法避免,但可以运用大数定律的数学公式加以计算,确定其具体的数量界限,并通过抽样设计加以控制。所以这种抽样误差也称为可控制误差。

三、抽样平均误差

（一）抽样平均误差的含义

抽样误差描述了样本指标与总体指标之间的离差绝对数，在用样本指标估计相应的总体指标时，抽样误差可以反映估计的准确程度。但是由于抽样误差是随机变量，具有取值的多样性和不确定性的特点，因而就不能以它的某一个样本的具体误差数值来代表所有样本与总体之间的平均误差水平，并且每一次抽样的实际误差的大小是不知道的，这是由总体指标的未知性决定的，所以应该用抽样平均误差来反映抽样误差的一般水平。

所谓抽样平均误差，就是所有的样本指标与总体指标之间的平均离差，也可以理解为所有可能出现的样本指标（平均数或成数）的标准差。我们所说的抽样误差可以事先计算和控制，就是针对抽样平均误差而言的。抽样平均误差是用样本指标推断总体指标时，计算抽样误差范围的基础。

（二）抽样平均误差的计算

从理论上说，抽样平均误差可由抽样平均数的标准差（或抽样成数的标准差）来反映，其公式为：

$$\mu_{\bar{x}}=\sqrt{\frac{\sum(\bar{x}-\overline{X})^2}{M}}$$

$$\mu_P=\sqrt{\frac{\sum(p-P)^2}{M}}$$

式中：

$\mu_{\bar{x}}$——抽样平均数的平均误差；

μ_P——抽样成数的平均误差；

$\overline{X}$——总体平均数；

$\bar{x}$——样本平均数；

P——总体成数；

p——样本成数；

M——全部可能的样本个数。

上述公式从理论上说明了抽样平均误差的计算，但由于总体平均数和总体成数是未知的，而且也不可能计算出全部的样本指标，所以按上述公式来计算抽样的误差是不可能的。在实际工作中，通常采用以下计算公式来计算抽样平均误差。

抽样平均误差的计算，与抽样方法和抽样组织形式有直接关系，不同的抽样方法和抽样组织形式计算抽样平均误差的公式是不同的。在这里主要以简单随机抽样为例说明其计算方法。

1. 抽样平均数的平均误差

(1) 在重复抽样条件下，抽样平均数的平均误差的计算公式为：

$$\mu_{\bar{x}}=\sqrt{\frac{\sigma^2}{n}}=\frac{\sigma}{\sqrt{n}}$$

式中：

$\mu_{\bar{x}}$——抽样平均数的平均误差；

n——样本单位数；

σ^2——总体平均数的方差；

σ——总体平均数的标准差。

由公式可看出，抽样平均误差的大小与总体标准差成正比，而与样本单位成反比。

(2) 在不重复条件下，抽样平均数的平均误差的计算公式为：

$$\mu_{\bar{x}}=\sqrt{\frac{\sigma^2}{n}\left(\frac{N-n}{N-1}\right)}$$

在总体单位数 N 很大的情况下，上述公式可近似地表示为：

$$\mu_{\bar{x}}=\sqrt{\frac{\sigma^2}{n}\left(1-\frac{n}{N}\right)}$$

式中，$1-\frac{n}{N}$称为修正系数。

从上述可以看出，修正系数的值一定是大于 0 而小于 1 的正数，所以，在相同条件下，不重复抽样平均误差必然小于重复抽样平均误差。但是抽中单位数占总体单位数的比重很小时这个系数接近于 1，对于抽样平均误差所引起的作用不大。因而在实际工作中，为减轻计算工作量，不重复抽样有时仍按重复抽样的公式计算。

应用上述公式时应注意，公式中的 σ 是指总体指标的标准差。事实上，总体指标是未知的，所以通常都用指标的标准差来代替。实践证明，用样本的标准差来代替总体的标准差，只要组织工作得当、抽样数目足够，一般都能获得满意的效果。

【例 7-1】　对某市 1 500 名消费者进行购物消费支出调查。随机抽取其中 5%的消费者作为样本，调查所得的资料如下：样本单位数为 75 人，平均每人购物消费支出为 434.4 元，购物消费的标准差为 46.8 元，要求计算抽样平均数的平均误差。已知：$n=75$，$\bar{x}=434.4$ 元，$\sigma=46.8$ 元，则抽样平均数的平均误差的计算如下：

重复抽样：$\mu_{\bar{x}}=\frac{\sigma}{\sqrt{n}}=\frac{46.8}{\sqrt{75}}=5.38$(元)

不重复抽样：$\mu_{\bar{x}}=\sqrt{\frac{\sigma^2}{n}\left(1-\frac{n}{N}\right)}=\sqrt{\frac{46.8^2}{75}(1-5\%)}=5.27$(元)

2. 抽样成数的平均误差

(1) 在重复抽样条件下，抽样成数的平均误差的计量公式为：

$$\mu_p=\sqrt{\frac{P(1-P)}{n}}$$

式中：

μ_p——抽样成数的平均误差；

n——样本单位数。

在计算成数的平均误差时，其计量公式原理和平均数的平均误差的原理相同。由于成数的方差 $\sigma_P^2=p(1-p)$，代入抽样平均数的平均误差的公式得上述公式。同样，因为总体成数

P 是未知数，可用样本成数 p 来代替。

（2）在不重复条件下，抽样成数的平均误差的计算公式为：

$$\mu_p=\sqrt{\frac{P(1-P)}{n}\left(1-\frac{n}{N}\right)}$$

【例 7－2】 从某商场购进的某批 2 000 条毛巾中随机抽取 10%进行质量检验，其中合格产品为 196 条，要求计算合格率的抽样平均误差。

已知 $n=2\ 000\times10\%=200$，$n_1=196$，则 $p=\frac{n_1}{n}=\frac{196}{200}=98\%$

抽样合格率的平均误差的计算如下：

重复抽样：$\mu_p=\sqrt{\frac{P(1-P)}{n}}=\sqrt{\frac{98\%\times2\%}{200}}=1\%$

不重复抽样：$\mu_p=\sqrt{\frac{P(1-P)}{n}\left(1-\frac{n}{N}\right)}=\sqrt{\frac{98\%\times2\%}{200}(1-10\%)}=0.94\%$

抽样平均误差的计算，在抽样调查中占有相当重要的地位。抽样调查的优点在于它能计算出抽样平均误差，且以抽样误差作为用样本指标推断总体指标的重要补充指标。

（三）影响抽样平均误差的因素

1. 总体各单位标志值的变量差异程度

在其他条件不变的情况下，抽样误差的大小与总体标志变异程度成正比。变异程度越大，则抽样误差越大；反之，抽样误差就越小。这是因为总体标志变异小时，表明各单位的标志值之间的差异也小，即标志变异程度等于零，这时样本指标和总体指标的差异也就不存在了。

2. 样本单位数的多少，即样本容量的大小

在其他条件不变的情况下，所抽取的样本单位数越多，则抽样误差越小；反之，抽样误差就越大，即样本单位数与抽样误差成反方向变化。如抽样数目为 N，则抽样调查变为了全面调查，抽样误差就不存在了。

3. 抽样方法

抽样方法不同，抽样误差也就不同。一般说来，在相同条件下，重复抽样的抽样误差比不重复抽样的抽样误差要大些。

4. 抽样的组织形式

不同的抽样组织形式有不同的抽样误差。因为抽样组织形式合理程度不同，必然产生不同的抽样效果。一般说来，类型抽样由于将总体进行分组，同组内各单位之间的差异比较小，因而它的抽样误差要比简单随机抽样误差和等距抽样误差小；而整群抽样的误差受抽样单位分布不均的影响，其误差是最大的；等距抽样由于总体中被抽中的单位分布比较均匀，因此其抽样误差较小。

了解影响抽样误差的因素，对于控制和分析抽样误差十分重要。在上述影响抽样误差的三个因素中，标志变异程度是客观存在的因素，是调查者无法控制的，但样本单位数、抽样方法的组织形式却是调查者能够选择和控制的。因此在实际工作中，应当根据研究的目的和具体情况，做好抽样设计和实施工作，以获得经济有效的抽样效果。

【思考】

在重复抽样的情况下，假定样本单位数增加 3 倍，其他条件不变，则抽样平均误差为原来的________。

四、抽样极限误差

抽样极限误差是从另一个角度考虑抽样误差的问题。用样本指标推断总体指标时，要想达到完全准确和毫无误差，几乎是不可能的。样本指标和总体指标之间总会有一点的差距，所以在估计总体指标时，就必须同时考虑误差的大小。我们不希望误差太大，因为这会影响样本资料的价值。误差愈大，样本资料的价值愈小，当误差超过一定的限度时，样本资料也会毫无价值了。所以在进行抽样推断时，应该根据所研究对象的变异程度和分析任务的需要确定允许的误差范围，在这个范围内数字就算是有效的。这就是抽样极限误差的问题。

抽样极限误差是调查者根据抽样推断结果的精确度及可靠性要求确定的样本指标和总体指标之间误差最大允许范围，也称为允许误差或容量误差。由于总体指标是一个确定的数，而样本指标则是围绕着总体指标左右变动的量，它与总体指标之间可能产生正离差，也可能产生负离差，样本指标变动的上限或下限与总体指标之差的绝对值就可以表示抽样误差的可能范围，用“Δ”表示。

抽样平均数的允许误差 $\Delta_{\bar{x}}=|\bar{x}-\bar{X}|$

抽样成数的允许误差 $\Delta_{p}=|p-P|$

就是说，根据推算结果精确度的要求，应事先确定样本指标与总体指标之间误差的最大允许值。如果抽样误差超过此值，就达不到既定的精确度的要求了。

由于总体指标是未知的，所以样本指标与总体标志之间的误差是否不超过既定的允许误差，也无从可知。因此，上述等式只是用来表明极限误差含义的公式，在实际中无法用来计算允许误差。但是，我们可以将其变换为如下完全等值的不等式：

$$\bar{x}-\Delta_{\bar{x}}\leqslant\bar{X}\leqslant\bar{x}+\Delta_{\bar{x}}$$
$$p-\Delta_{p}\leqslant P\leqslant p+\Delta_{p}$$

由此可见，确定极限误差 Δ，实际上是希望以样本指标（$\bar{x}$ 或 p）为中心，长度为 2Δ 的区间能够包含总体指标（$\bar{X}$ 或 P）。只要总体指标被包含在该区间内，样本指标与总体指标之间的误差就不会超过极限误差 Δ，抽样推断就符合既定的精确度要求。

上述不等式可以作为区间估计公式使用，所以在确定了极限误差后，我们就可以根据该不等式给出总体指标的估计区间了。如例 7－1 中，根据样本平均数为 434.4 元，可以推算总体 1 500名消费者的平均每人购物消费支出。如要求误差不超过 10 元，即 $\Delta_{\bar{x}}=10$ 元，那么，总体平均每人购物消费支出的估计区间就可以确定为[(434.4－10)元，(434.4＋10)元]，即[424.4 元，444.4 元]。

五、抽样推断的概率度

抽样极限误差的实际意义是期望总体指标被包含在以样本指标为中心、长度为 2Δ 的区间内。不过，我们并没有百分之百的把握肯定该区间包含总体指标，比如，例 7－1 中总体平均每人购物消费支出被包括在[424.4 元,444.4 元]之间并不是必然事件。那么,总体指标被包含在该区间内的把握程度或可靠性有多大?这要取决于区间的长度,即极限误差 Δ 的大小。极限误差越大,区间越宽,把握程度或可靠性就越高。所以,总体指标包含在该区间的把握程度问题,实质上就是一定的极限误差对应的概率保证程度问题。

基于概率估计的要求,抽样极限误差通常需要以抽样平均误差 $\mu_{\bar{x}}$ 或 μ_p 为标准单位来衡量。抽样极限误差与抽样平均误差之比,叫作抽样误差的概率度,用 t 表示。抽样极限误差与抽样平均误差的比值大小能反映估计区间的宽窄,标志着概率保证程度的高低,其计算公式为:

$$t=\frac{\Delta_{\bar{x}}}{\mu_{\bar{x}}}\quad t=\frac{\Delta_p}{\mu_p}$$

由此得出抽样极限误差的计算公式:

$$\Delta_{\bar{x}}=t\cdot\mu_{\bar{x}}\quad \Delta_p=t\cdot\mu_p$$

六、抽样推断的概率保证程度

抽样估计的概率保证程度表明样本指标和总体指标的误差不超过一定范围的概率。由于样本指标随着样本的变动而变动,它本身是一个随机变量,因而样本指标和总体指标的误差仍然是一个随机变量,并不可能保证误差不超过一定范围这个事件是必然事件,而只能给以一定程度的概率来保证。因此,就有必要计算总体指标落在一定区间范围内的概率,这种概率称为抽样估计的概率保证程度,也称为可靠性或把握程度。

根据抽样极限误差的基本公式 $\Delta=t\cdot\mu$ 得出,在抽样平均误差 μ 一定的条件下,概率度 t 越大,抽样极限误差 Δ 也越大,总体平均数或成数落在估计区间范围内的概率越大,抽样估计的把握程度或可靠程度越大。概率论和数理统计证明,概率度 t 与概率保证程度 $F(t)$ 之间存在着一定的函数关系,即概率保证程度是概率度的函数。给定 t 值,就可以计算出 $F(t)$ 来;相反,给出一定的概率保证程度 $F(t)$,则可以根据总体的分布,获得对应的 t 值。在实际应用中,因为所研究的总体大部分为正态总体,对于正态总体而言,为了应用的方便编有"正态分布概率表"以供使用(可在教材附录中查看)。根据"正态分布概率表",已知概率度 t 可查得相应的概率保证程度 $F(t)$;相反,已知概率保证程度 $F(t)$ 也可以查得相应的概率度 t。现将几个常用的对应数值列于表 7-1 中。

表 7-1　常用的概率与概率保证程度对照

概率度 t	概率保证程度 $F(t)\%$
1.00	68.27
1.64	90.00
1.96	95.00
2.00	95.45
3.00	99.73

从抽样极限误差的计算公式中可以看出,在抽样平均误差一定的条件下,抽样极限误差、概率度和概率保证程度三者之间存在如下关系:

(1) 在平均误差保持不变的情况下,要扩大概率保证程度,就要增大概率度 t,抽样极限误差 Δ 也随之扩大,这时估计的精确度将降低。

(2) 在平均误差不变的情况下,要提高估计的精确度,则抽样极限误差 Δ 就要缩小,概率

度 t 也要缩小，这时概率保证程度将降低。

由此可见，抽样估计的精确度与概率保证程度是一对矛盾关系，进行抽样估计时必须在两者之间进行慎重的选择。

任务三　抽样估计

抽样估计是指利用实际调查的样本指标数值估计相应的总体指标数值的方法。由于总体指标是表明总体数量特征的参数，例如，总体平均数、总体成数等，所以抽样估计也称参数估计。参数估计有点估计和区间估计两种方法。

三、点估计

点估计就是根据样本资料计算样本指标，再以样本指标数值直接作为相应的总体指标的估计量。例如，以实际计算的样本作为相应总体平均数的估计值：以实际计算的样本成数作为相应总体成数的估计值等，即有：

$$\bar{x}=\hat{X} \quad p=\hat{P}$$

点估计的优点是原理直观、计算简便，在实际工作中经常采用。不足之处是这种估计方法没有考虑到抽样估计的误差，更没有指明在一定范围内的概率保证程度。因此，点估计的方法只适用于推断的准确度和可靠性要求不高的情况。

二、区间估计

(一) 区间估计的含义

区间估计就是根据样本指标和抽样误差来推断总体指标值的最大可能范围，并同时指出估计的概率保证程度的方法。区间估计是抽样估计的主要方法。

区间估计必须具备三个要素：一是点值估计，就是样本指标，它是区间估计的基础；二是抽样极限误差，用以推算总体指标值的估计区间，说明估计的准确度；三是概率保证程度，表明总体指标值落在该区间的可能性大小。

在以上三种要素中，抽样的准确度和可靠性是矛盾的，提高了估计的准确度，必然伴随着估计的可靠性降低；同样提高了估计的可靠性，也必然伴随着估计准确度的降低。因此，在抽样估计时，只能对其中一个的要素提出要求，而推求另一要素的变动情况。所以总体参数的区间估计根据所给定的条件不同，有不同的估计模式。

(二) 区间估计的模式

在进行区间估计的时候，根据所给定条件的不同，总体平均数和总体成数的估计有以下两套模式可供选择使用。

1. 根据已给定的抽样极限误差进行区间估计

具体步骤是：

第一步，抽取样本，计算样本指标，即计算样本平均数 $\bar{x}$ 或样本成数 p，作为总体指标的估计值，并计算样本标准差 σ，推算抽样平均误差 $\mu_{\bar{x}}$ 或 μ_p。

第二步，根据给定的抽样极限误差 Δ，估计总体指标的上限和下限。

第三步，将抽样极限误差 Δ 除以抽样平均误差 μ，求出概率度 t，再根据 t 值查"正态分布概率表"，求出相应的概率保证程度 $F(t)$。

【例 7－3】 对某批型号的电子产品进行耐用性能检测，用重复抽样方法选取其中 100 件产品进行检验，其结果如下：平均耐用时数 $\bar{x}=1\,050$ 小时；标准差 $\sigma=50$ 小时。要求平均耐用时数的误差范围不超过 10 小时，试估计该批产品的平均耐用时数的区间。

计算分析如下：

(1) 计算平均数的平均误差：

$$\mu_{\bar{x}}=\frac{\sigma}{\sqrt{n}}=\frac{50}{\sqrt{100}}=5(\text{小时})$$

(2) 估计总体指标的区间：

根据给定的抽样极限误差 $\Delta_{\bar{x}}=10$(小时)，计算总体平均数的上下限：

$$\text{下限}=\bar{x}-\Delta_{\bar{x}}=1\,050-10=1\,040(\text{小时})$$
$$\text{上限}=\bar{x}+\Delta_{\bar{x}}=1\,050+10=1\,060(\text{小时})$$

(3) 求概率度：

$$t=\frac{\Delta_{\bar{x}}}{\mu_{\bar{x}}}=\frac{10}{5}=2$$

根据概率度查表得概率保证程度 $F(t)=95.45\%$

计算结果表明，该批电子产品的平均耐用时数在 1 040～1 060 小时之间，其概率保证程度为 95.45%。

【例 7－4】 从某校学生中，随机抽取 100 名学生进行视力调查，其中戴眼镜者有 48 人。要求误差范围不超过 5%，要求估计该校学生中戴眼镜者所占比重的区间。计算如下：

(1) 计算样本比率和平均误差：

$$p=\frac{n_1}{n}=\frac{48}{100}\times 100\%=48\%$$

$$\mu_p=\sqrt{\frac{P(1-P)}{n}}=\sqrt{\frac{48\%\times 52\%}{100}}=5\%$$

(2) 估计总体指标的区间：

$$\text{下限}=p-\Delta_p=48\%-5\%=43\%$$
$$\text{上限}=p+\Delta_p=48\%+5\%=53\%$$

(3) 求概率度：

$$t=\frac{\Delta_p}{\mu_p}=\frac{5\%}{5\%}=1$$

根据概率度查表得概率保证程度 $F(t)=68.27\%$

计算结果表明，该校学生中戴眼镜者所占的比重在 43%～53%之间，其概率保证程度为 68.27%。

2. 根据已给定的概率保证程度进行区间估计

具体步骤是：

第一步，抽取样本，计算样本指标，即计算样本平均数 $\bar{x}$ 或样本成数 p，作为总体指标的估计值，并计算样本标准差 σ，推算抽样平均误差 $\mu_{\bar{x}}$ 或 μ_p。

第二步，根据给定的概率保证程度 $F(t)$，查概率表求得概率度 t 值。

第三步，根据概率度 t 和抽样平均误差 μ 推算出抽样极限误差 Δ，并根据抽样极限误差估计总体指标的上限和下限。

【例 7-5】 为了解某企业员工的收入情况，随机重复抽取了 50 个员工进行调查，调查结果如下：月平均收入 $\bar{x}=2\ 200$ 元；标准差 $\sigma=640$ 元。试以 95.45%的概率保证程度估计该企业员工的月平均收入的区间。

计算分析如下：

(1) 计算样本平均数的平均误差：

$$\mu_{\bar{x}}=\frac{\sigma}{\sqrt{n}}=\frac{640}{\sqrt{50}}=90.51(\text{元})$$

(2) 求概率度：

根据概率保证程度 $F(t)=95.45\%$，查表得概率度 $t=2$。

(3) 计算抽样极限误差：

$$\Delta_{\bar{x}}=t\cdot\mu_{\bar{x}}=2\times 90.51=181.02(\text{元})$$

计算总体指标的区间：

$$\text{下限}=\bar{x}-\Delta_{\bar{x}}=2\ 200-181.02=2\ 018.98(\text{元})$$

$$\text{上限}=\bar{x}+\Delta_{\bar{x}}=2\ 200+181.02=2\ 381.02(\text{元})$$

计算结果表明，该企业员工的月平均收入在 2 018.98～2 382.02 元，其概率保证程度为 95.45%。

【例 7-6】 某厂在某时期内生产了 10 万个零件，按不重复抽样方法从中随机抽取了 2 000个零件进检验，得知其中废品有 100 个。试以 95%的概率保证程度估计全部零件合格率的区间。

计算分析如下：

(1) 计算样本合格率和平均误差：

$$p=\frac{n_1}{n}=\frac{2\ 000-100}{2\ 000}\times 100\%=\frac{1\ 900}{2\ 000}\times 100\%=95\%$$

$$\mu_p=\sqrt{\frac{P(1-P)}{n}\left(1-\frac{n}{N}\right)}=\sqrt{\frac{95\%\times 5\%}{2\ 000}\left(1-\frac{2\ 000}{100\ 000}\right)}=0.48\%$$

(2) 求概率度：

根据概率保证程度 $F(t)=95\%$，查表得概率度 $t=1.96$。

(3) 计算抽样极限误差：

$$\Delta_p=t\cdot\mu_p=1.96\times 0.48\%=0.94\%$$

计算总体指标的区间：

$$\text{下限}=p-\Delta_p=95\%-0.94\%=94.06\%$$

$$\text{上限}=p+\Delta_p=95\%+0.94\%=95.94\%$$

计算结果表明，该批零件合格率在94.06%～95.94%，其概率保证程度为95%。

【阅读】

高校大学生学风统计的抽样设计

一、引言

在落实科教兴国战略的态势下，我国高等教育迅猛发展，正在逐步实现高等教育大众化的目标。教育部副部长赵沁平在全国高校学风建设会上强调指出："学风建设是高等教育改革和发展中的一个永恒的主题。优良的学风是保证提高教育质量的重要条件。因此，高校应把学风建设作为提高办学质量的头等大事来抓。"

不少学者已经对高校学风进行了研究和探讨。河北理工大学冶金和能源学院为了全面了解该学校大学生的学习状况，于2016年10月开展了一次抽样调查。调查涉及该院3个系、4个专业的1 000余名在校生。其中，二年级学生占34.13%，三年级学生占35.79%。沈阳农业大学园艺学院为了深刻地研究学生学习目的和学习动机方面存在的问题，共下发问卷200份，其中2014级40份，2015级60份，2016级100份。中国地质大学以某教育部直属高校的全日制在校本科大学生为对象，在全校学生中按系科、专业和年级进行分层抽样，涉及12个院系、30多个专业在校生。

可以看到，上述研究中并没有很好地设计抽样方案，并且没有进行精确度分析，甚至可以说这些抽样都是随机的，也就是概率意义下的抽样，信度值得质疑。

二、对前阶段单元均进行分层时的自加权三阶段抽样设计

大型抽样调查总是采用分层多阶段抽样。分层多阶段抽样若采用自加权抽样设计，则总体总量的估计量形式简单，易于计算。根据高校大学生学风调查的实际状况与需要，本文将采用对前两级单元均进行分层时的自加权三阶段抽样设计，并考虑抽样精度问题。

自加权的分层多阶段抽样设计要求最后一阶段采用放回或不放回的简单随机抽样，而当各最终抽样单元规模差异较大时，简单随机抽样估计量的方差偏大。为了提高精度，通常将最终抽样单元按照规模大致相同来设置。在各阶段分配样本量时，首先确定最后一阶段中每个班级分配的样本量。比如说总样本量为100，确定每个班级分配5个样本，那么就需要抽取20个班级。然后再根据比例将班级数量分配到第二阶段，以此类推。与此同时，需要考虑的是调查的问题。

对于分层抽样来说，层间方差越大越好。尤其是多阶段分层抽样，第一阶段的分层效果基本决定了整个抽样设计的精度。经过观察，发现不同学院和年级的同学，学习态度有着很大的差异。所以在第一阶段时，将学院和年级作为分层的标志。在学院与年级之下有专业，每个专业有着不同数量的班级，共同构成第二阶段的抽样单元。第三阶段的抽样单位为抽中班级的所有同学。

第一、第二阶段可以采用简单的随机或者系统抽样。相比之下，系统抽样更加简单易行。但是由于在抽样框完备并且样本量相同的情况下，简单随机抽样的精度更高，所以还是采用简单随机抽样。第三阶段必须采用放回或不放回的简单随机抽样。不放回的简单随机抽样精度更高，实施起来也比较容易，所以是我们的首选。同理，在第一、第二阶段也应采用不放回的简单随机抽样。

在抽取样本时,可以使用 SPSS 或者 Excel 软件中的随机数发生器来实现。在第三阶段的抽样中,由于被抽中班级的人数不一定相等,所以应该用软件对每个班级都进行抽取;同理,第二阶段的专业与班级也不完全一样,所以都要单独抽取。

在第一阶段抽取 n 个一级单元中,在每个中选的一级单元内均抽取 m 个二级单元;最后在每个选中的二级单元内均抽取 k 个三级单元。前两阶段按照各层所包含的三级单元数量比例分配样本量,第三阶段抽取三级单元时采用不放回简单随机抽样。这样做保证了该抽取设计为对前两级单元均进行分层时的自加权三阶段抽样设计。

根据自加权的方差以及相对误差的计算公式,同时规定相对误差不得超过一定数值,即提出精度的要求,有了总体的方差或其计量后就可以算出所需要的总体样本量 A,且应该有 $A=n\times m\times k$ 成立。在实际工作中。计算得到的总体样本量不一定能满足被整除的性质,同时不能为了让总样本量被整除而缩小总样本量,从而导致精度不高。故应该适当地放大样本量。

三、自加权三阶段抽样设计的其他问题

(一) 抽样框问题

在高校大学生学风调查中,一阶段抽样框由高校所有学院和年级构成。由于学院与年级是确定的,天然生成了完备的抽样框,一阶段的抽样框问题迎刃而解。需要注意的是某些专业比较特别,例如建筑学为 5 年制,所以在构造抽样框时要加以考虑,不能忽略。二阶段抽样框由专业与班级构成,三阶段抽样框由某个班级的所有同学组成。所以说在高校的环境下抽样框是天然与完备的。

(二) 样本量问题

在没有其他可以借鉴的经验的条件下,可以首先进行调查。样本量的确定可以采用美国的经验样本量确定方法,即样本容量为问卷问题数的 50 倍。例如,所设计的问卷包括 15 个问题,那么所需要的样本容量为 $50\times 15=750$。在得到数据后,根据上述方差以及相对数误差计算公式来计算方差以及相对数误差,评判是否符合精度要求。如果不符合,根据调查得到的方差数值以及精度要求逆推得到样本容量,进行二次抽样,补足容量。

(三) 核心指标问题

在高校学风评价指标体系中,包含了诸多容量。但是在设计抽样方案时,不可能把所有指标全部考虑到,不可能对所有指标都进行精度分析。所以只能选取某个核心指标,根据其方差与相对误差来确定样本容量、控制调查精度。在高校学风评价指标体系中,适当地选取一个最有代表性的指标有助于提高产业的准确度以及提供更多的方便。学风的好坏应该首先体现在学习成绩上,而学习成绩是个连续型变量,能够客观地反映大学生的学习情况,所以核心指标应该是大学生的学习成绩。

(四) 无回答问题

采用学习成绩作为核心指标来做总体及均值估计,并计算抽样精度是行之有效的。如果由于特殊原因,比如被抽中对象已经休学等,未能及时地获取样本信息,则应该对缺失值进行处理。据观察,学习成绩的方差是比较大的。如果采用前后平均或总体平均来代替缺失值,必然导致非抽样误差的增加。重新抽样是比较可靠的办法。

(五) 敏感性问题

高校学风调查肯定会涉及一定比例的敏感性问题,比如是否受过处分、学习成绩是多少等。如果直接采用问卷调查的形式可能会造成大量的无回答，使得采用效果低下。所以对于敏感性问题，应该事先设计一整套敏感性问题调查方法来避免无回答误差。

四、结束语

以往的学风调查都没有经过严格的抽样设计和精度分析，可信度不高。应用对全两级平均单元进行分层时的自加权三阶段抽样设计来调查高校学风，可以经过鉴定的计算得到估计量与调查精度。在调查费用可以允许的范围内，通过控制样本量使调查精度在可接受的区间里，提高可信度，为后续的学风整改提供依据[1]。

小讨论：抽样调查有何作用和特点？在抽样调查设计中应注意哪些问题？

【任务实施】

Excel 在抽样推断中的应用

一、总体平均数的区间估计

以例 7－5 资料为例：为了解某企业员工收入情况，随机抽取了 50 个员工进行调查，调查结果如下：月平均收入 $x=2\,200$；标准差 $\sigma=640$ 元。试以 95.45％的概率保证程度估计该企业员工的月平均收入区间。

第一步，单击任一空单元格如 A1，点击常用工具栏的粘贴函数“f_x”按钮，弹出“插入函数”对话框。

第二步，在对话框的“函数分类”中选择“统计”。在“函数名”中选择“CONFIDENCE”函数，按“确定”按钮弹出 CONFIDENCE 对话框。

第三步，在对话框中的 Alpha 框中输入给定的概率的显著水平“0.0455”，在 Standard-dev 框中输入标准差“640”，在 Size 框中输入样本容量“50”，如图 7－1 所示。单击“确定”，得出允许误差“181.019”。

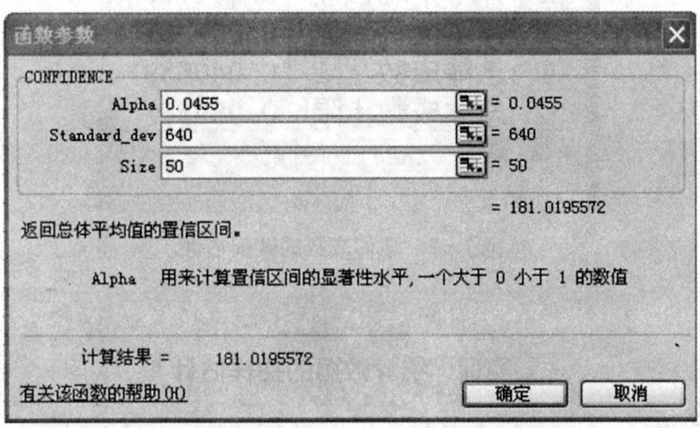

图 7－1　CONFIDENCE 对话框

第四步，单击任一空单元格如 A2，输入“＝2 200－A1”，回车确认得总体平均数的下限 2 018.981 元。

① 陈家作、张加强、侯志强：《高校大学生学风统计的抽样设计》，《消费导刊》2008 年第 2 期。

第五步，单击任一空单元格如 A3，输入“＝2 200＋A1”，回车确认得总体平均数的上限 2 381.019元。

二、总体成数的区间估计

以例 7－6 的资料为例：某厂在某时期内生产了 10 万个零件，按不重复抽样的方法从中随机抽取了 2 000 个零件进检验，得知其中废品有 100 个，试以 95％的概率保证程度估计全部零件合格率的区间。

第一步，计算样本成数。在单元格 B1 中输入“＝(2 200－1 000)/2 000”，回车确定。

第二步，计算平均误差。在单元格 B2 中输入“＝SQRT(0.95 0.05)/2 000 (1－2 000/100 000)”，回车确定。

第三步，计算允许误差。在单元格 B3 中输入“＝B2 1.96”，回车确定。

第四步，计算总体成数的上下限。在单元格 B4 中输入“＝B1－B3”，回车确定。在单元格 B5 中输入“＝B1＋B3”，回车确定。计算结果如图 7－2 所示。

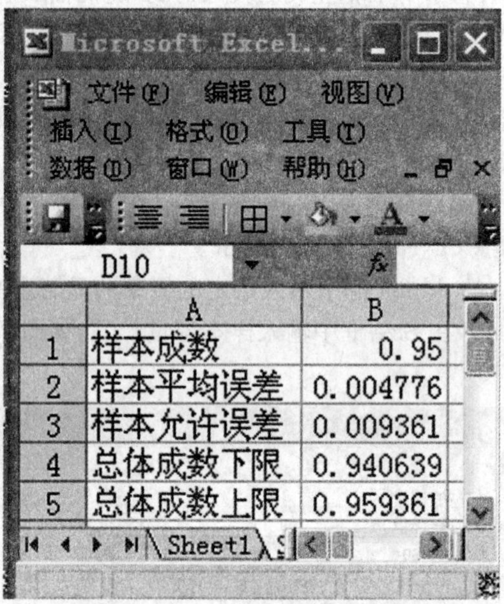

图 7－2 总体成数的区间估计

实训 统计数据的抽样估计

一、实训目的

1. 掌握抽样推断分析的基础知识与运用条件；
2. 培养学生应用抽样推断分析实际问题的能力。

二、实训内容

通过采用抽样调查，已获得某高职院校 40 名学生的日常消费资料，见表 7－2。现如何对样本的生活费水平进行计算分析，并用样本资料推断该高职院校 5 600 名学生的消费水平。

表 7-2　　40 名学生的月生活费用支出　　单位:元

编号	性别	月生活费	编号	性别	月生活费	编号	性别	月生活费	编号	性别	月生活费
1	1	720	11	0	1 180	21	1	1 300	31	0	700
2	0	810	12	0	1 090	22	0	1 470	32	1	400
3	1	500	13	1	830	23	0	1 150	33	0	600
4	1	740	14	0	840	24	1	960	34	0	630
5	0	500	15	1	480	25	1	540	35	1	1 190
6	0	790	16	0	560	26	1	590	36	1	630
7	0	520	17	1	540	27	0	1 610	37	0	650
8	1	680	18	0	1 140	28	0	1 300	38	1	820
9	1	660	19	1	510	29	0	1 280	39	0	740
10	1	650	20	0	450	30	0	480	40	1	910

注:性别中 1 表示男性,0 表示女性。

三、实训要求

1. 学生分组,每组 3～4 人,查阅参数估计的相关知识;

2. 根据样本指标计算平均生活支出允许误差和总体平均生活费置信区间;

3. 根据样本指标计算性别比例(成数)、成数标准差和成数允许误差,并计算总体成数置信区间;

4. 根据样本指标推断总体。

四、实训评价

每个小组形成一份实训报告并进行汇报交流,通过自评、互评和教师评价综合评定成绩。

模块八

相关分析与回归分析

【知识目标】

1. 理解相关关系分析的含义与种类；
2. 了解相关关系分析的主要内容；
3. 了解相关分析的一般方法；
4. 掌握相关系数的计算与分析；
5. 能够建立一元线性回归方程并预测；
6. 了解估计标准误差的意义与计算。

【能力目标】

1. 具有运用正确理论和方法判定现象之间的相关关系的能力；
2. 能够编制相关表和绘制相关图；
3. 具有应用 Excel 工具进行相关分析的能力。

【小资料】

从与经济增长相关的生产要素来讲，资金是一切要素中最具抽象性的代表，特别是固定资产投资，更是形成生产能力的基础，是资金投入中最为重要的部分。固定资产无疑与经济增长有着密切的关系。一方面，固定资产投资的资金来源于国内生产总值，是当年国内生产总值的函数，同时由于投资的连续性，还受到以前年度国内生产总值的影响；另一方面，国内生产总值也受到固定资产存量和其他因素的约束，而固定资产存量则是固定资产投资的累计结果，不仅由前期固定资产存量和当期投资决定，而且与前若干年的投资有关。固定资产投资与经济增长这种相关性存在于不同地区之间，例如，东部与西部之间是否存在较大的差异，这是解答如何缩小东西部经济发展差距问题的基本前提。

任务一　相关关系概述

一、相关关系的含义

自然界和人类社会中存在着的无数现象，它们直接或间接地彼此联系着。每一现象的存在和发展，一方面影响周围一些事物的存在和发展，另一方面又受周围一些事物的影响和制约。例如，企业以广告来扩大商品的社会影响，通过增加广告次数和频率，增强对消费者的刺激，进而促进商品销售量的扩大；工厂根据商品的市场销售状况来组织产品的生产、设计和研制。这种普遍存在的关系通常叫作依存关系。在大量的依存关系中，可以区分为函数关系和相关关系。

函数关系是变量之间一种完全确定的依存关系，即一个变量的数值完全由另一个变量的数值所确定。函数关系的一般数学表达式为 $y=f(x)$。在这种关系中，自变量 x 的每一个数值，因变量 y 都有唯一确定的数值与之相对应。例如，数学中圆的面积 S 和半径 r 之间存在着函数关系，即当圆的半径确定以后，圆的面积也随之确定。再如，商品销售在实行标准价格 p 的情况下，销售收入与销售的商品数量之间也存在着函数关系 $y=px$，即当以标准价格销售的商品数量确定以后，该商品的销售收入也成为唯一确定的值。

相关关系是变量之间其数量变化受随机因素影响而不能唯一确定的相互依存关系，相关关系的理解应把握两个要点(也是它的重要特点)：

一是变量之间确实存在其数量上的相互依存关系，即一个变量发生数量上的变化时，另一个变量也会相应发生数量上的变化。如身材高的人一般体重要重一些；在一定条件下，增加企业商品销售量，则其经营利润也会相应增加，等等。在具有相关关系的两个变量中，作为变化根据的量叫自变量，发生对应变化的量叫因变量。如在“商品销售量”和“经营利润”两个变量中，“商品销售量”称为自变量，“经营利润”称为因变量。两个变量有时可以互相为依据，如价格是销售量的依据，相反也可以说销售量是价格的依据，应根据研究目的来确定哪个是自变量、哪个是因变量。

二是变量之间依存关系的具体数值是不确定的，如身高为 1.80 米的人，可以有许多个体重值；销售同量同质商品的不同企业可能获取不同的经营利润。之所以会发生这种情况，是因为影响因变量发生变化的因素不止一个，还有许多其他因素。如人的体重除了与身高有关之外，还受遗传、运动、饮食等因素的影响；企业经营利润除了与商品销售量有关以外，还受商品进价、经营费用、税金等因素变动的影响。

相关关系与函数关系的区别，突出表现在变量之间的具体关系值是否确定，即函数关系是确定的，相关关系是不确定的。但同时，相关关系与函数关系彼此也有联系，一方面，由于在观察或测量中存在误差等原因，在实际工作中的函数关系的形式近似地将它表达出来；另一方面，在研究相关关系时又常常借用函数关系的形式近似地将它表达出来，以便找到相关关系的一般数量特征。当随机因素不存在时，相关关系就转化为函数关系。因此，函数关系是相关关系的特例。

二、相关关系的种类

现象之间的相关关系很复杂，大体有以下几种分类。

（一）正相关与负相关

按相关关系的方向可以分为正相关与负相关。当因素（或变量）间的变动方向相同时，即自变量 x 值增加（或减少），因变量 y 值也相应增加（或减少），这样的关系就是正相关。如家庭消费支出随收入增加而增加就属于正相关。如果因素（或变量）间的变动方向相反时，即自变量 x 值增大（或减小），因变量 y 值随之减小（或增大），则称为负相关。如商品流通费用随着商品经济的规模增大而逐渐降低就属于负相关。

（二）单相关与复相关

按自变量的多少可分为单相关与复相关。单相关是指两个变量之间的关系，即所研究的问题只涉及一个自变量和一个因变量，如职工的生活水平与工资之间的关系就是单相关。复相关是指三个或三个以上变量之间的相关关系，即所研究的问题涉及到若干个自变量与一个因变量，如同时研究成本、市场、供求状况、消费倾向对利润的影响时，这几个因素之间的关系是复相关。

（三）线性相关与非线性相关

按相关关系的表现形态可分为线性相关与非线性相关。线性相关是指在两个变量之间，当自变量 x 值发生变动时，因变量 y 值发生大致均等的变动。它在相关图的分布上，近似地表现为直线形式。比如，在价格确定的条件下，商品销售额与销售量即为线性相关。非线性相关是指在两个变量之间，当自变量 x 值发生变动时，因变量 y 值发生不均等的变动。它在相关图的分布上，表现为抛物线、双曲线等非直线形式。比如，从人的生命全过程来看，年龄与医疗费支出呈非线性相关。

（四）完全相关、不完全相关与不相关

按相关程度可分为完全相关、不完全相关与不相关。完全相关是指两个变量之间具有完全确定的关系，即因变量 y 完全随自变量 x 值的变动而变动，这时，相关关系就转化为函数关系。不相关是指两个变量之间不存在相关关系，即两个变量变动彼此互不影响，自变量值变动时，因变量不随之作相应变动。比如，家庭收入多少与孩子多少之间不存在相关关系。不完全相关是指介于完全相关与不相关之间的一种相关关系，即变量之间数量上存在不完全确定的相关关系。比如，农作物产量与播种面积之间的关系。一般的相关现象是指不完全相关，不完全相关关系是统计研究的主要对象。

三、相关关系分析的主要内容

对现象之间数量关系的研究，统计上是从两个方面进行的：一方面是分析现象之间的数量变化的密切程度，这是相关分析；另一方面是找出现象之间数量变化的规律，这是回归分析。

（一）相关分析的主要内容

1. 确定现象之间有无相关关系

这是相关回归分析的起点，只有存在相互依存关系，才有必要进行进一步的分析。

2. 确定相关关系的表现形式

只有判断现象之间相关关系的具体表现形式，才能运用相应的相关分析方法进行分析。如果把曲线相关误认为是直线相关，按直线相关来分析，便会出现认识上的偏差，导致错误的结论。

3. 测定相关关系的密切程度和方向

运用恰当的方法，对具有相关关系的变量，求得一个表明其相关密切程度的指标——相关系数，来反映现象之间相关关系的密切程度。只有对达到一定密切程度的相关关系，配合回归方程才有实际意义。

（二）回归分析的主要内容

1. 建立相关关系的回归方程

利用回归分析方法，配合一个表明变量之间数量上的相关关系的方程式，而且根据自变量变动，来预测因变量的变动。

2. 测定因变量的估计值与实际值的误差程度

通过计算估计标准误差，可以反映因变量估计值的准确程度，从而将误差控制在一定范围内。

【思考】

以下各项哪些属于相关关系？并指出其相关关系的种类。

A. 物体的体积随着温度的升高而膨胀，随着压力的加大而收缩。

B. 家庭收入增多，其消费支出也有增长的趋势。

C. 物价上涨，商品的需求量下降。

D. 农作物的收获量和雨量、气温、施肥量有着密切的关系。

E. 圆的半径越长，其面积也就越大。

任务二　相关分析

一、相关关系的一般判断

要分析社会经济现象之间的相关关系，一般先要进行现象之间相关关系的定性分析和利用相关表、相关图进一步判断。

（一）定性分析

要分析说明现象之间相关关系的具体数量表现，首先要根据对客观事物的定性认识来判断。由于任何事物都有其质的规定性，质的规定性表明了事物自身与其他事物的区别和联系，因而对事物的规定性的认识和分析，称为定性分析。按照人们认识事物的顺序，先有对事物的定性判断，才能据此进行量的分析。

由于现象之间的相关关系比较复杂，测定相关关系之前，一般在定性分析的基础上，还要利用相关表和相关图粗略地判断现象之间的相关程度和相关形态。

（二）相关表

相关表是一种反映变量之间相关关系的统计表。将一变量按其取值的大小排列，然后再将与其相关的另一变量的对应值平行排列，便可得到简单的相关表。变量之间的相关关系在表面看是杂乱无章的，看不出其变化规律。通过对大量观察中得到的资料的加工整理，编制成相关表，可以初步看出现象之间的相关关系的形式、方向，并可粗略看出相关的密切程度。其编制程序是：首先确定自变量和因变量，其次，将变量的变量值一一对应，按自变量的变量值从大到小的顺序排列即可。

【例 8-1】　为研究居民收入与消费支出的关系，通过抽样调查获得 10 户居民家庭月收入消费支出的资料。以居民家庭月收入为自变量，将家庭月收入的数据从小到大排列，以消费支出为因变量编制的相关资料如表 8-1 所示。

表 8-1 **居民家庭月收入与消费支出资料** 单位：元

家庭编号	1	2	3	4	5	6	7	8	9	10
家庭月收入 x	1 500	1 800	2 000	2 500	3 000	4 000	6 200	7 500	8 800	9 200
消费支出 y	1 200	1 500	1 800	2 000	2 800	3 600	4 200	5 300	6 000	6 500

从表 8-1 中可以看出，随着该居民家庭月收入的提高，消费支出也有相应增长，两者之间存在明显的正相关关系。其相关关系不仅在理论上成立，客观现实中也是存在的。

(三) 相关图

相关图又称散点图，是用直角坐标系的横轴代表变量 x，纵轴代表变量 y，将两个变量间相对应的点描绘出来，用来反映两变量之间相关关系的图形。通过相关图所有点的状况，可以直观大致地看出两个现象间的相关关系的表现形式、方向，也可粗略地判断相关关系的密切程度，为进一步测定相关关系奠定了基础。根据表 8-1 的资料绘制成相关图(见图 8-1)。

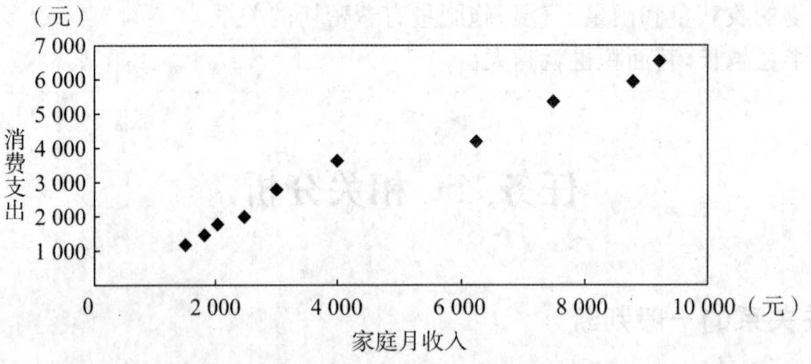

图 8-1 居民家庭月收入与消费支出相关图

从图 8-1 中可以看出，居民家庭月消费支出随着家庭月收入的增加而增加，并且散布点的分布近似地表现为一条直线。由此可以判断居民家庭月收入与消费支出之间存在着直线正相关关系。

二、相关关系的测定——相关系数

相关表和相关图大体说明变量之间有无关系、相关的形式和方向，但它们的相关关系的密切程度却无法准确判断。因此，需运用数学解释方法，构建一个恰当的数学模型来显示相关关系的密切程度。对现象之间的相关关系的密切程度作出确切的数量说明，就需要计算相关系数。

(一) 相关系数的计算

相关系数是在直线相关条件下，说明两个现象之间关系程度的统计分析指标，通常用“r”表示。

1. 定义公式

相关系数的计算方法有若干种，其中最易理解的叫积差法，直接来源于数理统计中相关系数的定义：两变量的协方差与两变量的各自标准差乘积之比。

$$r=\frac{\sigma_{xy}^2}{\sigma_x\sigma_y}=\frac{\frac{1}{n}\sum(x-\bar{x})(y-\bar{y})}{\sqrt{\frac{1}{n}\sum(x-\bar{x})^2}\cdot\sqrt{\frac{1}{n}\sum(y-\bar{y})^2}}$$

式中：

r——相关系数；

σ_{xy}^2——自变量与因变量的协方差；

σ_x——自变量的标准差；

σ_y——因变量的标准差。

2. 简捷公式

在实际工作中，利用定义公式计算相关系数很麻烦，可对其进行推导，形成简便可行的简捷计算公式：

$$r=\frac{n\sum xy-\sum x\sum y}{\sqrt{n\sum x^2-(\sum x)^2}\cdot\sqrt{n\sum y^2-(\sum y)^2}}$$

（二）相关系数分析

相关系数可以准确地说明现象之间的相关方向和密切程度，现分析如下：

(1) 相关系数的数值范围。是在-1和$+1$之间，即$-1\leqslant r\leqslant 1$。

(2) 相关系数可以说明现象的相关方向。当$r>0$时，表示现象之间为正相关关系；当$r<0$时，现象之间为负相关关系。

(3) 相关系数可以说明相关关系的密切程度。相关系数r的绝对值越接近于1，表示相关关系密切的程度越强；相关系数r的绝对值越接近于0，表示相关关系密切的程度越弱；如果$|r|=1$，则表示现象之间是完全直线相关关系；如果$r=0$，则表示现象之间不存在直线相关关系。根据r值的大小，相关关系的密切程度可分为以下几个等级：

$|r|$在0.3以下表示微弱直线相关关系；

$|r|$在0.3～0.5之间表示低度直线相关关系；

$|r|$在0.5～0.8之间表示显著直线相关关系；

$|r|$在0.8以上表示高度直线相关关系。

【例8-2】 根据例8-1和图8-1中的资料，已知居民家庭月收入与消费支出之间为直线相关，计算居民家庭月收入与消费支出的相关系数，见表8-2。

表8-2　　家庭月收入与消费支出相关系数计算表

编号	月收入(百元)x	消费支出(百元)y	x^2	y^2	xy
1	15	12	225	144	180
2	18	15	324	225	270
3	20	18	400	324	360
4	25	20	625	400	500
5	30	28	900	784	840

续表

编号	月收入(百元)x	消费支出(百元)y	x^2	y^2	xy
6	40	36	1 600	1 296	1 440
7	62	42	3 844	1 764	2 604
8	75	53	5 625	2 809	3 975
9	88	60	7 744	3 600	5 280
10	92	65	8 464	4 225	5 980
合计	465	349	29 751	15 571	21 429

将表 8－2 中资料代入公式中：

$$r=\frac{10\times 21\,429-465\times 349}{\sqrt{10\times 29\,751-465^2}\times\sqrt{10\times 15\,571-349^2}}=\frac{52\,005}{\sqrt{81\,285}\times\sqrt{33\,909}}=0.99$$

由计算结果得知，相关系数为 0.99，说明居民消费支出与家庭月收入之间为高度正相关关系，即家庭收入越高，其消费支出也越高。

任务三　回归分析

一、回归分析的含义

回归分析是指具有相关关系的现象，根据其变量之间的数量变化规律，运用一个相关的数学模型(称为回归方程式)近似地表示变量间的平均变化关系，并进行估算和预测的一种统计分析方法。

通过相关系数，只能了解因变量和自变量之间相关关系的方向和密切程度，但不能根据自变量的变动来推断因变量的变动。要根据某一变量的数值来估计另一变量的数据，根据已知推求未知，就需要进行回归分析。

回归分析实际上是相关现象间不确定、不规则的数量关系的一般化、规则化，回归分析采用的方法是配合直线或曲线，用这条直线或曲线来代表现象之间的一般数量关系。这条直线或曲线叫回归直线或回归曲线，它们的方程称为线性回归方程或非线性回归方程。两个变量之间的回归方程称为一元回归(简单回归)方程；三个或三个以上变量之间的回归方程称为多元回归方程。本章着重分析一元线性回归方程。

二、回归分析与相关分析的关系

(一) 回归分析与相关分析的区别

(1) 相关分析所研究的两个变量是对等关系；回归分析所研究的两个变量不是对等关系，必须根据研究目的，先确定其中一个自变量，另一个是因变量。

(2) 对两个变量 x 和 y 来说，相关分析只能计算出一个反映两个变量间相关关系密切程度的相关系数，而且计算中改变 x 和 y 的地位不影响相关系数的数值。回归分析有时可以根据研究目的的不同分别建立两个不同的回归方程：一个以 x 为自变量，y 为因变量，建立 y 对

x 的回归方程；一个是以 y 为自变量，x 为因变量，建立 x 对 y 的回归方程。

(3) 相关分析对资料要求是两个变量都是随机变量；而回归分析对资料的要求是自变量是可以控制的变量(给定的变量)，因变量是随机变量。

(二) 回归分析与相关分析的联系

(1) 相关分析是回归分析的基础与前提。如果缺少相关分析，没有从定性上说明现象间是否存在相关关系，没有对相关关系的密切程度作出判断，就不能进行回归分析，即使勉强进行了回归分析，也可能是没有实际意义的。

(2) 回归分析是相关分析的深入和继续。仅仅说明现象之间具有密切的相关关系是不够的，只有进行了回归分析、拟合了回归方程，才有可能进一步分析和回归预测，相关分析才有实际意义。

因此，如果仅有回归方程而缺少相关分析，将会因为缺乏必要的基础和前提而影响回归方程的可靠性；如果仅有相关分析而缺少回归分析，就会降低相关分析的意义。只有把两者结合起来，才能达到统计分析的目的。

三、一元线性回归方程的拟合

用直线方程来表示两个变量之间的变动关系，并进行估计和推算的分析方法称为一元线性回归分析或简单线性回归分析。一元线性回归分析是回归分析最简单且应用最广泛的一种，它是一般回归分析的基础，多元回归分析和非线性回归分析是从一元线性回归分析的基本理论上发展起来的。

并非给定的任何资料都可拟合一元线性回归方程，拟合一元线性回归方程必须具备以下条件：(1)两现象间确实存在数量上的相互依存的关系；(2)现象间的关系是线性相关关系；(3)具备一组变量与因变量的对应资料，且明确哪个是自变量，哪个是因变量。

如果两现象资料满足上述前提条件，可以拟合一元线性回归方程：

$$y_c = a + bx$$

其中，y_c 是因变量的估计值，它是根据回归方程推算出来的回归直线上因变量的理论值；x 代表自变量；a 为回归直线的起点值，这个值在相关图上表现为 $x=0$ 时，纵轴上的一个点，数学上称为 y 的截距；b 为回归直线斜率，统计上称为回归系数，它表示自变量每增加一个单位量时，因变量的平均变动值。公式中 a，b 均为待定参数，需要根据实际资料求解，一旦解出来，表明变量之间一般关系的具体回归直线也就确定下来了。

估计参数可以有不同的方法，统计中使用最多的是最小平方法，也称为最小二乘法。用这种方法求出的回归线是原资料最适合线，使得因变量的实际值与理论值离差的代数和等于零。即 $\sum(y-y_c)=0$，使得离差的平方和为最小，即 $\sum(y-y_c)^2=$最小值。

设 $Q=\sum(y-y_c)^2=$最小值，把 $y_c=a+bx$ 代入 Q，得：

$$Q=\sum(y-a-bx)^2=\text{最小值}$$

求偏导数可得到两个标准方程：

$$\sum y = na + b\sum x$$
$$\sum xy = a\sum x + b\sum x^2$$

从以上方程中可解出两参数的计算公式：

$$b=\frac{n\sum xy-\sum x\sum y}{n\sum x^2-(\sum x)^2}$$

$$a=\bar{y}-b\cdot\bar{x}=\frac{\sum y}{n}-b\cdot\frac{\sum x}{n}$$

【例 8-3】 根据例 8-1 和图 8-1 的相关分析，居民家庭月收入和消费支出之间大致呈线性相关关系。现根据例 8-2 中的资料，拟合一元线性回归方程并预测。将有关数据代入方程：

$$b=\frac{10\times 21\,429-465\times 349}{10\times 29\,751-465^2}=\frac{52\,005}{81\,285}=0.639\,8$$

$$a=\frac{349}{10}-0.639\,8\times\frac{465}{10}=5.149\,3$$

将两参数代入回归方程得：$y_c=5.149\,3+0.639\,8x$

式中，$a=5.149\,3$ 代表即使月收入为 0，消费支出也需要 5.149 3 百元(514.93 元)。回归系数 $b=0.639\,8$ 表示家庭月收入每提高 1 百元，消费支出平均增加 0.639 8 百元(63.98 元)。

利用回归方程可以进行预测。如某家庭月收入为 15 000 元($x=150$)，在其他条件相对稳定的情况下，可以预测其消费支出为：

$$y_c=5.149\,3+0.639\,8\times150=101.119\,3(\text{百元})=10\,111.93(\text{元})$$

建立回归方程应注意以下几个问题：

(1) 建立回归方程后，只能通过给定的自变量的值来求因变量的估计值，而不能反过来推算。如上例方程中，只能通过给定的家庭收入来估计消费支出，而不应反过来估计。如果是两个互为因果的变量，既要由 x 估计 y，又需要由 y 估计 x，那就必须建立两个回归方程：一个是 $y_c=a+bx$，另一个是 $x_c=c+dy$(c、d 与 a、b 的含义相同，只是数值不同)。总之，不能用一个回归方程求 x、y 两个估计值。

(2) 不能把根据直线回归方程求出的因变量估计值 y 看成是确定性的数值，它只不过是许多可能值的平均数，它是把非确定性的数量关系一般化、平均化。

(3) 回归系数 b 的值有正负号，正回归系数表示两个变量为正相关关系，在图形上表现为一条上升直线；负回归系数表示负相关，为一条下降直线。另外，由于回归系数数值的大小与相关表中原数列使用的计量单位有关，所以它不能表明两个变量之间变化的密切程度，只能反映两个变量之间数值变化的比例关系，即只能表明自变量每变化一个单位，因变量的平均变化量。

四、估计标准误差

(一) 估计标准误差的含义

我们知道根据前述回归方程推算出来的因变量的数值，只是个估计值、理论值或者说是一个平均值，因此它和实际数值之间必然会出现差异。这样就有了估计值与实际值相差多大的问题，这直接关系到推算估计的准确性。从另一方面讲，这种差别大小也反映着回归直线的代表性大小。

估计标准误差就是用来说说明回归方程推算结果准确的统计分析指标，或者说是反映回归直线代表性大小的统计分析指标。估计标准误差值小，说明因变量的实际值与估计值间的差异小，回归直线的代表性就大；估计标准误差值大，说明因变量的实际值与估计量间的差异大，回归直线的代表性就小。

（二）一元线性回归估计标准误差的计算

估计标准误差是因变量的实际值与估计值离差的平均数，其计算公式如下：

$$S_y=\sqrt{\frac{\sum (y-y_c)^2}{n-2}}$$

式中，S_y 代表估计标准误差，$n-2$ 为自由度。因为在一元线性回归方程中，有 a 和 b 两个参数，所以要由 n 减去 2，表示估计的回归线已失去了两个自由度。

从计算公式可以看出，计算的结果实际上是个平均误差，但不是简单平均，而是经过乘方、平均、再开方的过程，这和标准差的计算过程一样。它的作用是说明估计的准确程度，所以叫作估计标准误差，也叫作估计标准差或回归标准差。

上述计算估计标准误差的方法是用平均误差来表现的，计算比较麻烦，必须计算出所有的估计值。因此，在已有线性回归方程的情况下，可利用如下简捷公式计算：

$$S_y=\sqrt{\frac{\sum y^2-a\sum y-b\sum xy}{n-2}}$$

【例 8－4】 依据表 8－2 和例 8－3 的资料，计算该回归方程的估计标准误差。将相关数据代入公式计算如下：

$$S_y=\sqrt{\frac{15\ 571-5.149\ 3\times 349-0.639\ 8\times 21\ 429}{10-2}}=2.82(\text{百元})$$

小讨论

你认为相关性分析与回归方分析有何作用？如何进行相关性分析与回归分析？

【思考】

某校对学生考试成绩和学习时间的关系进行测定，建立了考试成绩对学习时间的直线回归方程为：$y_c=180-5x$，该方程（　　）。

A. a 值的计算有误，b 值是对的　　B. b 值的计算有误，a 值是对的

C. a 值和 b 值的计算都有误　　D. a 值和 b 值的计算都正确

【任务实施】

Excel 在相关性分析与回归分析中的应用

一、绘制散点图

第一步，将 10 个月家庭收入和消费支出数据输入表中 A、B 两列，如图 8－2 所示。

第二步，单击“插入”菜单，选择“图表”，或者单击工具栏中的“图表”按钮，弹出“图表类型”中选择“XY 散点图”，如图 8－3 所示。

	A	B
1	家庭月收入	消费支出
2	1500	1200
3	1800	1500
4	2000	1800
5	2500	2000
6	3000	2800
7	4000	3600
8	6200	4200
9	7500	5300
10	8800	6000

图 8-2 居民月收入和消费支出资料

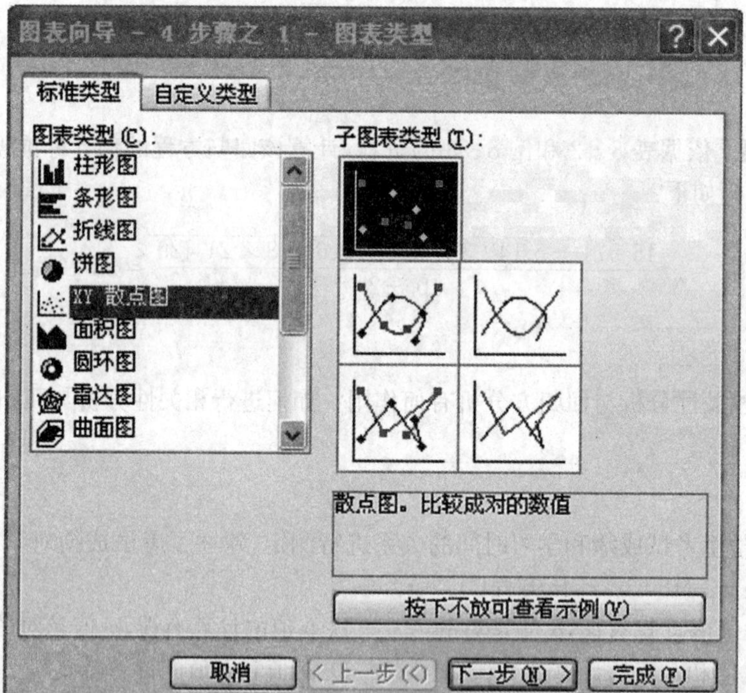

图 8-3 “图表类型”对话框

第三步，单击“下一步”按钮，选择数据区域＄4＄2：＄B＄11，如图 8-4 所示。
第四步，单击“下一步”按钮，填写 X 轴 Y 轴的名称，如图 8-5 所示。
第五步，单击“下一步”按钮。选择“作为其中的对象插入”，如图 8-6 所示。
第六步，单击“完成”，得散点图如图 8-7 所示。

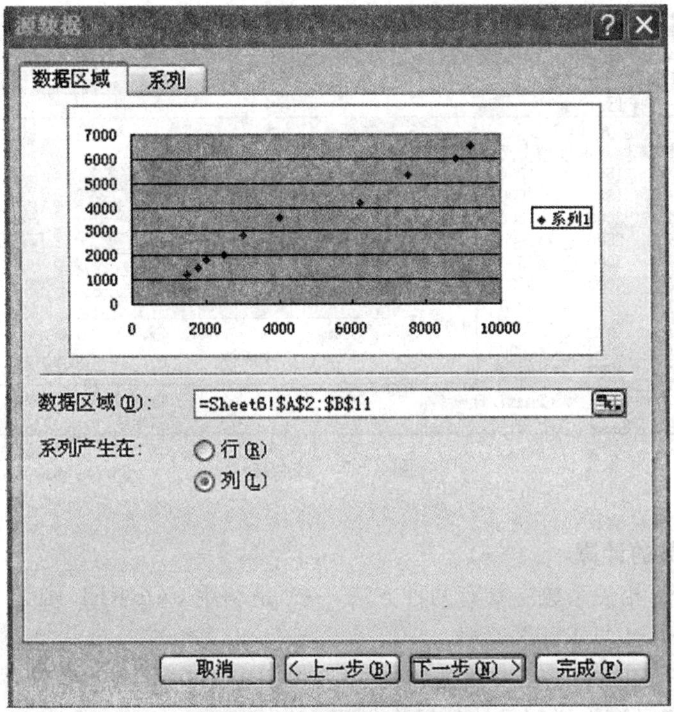

图 8－4　“图表源数据”对话框

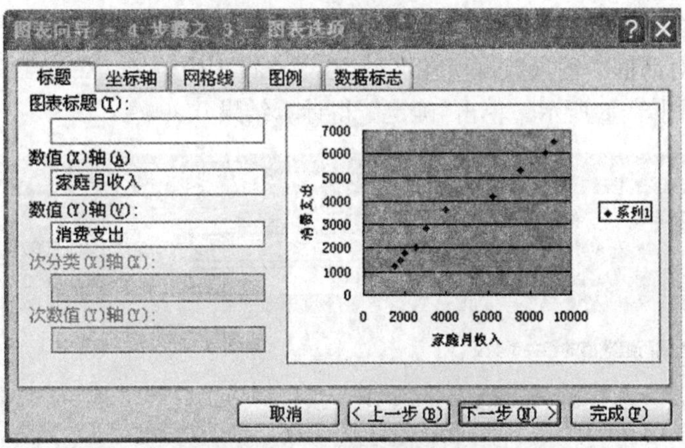

图 8－5　“图表选项”对话框

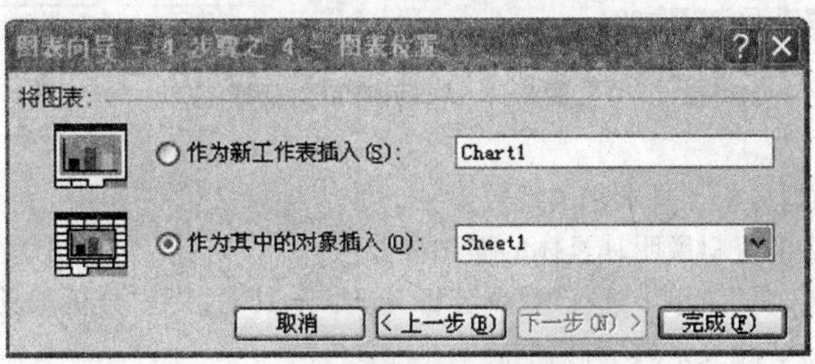

图 8－6　“图标位置”对话框

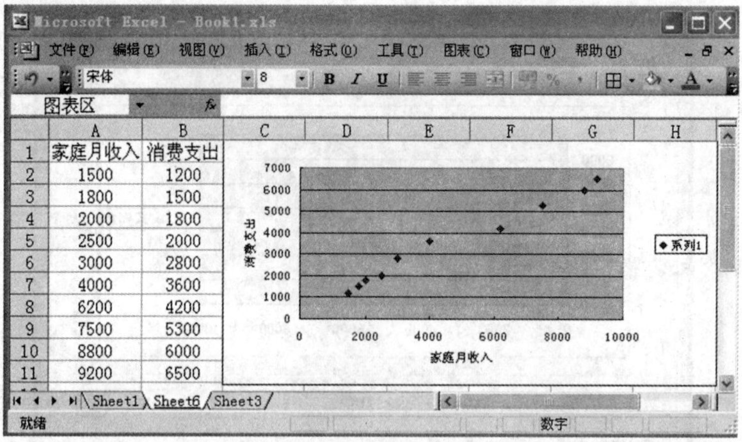

图 8-7　散点图

二、相关系数的计算

用 Excel 计算相关系数主要有两种方法，一个是利用 CORREL 函数求相关系数，另一个是利用函数分析工具求相关系数。

(一)利用 CORREL 函数求相关系数

现用图 8-2 的资料说明具体的操作步骤：

第一步，选择任一空格，单击“插入”菜单，选择“函数”选项，打开插入函数对话框。在对话框中选择“统计”类的“CORREL”函数，确定后进入“CORREL”对话框。

第二步，在对话框中输入数据所在区域，在 Array 1 中输入“A2:A11”，在 Array2 中输入“B2:B11”，如图 8-8 所示。单击“确定”，得计算结果 0.99。

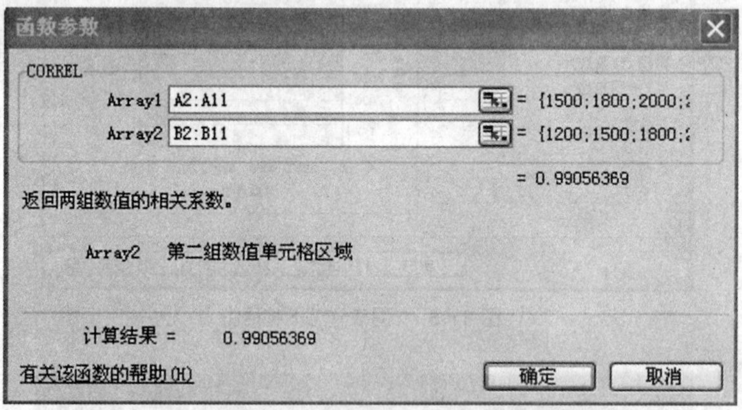

图 8-8　“CORREL”对话框

(二)利用数据分析工具求相关系数

仍用图 8-2 的资料说明其具体的操作步骤：

第一步，在“工具”菜单中选择“数据分析”选项，从其对话框“分析工具”列中选择“相关系数”，确定后进入“相关系数”对话框。

第二步，在对话框中输入相关信息。在输入区域框输入数据所在区域“$A$1:$B$11”，由于第一行是标志不是数据，所以要选择“标志位于第一行”选项。在输出区域框中输入系数所在单元行列号，本例用“$C$3”，如图 8－9 所示。

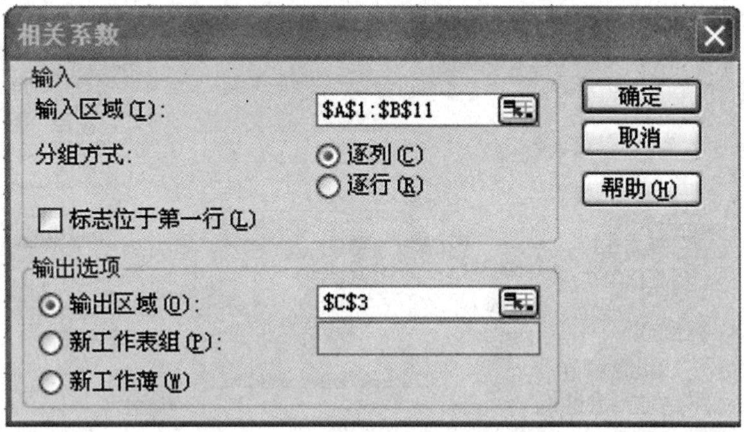

图 8－9　相关系数对话框

第三步，单击“确定”，得出相关系数的计算结果，如图 8－10 所示。

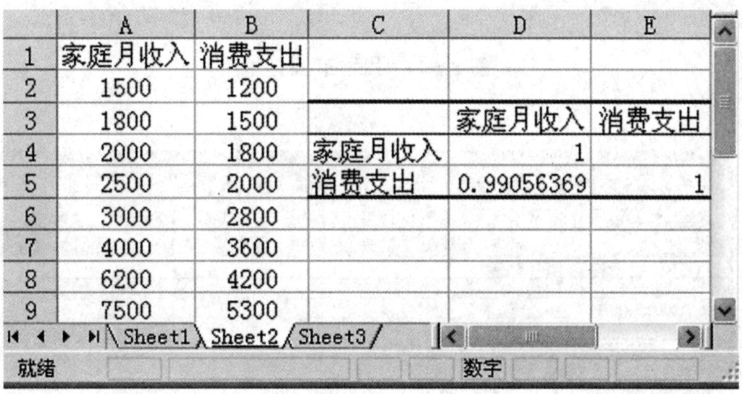

	A	B	C	D	E
1	家庭月收入	消费支出			
2	1500	1200			
3	1800	1500		家庭月收入	消费支出
4	2000	1800	家庭月收入	1	
5	2500	2000	消费支出	0.99056369	1
6	3000	2800			
7	4000	3600			
8	6200	4200			
9	7500	5300			

图 8－10　相关系数计算结果

三、一元线性回归分析

仍用图 8－2 资料说明一元线性回归分析的具体步骤：

第一步，单击“工具”菜单，选择“数据分析”选项，出现“数据分析”对话框，在分析框中选择“回归”工具，按“确定”即弹出“回归”对话框。

第二步，在回归对话框中的“Y 值输入区域”中输入“$B$2:$B$11”，在“X 值输入区域”框中输入“$A$2:$A$11”，在“输入选项”中选择“新工作表”，如图 8－11 所示。

第三步，单击“确定”按钮，回归分析结果如图 8－12 所示。

在结果中，第一部分是回归统计，第二部分是方差分析，第三部分是回归系数表，其中 Intercept 指截距，即 a 值，从表中可知：$a=515$，$b=0.639\ 8$，因此一元线性回归方程为：$y_c=515+0.639\ 8x$。如某家庭月收入为 15 000 元，在其他条件相对稳定的情况下，可以预测其消费支出为：$y=515+0.639\ 8\times15\ 000=10\ 111.79$(元)。

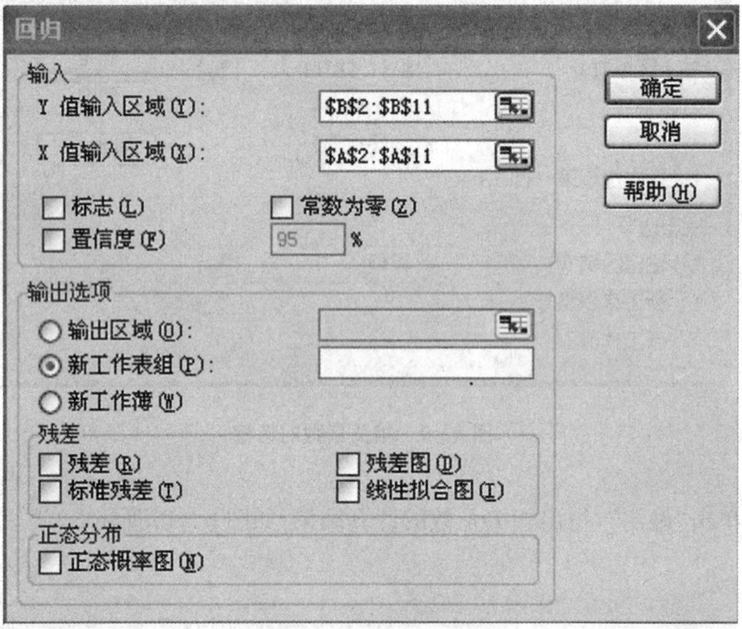

图 8－11 “回归”对话框

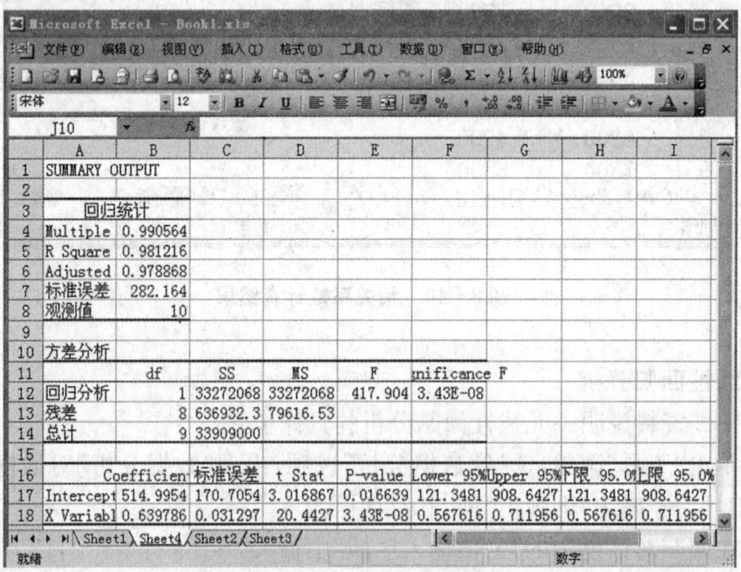

	A	B	C	D	E	F	G	H	I
1	SUMMARY OUTPUT								
2									
3	回归统计								
4	Multiple	0.990564							
5	R Square	0.981216							
6	Adjusted	0.978868							
7	标准误差	282.164							
8	观测值	10							
9									
10	方差分析								
11		df	SS	MS	F	gnificance F			
12	回归分析	1	33272068	33272068	417.904	3.43E-08			
13	残差	8	636932.3	79616.53					
14	总计	9	33909000						
15									
16		Coefficien	标准误差	t Stat	P-value	Lower 95%	Upper 95%	下限 95.0%	上限 95.0%
17	Intercept	514.9954	170.7054	3.016867	0.016639	121.3481	908.6427	121.3481	908.6427
18	X Variabl	0.639786	0.031297	20.4427	3.43E-08	0.567616	0.711956	0.567616	0.711956

图 8－12 回归分析结果

实训　相关分析与回归分析

一、实训目的

1. 掌握回归分析应注意的问题；

2. 培养学生应用一元线性回归模型分析经济现象发展的能力，并能够通过一元线性回归模型进行预测。

二、实训内容

某超市历年销售利润和员工工资支出情况如表8－3所示。管理层要求超市销售部分析销售利润和工资之间的关系，期望从调整员工工资收入着手提高员工工作效率，并预测2018～2020年的销售利润。

表8－3　某超市历年销售利润和员工工资支出情况　单位：万元

年度	销售利润	工资支出
2008	2 700	90
2009	2 780	100
2010	2 860	118
2011	2 920	132
2012	3 050	145
2013	3 145	156
2014	3 230	172
2015	3 308	188
2016	3 502	201
2017	4 005	230

三、实训要求

1. 学生分组，每组3～4人，查阅回归分析的相关知识；

2. 根据提供的信息分析解决步骤；

3. 利用Excel工具建立回归方程；

4. 根据回归方程解释销售利润与销售收入的关系；

5. 确定未来发展趋势。

四、实训评价

每个小组形成一份实训报告并进行汇报交流，通过自评、互评和教师评价综合评定成绩。

模块九

撰写统计调查报告

【知识目标】

1. 调查报告的种类；
2. 统计调查报告的一般程序；
3. 统计调查报告的基本结构。

【能力目标】

1. 具有根据调查目的确定调查报告的主题及拟定提纲的能力；
2. 通过学习如何撰写调查报告,具备一定的语言组织能力。

【小资料】

消费观是消费者对消费的基本观点和基本态度,是价值观的具体体现,随着我国经济发展进入新阶段,迈入大学校园的90后青年出现新的社会消费的现象。90后大学生群体的消费水平及结构备受人们的关注。为了帮助大学生树立科学的消费观,理性选择消费行为,2016年,某省一所职业技术学院成立调查项目小组,对90后大学生消费价值观进行问卷调查。在该校在校大学生群体中,随机发放《大学生消费观调查问卷》500份,对大学生的月消费水平、支出类别及金额、生活资金及来源、社会兼职及目的、家庭收入和自我评价等问题进行问卷访谈。之后,项目小组审核整理回收的调查问卷,得到了480份有效问卷,在编码录入后进行了数据分析。最后,项目小组需要将调查及分析结果撰写成一份统计调查报告并提交。

现在,项目小组成员面对这次调查活动的调查资料与数据分析的结果,应当如何撰写这份统计调查报告呢?

任务一 构思统计调查报告框架

统计调查报告是对统计工作的总结，调查报告如何提交和陈述，调查报告是否科学、完整，关系到统计活动的全过程。比如统计调查得来的资料，这项工作完成的形式与质量，将会影响到统计调查成果的领悟，以及决策者实施的决策活动。因此，统计调研人员必须了解其特点，掌握撰写的方法，能够较好地完成统计调查报告的撰写。

一、统计调查报告的特点及种类

(一) 统计调查报告的特点

统计调查的目的是为了发现问题、反映情况、总结经验和掌握规律，并以此指导或影响人们的社会实践。在统计调查分析的基础上，必然要进行调查报告的撰写。调查报告的类别和形式是多种多样的，但任何种类、形式的调查报告具有如下的基本特征。

第一，调查报告是社会调查活动的总结和说明，是社会调查过程的高度概括，产生于社会调查分析之后。

第二，调查报告既反映了对现有认识的广度和深度，又反映了对未知领域广度和深度的探索，同时它的针对性很强。

第三，调查报告是科学的。首先调查报告是以调查事实为依据的分析和总结，它如实反映了客观世界，是客观事物内在联系的总结和反映。其次，调查报告中运用的调查资料和数据是采用科学的方法获取的。

第四，调查报告对社会现象不是一般性的描述，而是经过对现象科学的分析和总结揭示出事物的本质。

第五，一般来讲，调查报告涉及的知识面较宽，除涉及一般的基础知识，还要涉及到与调查内容有关的专业知识。可以说调查报告实际上是调查者的思想、立场、知识、能力和才华的综合体现。

(二) 调查报告的种类

调查报告依据不同标准可划分为多种类型。依据研究的目的不同，可分为理论型调查报告与实际建议型调查报告；依据调查对象的范围和关系的不同可分为概括调查报告和专题调查报告；依据调查的性质不同可分为叙述性调查报告和分析性调查报告；按表达形式不同可分为文字报告与口头报告。

二、统计调查报告的一般程序

调查报告是调查分析结果的书面表现形式。撰写调研报告是把调研分析的结果用文字表述出来。撰写调研报告的目的是反映实际情况，为决策提供书面依据。而报告的撰写是在对调研资料进行科学的整理、分析基础上进行的。在正式撰写之前，调研人员首先要构思市场调研报告的整体框架，确定写作思路。调查报告的撰写程序一般是：确定主题、取舍材料、拟定提纲、撰写报告和修改报告等五个步骤。

(一) 确定统计调查报告的主题

调查报告的主题是调查报告的中心问题。主题是否明确，是否有价值，对调查报告具有决定性的意义。确定主题由选题和确定观点两个步骤完成。

1. 选题

选题是发现、选择、确定、分析论题的过程。论题就是分析对象和目的的概括。所以选题一般表现为调研报告的标题，也就是调查报告的题目，它必须准确揭示调查报告的主题思想，做到题文相符，高度概括，具有较强的吸引力。一般是通过扼要地突出统计调查全过程中最有特色的环节的方式，揭示本报告所要论述的内容。

2. 确定观点

观点是调研者对分析对象所持有的看法与评价，是调研材料的客观性与调研者主观认识的统一体，是形成思路、组织材料的基本依据和出发点。要从实际调研的情况和数字出发，通过现象而把握本质，具体分析，提炼观点，并立论新颖，用简单、明确、易懂的语言阐述。

3. 确定主题应注意的问题

(1) 调查报告的主题必须与调查主题相一致。一般来说，调查的主题就是调查报告的主题。因此选题也是调查主题确定的关键。调查主题在统计调查之初已基本确定。而调查报告的主题观点则产生在调查分析之后。

(2) 要根据调查分析的结果确立观点并重新审定主题。

(3) 调查报告的主题不宜过大。为了便于反映问题，主题要相对小些、集中些。

(二) 取舍资料

资料是形成调查报告主题观点的基础。观点是资料的统帅和代表，观点决定资料的取舍和使用。只有达到资料与观点的高度统一，资料才能充分地说明调查报告的主题。这是撰写调查报告必须遵循的主要原则。

(三) 拟定统计调查报告提纲

在确定主题、取舍材料之后，撰写调查报告就有一个笼括。拟定一份提纲会使初步形成的“模糊”的报告明确呈现出来。提纲是调查报告的骨架，可以理清思路，表明调查报告各部分之间的联系。

调研报告提纲可以采用从层次上列出报告的章节形式的条目提纲，或者列出各章节要表述的观点形式的观点提纲。一般先拟定提纲的框架，把调研报告分为几个大部分。然后在各部分中再充实，按次序或轻重，横向或纵向罗列而成较细的提纲。提纲越细，反映调研者的思路越清晰，同时也便于对调研报告进行调整。

【思考】

试为项目素材拟定调查报告提纲。

(四) 撰写报告

在拟定较细的提纲基础上，便可以正式撰写调查报告了。在撰写调查报告的过程中，要注意以下问题：

(1) 要做到通俗易懂。

(2) 使用材料要准，分析问题要深刻。

(3) 文字生动、活泼，形式灵活多样。如使用图表可以打破一味叙述论证的“呆板”形式。

(五) 修改报告

任何调查报告都不是一次完成的，调查报告写完后必须反复修改，逐句审查，严把质量关。修改报告的主要任务如下：

第一，调查引用资料依据是否合理，全篇报告是否言之有理，持之有据。

第二，检查调查报告中所运用的观点是否明确，表达是否准确。

第三，检查调查报告的思想基调是否符合调查的目的和要求。最后在通读报告时检查语言是否流畅，及有无错别字和用错的标点符号。

【任务实施】

子任务 1　确定调查报告的主题

主题包括标题与论述观点两部分内容，需要在列提纲前首先确定好。

一、选题

本次关于大学生消费价值观的调查只在该学院进行，如果不加副标题，容易让人误解为一个区域甚至全国范围内的调查，这样标题没有做到“题文相符”。所以在选题的后面可以加副标题。

二、确定观点

通过对实际调查数据整理、分析，项目小组对形成的材料的调查报告主要观点为：

（1）消费平均水平趋于合理，但个体呈现两极分化。

（2）消费整体趋于理性，存在消费结构不合理成分。

（3）独立意识相对较低，对家庭依赖度较高。

（4）自我价值实现意识较强，投资支出占比大。

子任务 2　拟定调查报告提纲

调查报告的观点确定以后，提纲可以围绕这些观点进行构思，同时要对调查方案和调查过程进行必要的说明。提纲拟定如下。

引言：概括调查的意义与目的。

第一部分：陈述问卷调查的情况，内容包括问卷涵盖的问题、样本的获取方法及样本数量、有效问卷等。

第二部分：调查数据的统计分析。说明数据处理的方法，分析数据的主要计算结果，涉及消费总额及结构比例分析、收入情况分析、通讯与交友情况分析、社会兼职及收入分析、自我评价分析等。

第三部分：调查结果分析。就是调查数据结果，结合访谈资料，分析大学生消费不合理现象，并进行成因分析。

第四部分：结论与建议。就分析结果提出引导大学生理性消费的建议，从家庭、社会、政府、学校四方面论述。

任务二　撰写统计调查报告

确定主题，拟定提纲，只是完成调查报告的前期准备的工作，还需要选用合适的语言表述调查的分析结果，并且要构思调查的框架，在这些都完成的基础上才能撰写调查报告。

一、统计分析报告的格式和结构

好的调查报告不仅言之有理,还应言之有序。精心安排其结构,才能做到言之有理有节。如果说观点是调查报告的灵魂,材料是血肉,那么结构就是调查报告的骨骼。

调查报告无固定的模式,形式各种各样。一般是根据其主体要求,确定论证方法,从而决定其结构形式。但是不论何种模式,一篇规范调查报告一般应包括下列三个部分:前言部分、主体部分和结尾部分,如图 9-1 所示。

前言

■ 标题页
■ 目录
■ 摘要

主体

■ 引言
■ 调查方法
■ 调查结果
■ 结论与建议

结尾

■ 附录

图 9-1 调查报告的结构与内容

(一) 前言

前言部分通常包括标题页、目录、摘要等。

1. 标题页

标题页即封面,包括调查报告的题目或标题,还包括执行调查项目的研究人员或机构等。作为一种习惯做法,在封面上的调查题目的下方,紧接着注明报告人或单位、报告日期;然后另起一行,注明报告呈交的对象。这些内容编排在调查报告的首页上,即标题页,如图 9-2 所示。

××市商业网点布局调查

××职业技术学院商贸管理系
××市南郊新区济南路1号
2017年4月

图 9-2 标题页

标题是报告的名字,好的标题既深刻又能直接体现中心思想和主要内容。依据调查目的列出标题,有单(行)标题和双(行)标题两种。

(1) 单标题

用一个内容的文字简单地直接表示的标题称为单标题。如《中学生发扬艰苦奋斗精神现状的调查》。

（2）双标题

用两行、两个内容表达同一主题的标题，称为双标题。双标题有两行标题，采用正、副标题的形式，一般正标题表达调查主题，副标题用于补充说明调查对象和主要内容。如《艰苦奋斗的精神不能丢——××中学学生生活态度和表现的调查》。不管采用哪种标题形式，都要符合调查的主题。

2. 报告目录

当市场调研报告的页数较多时，应使用目录或索引列出主要纲目及页码，编排在报告题目的后面。

3. 报告摘要

报告摘要是调查报告中最重要的内容，是整个报告的精华。摘要应概括地说明活动所获得的主要成果。摘要应当用清楚、简洁、概括的手法，扼要地说明调查的主要结果。详细的论证资料只要在正文中加以阐述即可。

报告摘要主要包括四个方面的内容：

（1）明确指出本次调研的目标。

（2）简要指出调研时间、地点、对象、范围以及调研的主要项目。

（3）简要介绍调研实施的方法、手段以及调研结果的影响。

（4）调研中的主要发现，或结论性内容。

（二）主体

调查报告的主题部分是调查报告的正文，具体构成可能因研究项目不同而异，但基本上包含导语、正文和结论等三个部分。

1. 导语(引言)

导语又称引言。它是调查报告的前言，简洁明了地介绍有关调查的情况，或提出全文的引子，为正文写作做好铺垫。引言或导语放在调查报告的开头，好的开头能起到提纲挈领的作用，既可以使全文顺利展开，又可以吸引读者的注意力，产生阅读的欲望。

常见的导语有以下几种：

（1）简介式导语。对调查的课题、对象、时间、地点、方式、经过等作简明的介绍。

（2）概括式导语。对调查报告的内容(包括课题、对象、调查内容和分析的结论等)作概括的说明。

（3）交代式导语。即对课题产生的由来作简明的介绍和说明。

2. 正文

正文是调查报告的分析论证问题部分，是调查报告的中心。正文部分应依据调研提纲设定的内容充分展开，这部分要分章节运用大量事实和数据及有关图表来陈述调查材料，进行系统分析，阐明观点。因而这部分在全篇中所占的比重也是最大的。

正文的结构有不同的框架，可进行如下分类。

（1）根据逻辑关系安排材料的框架有：纵式结构、横式结构、纵横式结构。这三种结构，以纵横式结构常为人们所采用。

（2）按照内容表达的层次组成的框架有："情况—成果—问题—建议"式结构，多用于反映基本情况的调查报告；"成果—具体做法—经验"式 结构，用于介绍经验的调查报告；"问题—原因—意见或建议"式结构，多用于揭露问题的调查报告；"事件过程—事件性质结论—处理意见"式结构，多用于揭露案件是非的调查报告。

写好正文部分的关键在于利用尽可能多的准确数据、材料，并对它们进行科学分类和符合逻辑的安排，做到结构严谨、条理清晰、重点突出。

3. 结论

结论和建议是撰写调查报告的主要目的，包括对引言和正文部分所提出的主要内容的总结。仅仅将统计的结果总结出来是不够的，调查员应该按照定义的问题来解决统计结果，并从中提炼出一些结论性的东西。然后根据调查统计结果和结论，向决策者提出如何利用已被证明为有效的措施以及解决某一具体问题可供选择的方案和建议。

调查报告的结论部分，应该根据写作目的、内容的需要采取灵活多样的写法，要简明扼要，意尽即止，切不可画蛇添足，弄巧成拙。

（三）结尾

结尾部分由附录或附件组成。附件是指调研报告正文包括不了的资料或对正文结论的说明，是正文报告的补充或更为详细的专题性说明。一般包括数据的汇总、统计公式或参数选择的依据，与本调研题目相关的整体环境资料或有直接对比意义的完整数据，调查问卷、访谈提纲等，均可单独成为报告的附件。

通常附录中包括有以下内容：

- 调查方案。
- 调查问卷。
- 统计分析和计算的细节。
- 数据汇总表。
- 原始资料背景资料。
- 名词注释、人名和专业术语对照表。
- 参考文献等。

附录也不是调查报告不可缺少的部分。只有大型调查报告才需要附录。附录的内容不应随意扩张，只有那些与调查报告密切相关而又无法为调查报告所包含的内容才列入附录之内。

【思考】

调查报告的提纲已经拟定，还有必要确定调查报告的格式和结构吗？为什么？

二、统计分析报告的写作技巧

调查报告是一种陈述性和说明性相结合的文体，在篇章结构、语言运用等各方面有它独特的要求。

（一）写作的表达方式

调研报告的表达方式以说明为主。说明在调研报告中的主要作用是将研究对象及其存在的问题，产生的原因、程度以及解决问题的办法解释清楚，使读者了解、认识和信服。在报告中不论是陈述情况、介绍背景，还是总结经验、罗列问题、分析原因以及反映事物情节、特征和状况等，都要加以说明，即使提出建议和措施也要反映说明。因此，调研报告是一种特殊说明文，而且特就特在此处都要说明。

1. 背景说明

说明一般放在导语部分，有时为了论说便利也可以化整为零，分别插入各部分之中。

2. 情况说明

在产生和发展过程中，会呈现各种不同的结构、状态、变化、规模和性质等各种情况。调查报告的重要任务之一就是要说明这些情况。为了达到客观、准确，必须要对研究对象有深入细致的了解、清晰的说明。

3. 建议说明

建议说明是调查报告的必然成分，这部分必须明确具体、切实中肯，具有较强的针对性和可行性。

(二) 调研报告的语言

调研报告不是文学作品，它具有较强的应用性，因此它的语言应该严谨、简明和通俗。

1. 语言要严谨

在调研报告中不宜使用如“可能”、“也许”和“大概”等含糊的词语，还要注意在选择使用表示强度的副词或形容词时，要把握词语的程度差异。例如，“有所反应”与“有反应”、“较大反响”与“反应强烈”、“显著变化”与“很大变化”之间的差别。

为确保用词的精确，最好用数字来反映。还要区分相近、易于混淆的概念，如“发展速度”与“增长速度”、“番数”与“倍数”、“速度”与“效益”。

2. 语言要简要

在叙述事实情况时，力争以较少的文字清晰地表达较多的内容。要使语言简明，重要的是训练作者的思维。只有思维清晰、深刻，才能抓住事物的本质和关键，用最简练的语言概括和陈述。

3. 语言要通俗

调查报告主要是面向公众的，报告的语言应力求朴实严肃，平易近人，通俗易懂，才能发挥应有的作用。但通俗、严肃并非平淡无味，作者要加强各方面的修养和语言文字表达的训练，提高驾驭语言文字的能力，最终才能写出语言生动、通俗易懂的高水平的调查报告。

(三) 调查报告中数字的运用

较多地使用数字、图表是调查报告的主要特征。调查报告中的数字既要准确，又要讲究技巧，力求把数字用活，用得恰到好处。

1. 要防止数字文学化

数字文学化是表现为在调查报告中到处都是数字。在大量使用数字时，要注意使用方式。一般我们应该使用图表来说明数字。

2. 运用数字的技巧

为了增加统计数字的表现力，使之更加鲜明生动，通俗易懂，还要对数字进行加工和换算。

(1) 比较法。这是基本的数字加工方法，可以纵向比较和横向比较。纵向比较可以反映事物自身的发展变化，横向比较可以反映事物间的差距。对比可形成较强的反差，增强数字的鲜明性。

(2) 化小法。有时数字太大，不易于理解和记忆。如果把大数字换成小数字则便于记忆。如把某厂年产电视机 518 400 台换算成每分钟生产一台效果更好，153 000 000 公里换算成1.53亿公里更容易记忆。

(3) 推算法。有时个体数量较小，不易于引起人们的重视，但由此推算出的整体数量却大得惊人。如对农村居民建房占用耕地情况调研发现 12 个村 3 年每户平均占耕地 2 分 2 厘，而由此推算出全县农村建房三年共占耕地上万亩。

(4) 形象法。这种方法并不使用事物本身的具体数字，而是用人们熟悉的数字表示代替，以增强生动感。例如，乐山大佛，高 71 米，头长 14.7 米……换成形象法为佛像有 20 层楼高，耳朵有 4 个人高，每只脚背上可以停放 5 辆解放牌卡车。相比较后者更具有吸引力。

3. 使用数字的常规

在调查报告中，使用的汉字与阿拉伯数字应统一。总的原则是可用阿拉伯数字的地方，均应使用阿拉伯数字。

(1) 公历世纪、年代、年、月、日和时间应使用阿拉伯数字，星期几则一律用汉字，年份一般不用简写。

(2) 计数与计量应使用阿拉伯数字。不具有统计意义的一位数可以使用汉字(如一个人，九本书等)。

(3) 数字作为词素构成定型的词、词组、惯用语或具有修辞色彩的语句应当用汉字(如“十五”规划等)。

(4) 邻近的两个数并列连用表示概数时应当用汉字(如三五天、十之八九等)。

(四) 撰写调研报告时应注意的问题

一篇高质量的调研报告，除了符合调研报告一般的格式以及很强的逻辑性结构外，写作手法是多样的，但其中必须注意的问题有以下两点：

(1) 调研报告不是流水账或数据的堆积。数据在于为理论分析提供了客观依据，市场调研报告需要概括评价整个调研活动的过程，需要说明这些方案执行落实的情况，特别是实际完成的情况对于调研结果的影响，需要认真分析清楚。

(2) 市场调研报告必须真实、准确。从事实出发，而不是从某个人观点出发，先入为主地作出主观判断。调研前所设计的理论模型或先行的工作假设，都应毫不例外地接受调研资料的检验。凡是与事实不符的观点，都应该坚决舍弃，凡是暂时还拿不准的，应如实写明，或放在附录中加以讨论。

【任务实施】

子任务 1　构思调查报告的格式和结构

调查报告的提纲只是限定了调查报告的正文内容，一份完整的调查报告，正文仅是其中最主要的部分。本项目的调查报告从一般结构上看，包括题目、目录、正文和附录等几部分组成。本模块只对《90 后大学生消费观问题调查》的正文部分进行介绍。

子任务 2　撰写统计调查报告

90 后大学生消费价值观问题调查分析报告

——××学院在校生消费情况调查分析

随着我国经济发展进入新阶段，迈入大学校园的 90 后青年出现新的社会消费的现象。90 后大学生作为一个特殊的消费群体也受到越来越大的关注，他们有着不同于社会其他消费群体的消费心理和行为，消费观念的超前和消费实力的滞后，都对他们的消费有很大影响。了解大学生的消费情况及其消费水平、消费支出项目，从而合理引导大学生理性消费十分必要。因此，我们决定在我校大学生中进行一次消费的调研分析，全面了解我校大学生的消费情况。

一、问卷调查的情况

我们组成了一个10人调查小组，实施本次调查。设计的大学生消费情况调查问卷包括大学生月消费额、生活资金来源、家庭收入情况，用于饮食、通讯、证书考试培训、恋爱交友等支出金额。在校园内，面向在校大学生，采取简单随机抽样的方法抽取500个样本单位，通过访谈获取500份调查问卷，经过审核整理，确认收回有效问卷480份。从抽中的样本看，接受调查的同学毕业生占27%，新生占40%，其他年级学生占33%，性别比例趋于均衡，且分布在不同的专业，样本具有代表性。

二、调查数据的统计与分析

(一) 月消费水平

统计结果表明，我校大学生月消费额集中在350～500元和500～800元，低于350元和超过800元的相对较少，仅占20%。样本平均值为585元，考虑到我校所处城市的物价水平相对于大城市来说较低，这一数据应当说是趋于合理的。另外，消费层次一定程度两极分化，年消费最高的达到18 500元，年消费最低的只有2 500元。家庭对学生的经济供给增多，构成大学生消费的一种特殊的奢侈格局，主要表现在旅游、计算机或手机等方面的消费上。

(二) 饮食与衣着支出情况

调查的样本数据显示，饮食方面支出集中在300～400元，这说明饮食消费占据大学生月消费额的多数，大学生群体的消费支出主要用于正常的生活消费，应该说符合这一群体的消费特征。吃饭穿衣仍是支出的主要方面，价格、质量、潮流是吸引大学生消费的主要因素。访谈时了解到，在购买商品时，大学生们首先考虑的因素是价格和质量，他们会尽量搜索那些价廉物美的商品，虽然不一定买名牌，但质量显然是非常关注的内容。

(三) 通信与交友支出情况

随机问卷得到的结果，拥有手机或小灵通的同学占样本人数的71%，大学校园手机的普及率较高。拥有手机的群体中，月话费介于50～100元的占到80%以上，主要用于家人联系、同学与朋友的联络。而且，为了节约话费支出，多数同学尽可能采取短信联络方式。另外，访谈中还了解到近一半的同学每月会有一定的网络支出费用，主要用于朋友间QQ联络，少部分用于专业课程学习；也有个别同学迷恋网络，用于网络支出消费偏高；月消费额较高的同学支出主要是恋爱消费、朋友聚餐及购买衣物等。数据结果显示，现代大学生比较注重交友与人际关系，也十分注重生活的品质。

(四) 社会兼职打工情况

调查数据显示，随着在校时间的增长，有过社会兼职打工的人数所占比例逐步增多，三年级学生60%有过此方面的经历。同学们求职目的主要是增长社会经验、锻炼专业技能，打工的方式以寒暑假、五一、十一长假为主，工作岗位主要是学校提供的勤工俭学岗位，个人在社会寻找的短期务工，如导购、网络服务、导游、保险推销、市场调研员和家教等。少部分同学由于家庭经济收入情况偏低，为增加个人收入，在学校提供的岗位兼职的同时，还在校外选择其他打工方式。由此看来，大学生参加社会实践的热情较高，社会阅历得以锻炼，这在增加大学生收入的同时，也促进了个人能力的提升，对就业帮助较大。

（五）生活资金来源及家庭收入

调查数据显示，90%以上的被调查者资金主要由家庭提供，这种情况是当代中国大学生的普遍情况。由于我国教育制度、社会制度的制约，尚未建立像西方国家一样的勤工助学机制，即使家庭贫困的大学生，希望完全依靠个人的努力解决求学的费用，这个愿望也是难以实现的。由此看来，我国的大学生的自理自立能力仍然需要进一步的提高，大学生应当有自主创业、自立自强的精神。

（六）证书考核培训费用支出

访谈中发现，由于就业单位对学历、技能的要求，大学生在专升本考试、职业资格证书考试等方面的投入较大，许多同学会不惜重金参加一些培训班，报考一些资格证书，为自己就业积累知识资本。在购买资料等消费项目上，许多同学出手大方，家长对此项消费的投入支持力度高。需要说明的是，由于这项支出的不确定性，我们没有将其包括在月消费支出额中。

三、调查结果的分析

（一）消费结构存在不合理因素

第一，大学生的生活消费主要组成部分以生活费用和购买学习资料、用品为主。在生活费用中，饮食费用又是重中之重。但是，在被调查的同学中，多数不注意饮食的营养结构，很少喝牛奶，有的以素食为主，有的不吃蔬菜，有的只选择廉价的饭菜。

第二，存在攀比心理。调查中了解到为了拥有一款最流行的手机，有的同学情愿节衣缩食，甚至牺牲其必要的开支；男同学为了一双名牌运动鞋，女同学为了一套名牌化妆品或者一件名牌衣服，不惜向别人借钱满足自己的欲望，也就是说部分同学不懂得量入为出，而虚荣心的驱使又极易形成无休止的攀比心理。

第三，恋爱支出较多。部分谈恋爱的大学生每月多支出 200 元左右，有的高达 800 元（比如送名贵的礼物给对方）。他们经常难以理性把握适度消费的原则，甚至有些女生的恋爱支出超过男方的情况。

第四，理财意识差，储蓄观念淡薄。在调查中了解到，同学们对理财的认识较少，一学期结束后，大部分同学的消费已超出计划范围，甚至有些同学还需要向别人借回家的路费，有剩余的同学也想着如何把剩余的钱花完，只有极个别同学有储蓄的意识。

（二）不合理因素的成因分析

当前大学生在消费上出现无计划消费、消费结构不合理、攀比、奢侈浪费和恋爱支出过度等问题，既与社会大环境的负面影响有关，也与家庭教育缺乏正确引导不无关系。

第一，今天的大学生生活在“没有围墙”的校园里，全方位地与社会接触，当某些大学生受到享乐主义、拜金主义及奢侈浪费等不良社会风气的侵袭时，如果没有及时得到学校老师和父母的正确引导，容易形成心理趋同难过的倾向，当学生所在家庭可以在经济上满足较高的消费条件时，这些思想就会在他们的消费行为上充分体现。

第二，父母在日常生活消费的原则立场是子女最初的模仿对象，有些父母本身消费观念存在误区，又何以正确引导自己的孩子呢？

第三，学校教育环境对学生消费观念培养的重要影响作用。由于对大学生的消费心理和行为了解不够全面和客观以及课程设置等因素，与人生观、劳动观、金钱观和国情观等重要思想观念紧密相关的消费观的专题教育不够，校风建设范畴中普遍较少倡导大学生勤俭节约生活消费观的内容，在校风建设上没有较好地注重塑造和强化良好的消费意识和消费行为，培养学生良好的消费习惯。

四、结论与建议

(一) 引导大学生增强独立意识，培养和加强理财能力

现今的大学生需要懂得如何在激烈竞争的社会中生存，那独立理财能力就成了重中之重。理财不是简单的收支平衡，个人盲目的冲动不是独立。可以通过举办一些理财课程讲座(个人理财、股票投资和基金投资等)，提高大学生的金融理财知识及其实际操作能力。

(二) 引导大学生克服攀比情绪，形成大学生良好的消费风气

攀比心理的形成不可避免，学校应当通过一些社团活动、主题班会、思想政治工作，教育大学生树立适应时代潮流的、正确的、科学的价值观，逐渐确立正确的人生准则，给自己理性定位。使他们明确大学生的确需要竞争意识，但并不是所有的事物我们都需要竞争，生活上次于别人，并不可耻，要在学业上竞争高低。一旦良好的消费习惯得到培养和加强，就会对良好校风的塑造起到促进作用，并形成校风助学风的良性循环。因此，应该把大学生良好的消费心理和行为的培养作为校园文化建设的重要组成部分。在校园文化建设中设计有关大学生健康消费理念的活动专题，并且持之以恒，以大学生良好的消费心理和行为促进良好的生活作风的形成，进而促进良好学风、校风的巩固与发展。

(三) 家庭、社会、政府共同关注，形成良好的环境与机制

家庭作为大学生经济来源的主渠道，应当根据家庭经济状况，大学生合理的消费水平，为大学生提供适度的资金，避免铺张奢侈；大学生的生活离不开社会，社会各界应当关注大学生消费群体，利用舆论等引导大学生合理消费，避免片面诱导；大学生能否自立，主要取决于国家的政策制度，政府应当继续推进改革，进一步改善用人机制、高校的奖、助学金管理机制，为大学生提供一个自立自强的平台。

(四) 学校加强管理与引导，形成理性消费的校园环境基础

高校是大学生生活学习的环境，校园文化、消费群体习惯等对于年轻的大学生有着巨大的影响，高校应当重视大学生的消费问题，采取措施尽量地引导学生避免奢侈浪费，不提倡学生穿名牌、用名牌的高消费行为；采取措施，为贫困学生尽可能地提供勤工助学岗位，建立专门机构负责向大学生介绍社会兼职工作，严格管理奖助学金的发放等。多渠道、全方位构建文明的校园环境，形成理性消费的环境。

实训 撰写统计调查报告

一、实训目的

1. 通过实训，让学生掌握统计调查报告撰写的技巧，提高学生的文字表达能力，进而提高学生的综合素质；

2. 培养学生的团队合作协调能力，提高学生的合作能力。

二、实训内容

以小组为单位完成主题为“关于在校大学生使用手机情况的调查”3 000 字左右的统计调查报告。

三、实训要求

1. 学生分组，每组5～6人，汇总统计调查、统计分析的相关数据；
2. 每组提交一份统计调查报告；
3. 每小组将统计调查报告制成幻灯片进行介绍，与大家进行交流讨论，并进行答辩。

四、实训评价

每个小组形成一份实训报告并进行汇报交流，通过自评、互评和教师评价综合评定成绩。

统计调查报告技能训练评价表如下：

统计调查报告技能训练评价表

被考评人					
考评地点					
考评内容	统计调查报告撰写				
考评标准	内容	分值	自我评价	他人评价	教师评价
	调查报告格式正确规范	30			
	统计分析方法应用得当，图表应用恰当	20			
	结论与建议合理	20			
	PPT制作精美，汇报内容全面	20			
	成员积极参与，具有团队合作精神	10			
	总分	100			
该项技能综合得分					

注：实际得分＝自我评价20%＋他人评价30%＋教师评价50%。

附表一　正态分布概率表

t	$F(t)$	t	$F(t)$	t	$F(t)$	t	$F(t)$
0.00	0.000 0	0.53	0.403 9	1.06	0.710 9	1.59	0.888 2
0.01	0.008 0	0.54	0.410 8	1.07	0.715 4	1.60	0.890 4
0.02	0.016 0	0.55	0.417 7	1.08	0.719 9	1.61	0.892 6
0.03	0.023 9	0.56	0.424 5	1.09	0.724 3	1.62	0.894 8
0.04	0.031 9	0.57	0.431 3	1.10	0.728 7	1.63	0.896 9
0.05	0.039 9	0.58	0.438 1	1.11	0.733 0	1.64	0.899 0
0.06	0.047 8	0.59	0.444 8	1.12	0.737 3	1.65	0.901 1
0.07	0.055 8	0.60	0.451 5	1.13	0.741 5	1.66	0.903 1
0.08	0.063 8	0.61	0.458 1	1.14	0.745 7	1.67	0.905 1
0.09	0.071 7	0.62	0.454 7	1.15	0.749 9	1.68	0.907 0
0.10	0.079 7	0.63	0.471 3	1.16	0.754 0	1.69	0.909 0
0.11	0.087 6	0.64	0.477 8	1.17	0.758 0	1.70	0.910 9
0.12	0.095 5	0.65	0.484 3	1.18	0.762 0	1.71	0.912 7
0.13	0.103 4	0.66	0.490 7	1.19	0.766 0	1.72	0.914 6
0.14	0.111 3	0.67	0.497 1	1.20	0.769 9	1.73	0.916 4
0.15	0.119 2	0.68	0.503 5	1.21	0.773 7	1.74	0.918 1
0.16	0.127 1	0.69	0.509 8	1.22	0.777 5	1.75	0.919 9
0.17	0.135 0	0.70	0.516 1	1.23	0.781 3	1.76	0.921 6
0.18	0.142 8	0.71	0.522 3	1.24	0.785 0	1.77	0.923 3
0.19	0.150 7	0.72	0.528 5	1.25	0.788 7	1.78	0.924 9
0.20	0.158 5	0.73	0.534 6	1.26	0.792 3	1.79	0.926 5
0.21	0.166 3	0.74	0.540 7	1.27	0.795 9	1.80	0.928 1
0.22	0.174 1	0.75	0.546 7	1.28	0.799 5	1.81	0.929 7
0.23	0.181 9	0.76	0.552 7	1.29	0.803 0	1.82	0.931 2
0.24	0.189 7	0.77	0.558 7	1.30	0.806 4	1.83	0.932 8
0.25	0.197 4	0.78	0.564 6	1.31	0.809 8	1.84	0.934 2
0.26	0.205 1	0.79	0.570 5	1.32	0.813 2	1.85	0.935 7

续表

t	$F(t)$	t	$F(t)$	t	$F(t)$	t	$F(t)$
0.27	0.212 8	0.80	0.576 3	1.33	0.816 5	1.86	0.937 1
0.28	0.220 5	0.81	0.582 1	1.34	0.819 8	1.87	0.938 5
0.29	0.228 2	0.82	0.587 8	1.35	0.823 0	1.88	0.939 9
0.30	0.235 8	0.83	0.593 5	1.36	0.826 2	1.89	0.941 2
0.31	0.243 4	0.94	0.599 1	1.34	0.829 3	1.90	0.942 6
0.32	0.251 0	0.85	0.604 7	1.38	0.832 4	1.91	0.943 9
0.33	0.258 6	0.86	0.610 2	1.39	0.835 5	1.92	0.945 1
0.34	0.266 1	0.87	0.615 7	1.40	0.838 5	1.93	0.946 4
0.35	0.273 7	0.88	0.621 1	1.41	0.841 5	1.94	0.947 6
0.36	0.281 2	0.89	0.626 5	1.42	0.844 4	1.95	0.948 8
0.37	0.288 6	0.90	0.631 9	1.43	0.847 3	1.96	0.950 0
0.38	0.296 1	0.91	0.637 2	1.44	0.850 1	1.97	0.951 7
0.39	0.303 5	0.92	0.642 4	1.45	0.852 9	1.98	0.952 3
0.40	0.310 8	0.93	0.647 6	1.46	0.855 7	1.99	0.953 4
0.41	0.318 2	0.94	0.652 8	1.47	0.858 4	2.00	0.954 5
0.42	0.325 5	0.95	0.657 9	1.48	0.861 1	2.01	0.964 3
0.43	0.332 8	0.96	0.662 9	1.49	0.863 8	2.20	0.972 2
0.44	0.340 1	0.97	0.668 0	1.50	0.866 4	2.30	0.978 6
0.45	0.347 3	0.98	0.672 9	1.51	0.869 0	2.40	0.983 6
0.46	0.354 5	0.99	0.677 8	1.52	0.871 5	2.50	0.987 6
0.47	0.361 6	1.00	0.682 7	1.53	0.874 0	2.60	0.990 7
0.48	0.368 8	1.01	0.687 5	1.54	0.876 4	2.70	0.993 1
0.49	0.375 9	1.02	0.692 3	1.55	0.878 9	2.80	0.994 9
0.50	0.382 9	1.03	0.697 0	1.56	0.881 2	2.90	0.996 2
0.51	0.389 9	1.04	0.701 7	1.57	0.883 6	3.00	0.997 3
0.52	0.396 9	1.05	0.706 3	1.58	0.885 9	4.00	0.999 4

附表二　随机数表

92 459	46 807	00 742	98 068	05 715	91 914	30 368	76 830	01 417	30 879
01 990	61 688	21 317	58 136	81 372	32 479	89 450	54 188	15 032	52 447
56 357	03 811	04 824	53 455	88 775	30 122	02 839	71 763	49 639	06 246
36 783	05 002	71 761	35 852	40 640	62 630	26 769	02 587	44 623	95 577
88 822	11 796	28 561	27 091	93 013	64 939	94 299	98 240	57 450	18 672
03 478	89 017	30 466	54 463	32 998	45 826	92 196	84 886	90 728	60 701
15 272	84 614	27 404	33 686	51 283	72 980	53 589	61 318	78 649	06 703
29 596	47 534	89 805	95 170	89 816	58 314	03 649	64 285	14 682	12 486
71 904	81 693	94 887	45 573	76 874	74 548	35 851	48 630	77 916	78 922
05 201	51 312	78 986	27 330	63 194	98 096	93 212	74 891	55 099	02 678
16 510	95 406	39 078	31 468	42 577	67 990	11 287	27 068	37 874	61 734
83 316	94 852	73 159	76 123	05 010	08 393	62 827	13 728	34 709	39 578
19 962	86 326	99 855	14 146	28 344	93 570	34 163	59 623	14 103	63 367
66 852	52 392	32 115	75 977	80 723	96 562	19 388	64 446	73 949	83 823
84 161	37 020	79 694	35 717	73 417	15 617	93 437	46 981	94 838	12 418
58 837	30 960	84 272	38 937	27 926	95 403	61 816	32 202	11 343	99 925
12 971	62 671	87 151	80 924	08 413	22 879	51 701	84 303	65 556	20 152
21 036	13 175	77 916	31 978	78 896	69 869	22 225	13 043	49 858	81 615
34 152	24 555	54 366	40 704	33 111	00 490	53 198	52 317	77 478	30 052
50 434	17 800	99 805	32 819	71 033	83 674	84 640	67 470	60 922	25 920
74 643	91 686	64 861	13 547	47 668	02 710	11 434	82 867	40 442	23 126
30 774	56 770	07 259	58 864	02 002	78 870	29 737	78 078	03 891	96 198
52 766	31 005	71 786	78 399	41 418	73 730	44 254	81 034	81 391	60 870
30 583	57 645	02 821	46 759	21 611	81 875	75 570	71 403	95 020	90 567
11 411	87 731	95 412	14 734	68 226	24 237	64 399	57 190	62 003	08 072